中国书籍学术之光文库

衔接理论视角下
英语政治演讲语篇的连贯性研究

陈 曦 | 著

图书在版编目（CIP）数据

衔接理论视角下英语政治演讲语篇的连贯性研究/
陈曦著. —北京：中国书籍出版社，2020.4
　　ISBN 978－7－5068－7826－5

　　Ⅰ.①衔…　Ⅱ.①陈…　Ⅲ.①英语—语言学—研究
Ⅳ.①H31

　　中国版本图书馆 CIP 数据核字（2020）第 044509 号

衔接理论视角下英语政治演讲语篇的连贯性研究

陈　曦　著

责任编辑	袁家乐　邋　薇
责任印制	孙马飞　马　芝
封面设计	中联华文
出版发行	中国书籍出版社
地　　址	北京市丰台区三路居路 97 号（邮编：100073）
电　　话	（010）52257143（总编室）　（010）52257140（发行部）
电子邮箱	eo@chinabp.com.cn
经　　销	全国新华书店
印　　刷	三河市华东印刷有限公司
开　　本	710 毫米 ×1000 毫米　1/16
字　　数	232 千字
印　　张	18
版　　次	2020 年 4 月第 1 版　2020 年 4 月第 1 次印刷
书　　号	ISBN 978－7－5068－7826－5
定　　价	95.00 元

版权所有　翻印必究

目 录
CONTENTS

第1部分　连贯理论研究综述……………………………………… 1

第1章　政治语篇的背景知识　3
- 1.1　政治公众演讲语篇中的修辞方式研究　5
- 1.2　政治演讲语篇中的语言学分析　10
- 1.3　政治演讲语篇的社会心理学研究　12
- 1.4　当前研究的文献综述　13
- 1.5　研究政治演讲语篇的意义　15

第2章　连贯理论研究　17
- 2.1　国内外研究现状　17
- 2.2　语篇连贯的条件　22
- 2.3　连贯概念意义探源　26
- 2.4　连贯理论发展趋向　27
- 2.5　衔接与连贯的关系　28

第3章　衔接原则与语言交际　41
- 3.1　语篇内部的衔接原则　41

3.2 语篇与语境之间衔接的动因与表现形式 51
3.3 衔接原则之间的交互作用 54

第 2 部分　显性衔接机制研究 59

第 4 章　及物性系统的衔接性 61
4.1 及物性系统的研究综述 61
4.2 及物性系统的过程类型 64
4.3 过程、参与者和环境 67
4.4 物质过程 67
4.5 心理过程 76
4.6 关系过程小句 79
4.7 行为过程小句 90
4.8 言语过程 91
4.9 存在过程 93
4.10 环境成分 94
4.11 及物性系统的衔接性 102

第 5 章　主位结构的衔接性 110
5.1 主位概念 111
5.2 主位的确立 112
5.3 主位的分类 126
5.4 主位推进理论的发展 137
5.5 主位推进与语篇连贯 141
5.6 以主位推进为例分析结构性衔接在罗斯福演讲中的应用 143
5.7 主位结构的衔接纽带 150
5.8 主位推进模式在卡梅伦演讲中的衔接功能 154

第 6 章　语气结构的衔接性　162

　6.1　人际连贯的内涵　162

　6.2　人际意义研究回顾　163

　6.3　人际意义的衔接　165

　6.4　对话的实质　167

　6.5　语气成分　170

　6.6　语气结构的其他要素　176

　6.7　语气系统的其他选择　184

　6.8　归一性和情态　187

　6.9　情态系统　194

　6.10　情态与语篇连贯　202

　6.11　结论　211

第 3 部分　隐性衔接机制与篇章的连贯性 …………………… 213

第 7 章　语境的衔接性　215

　7.1　隐形衔接机制　215

　7.2　语篇连贯的外部条件　217

　7.3　社会文化因素　218

　7.4　语境研究综述　221

　7.5　语境和连贯　234

　7.6　卡梅伦演讲中的语境和连贯关系的实现　237

　7.7　整体连贯与语境连贯　243

第 8 章　心理认知因素与语篇连贯　247

　8.1　连贯是一种心理表现　247

　8.2　测算交际功能　248

8.3　共有知识　252

8.4　自上而下和自下而上的加工过程　252

8.5　代表背景知识　255

8.6　编码过程：语篇总是连贯的　266

8.7　解码过程：不同听话者对语篇连贯的不同解释　268

参考文献 ………………………………………………… 271

第1部分 01

连贯理论研究综述

第1章 政治语篇的背景知识

　　历史上不同领域的学者对政治语篇的研究已有几千年的历史，尽管第一篇政治演讲的具体内容无从考证，但可以肯定的是历史上著名的政治家，如尤里乌斯·恺撒、查理大帝、亚伯拉罕·林肯等都以卓越的雄辩术闻名于世。

　　语篇指任何不完全受句子语法约束的在一定语境下表示完整语义的自然语言，包括口头和书面语言。语篇分析通常指的是对比句子更大的语言单位所做的分析，自二十世纪六十年代末、七十年代初以来，语篇分析作为一种语言研究方法，日益受到国际语言学界的重视。目前，语篇分析发展迅速，研究的范围也越来越广，研究方法也多种多样。英语演讲，是指在特定的时空环境中，演讲者以有声语言英语和相应的体态语言为手段，公开向听众传递信息，表述见解，阐明事理，抒发感情，以期达到感召听众的目的。由于着眼点不同，英语演讲分类的标准也是多种多样的，从演讲的全过程来看，信息内容是联系演讲主体和客体的关键所在，因此本书的英语政治演讲是根据演讲的内容标准来划分的。英语政治演讲，是指针对国家内政事务和对外关系，表明立场，阐明观点，宣传主张的一种演讲。是政治斗争的重要武器，其内涵丰富，适应面广。它具有旗帜鲜明的政治观点，雄辩严谨的逻辑威力和刚劲又强烈的鼓动力等特点。

　　公众演讲根据不同的标准可以有不同的分类方式。首先，根据演讲的意图，它可以分为传授型演讲、娱乐型演讲和劝说型演讲。而政治演讲属于劝说型演讲的范畴，其目的是让听众接受演讲者的政治观点并按照其政治主张行动，不过在很多政治演讲中演讲者谈论的观点是存在争议的，可能会引起听众的抵制情绪，所以劝说型演讲的目的在于说服一些持有反对意见的听众赞同某种观点。其次，根据演讲的形式，演讲可分为报告型和论辩型。如领导讲话、学术报告、凭吊演讲和庆贺演讲、布道演讲等，都属于报告型演讲类型。这类演讲不仅历史悠久，而且至今仍然是最受人们重视的一种演讲形式。论辩型是指不同观点的双方展开争辩的一种演讲。如诉讼演讲、辩护演讲、学术论文答辩等。我国春秋战国时代和古印度、古希腊这类演讲就相当发达，在当今世界各国仍颇为盛行。最后，根据演讲的方式，演讲可分为即兴演讲、脱稿演讲、背稿演讲和照稿演讲。多数政治演讲的内容都经过了深思熟虑，语言准确而有分寸，演讲稿通常还可以直接在报刊上发表。演讲者运用这种方式很少会有说漏嘴的危险。这种演讲的弊端是影响演讲者与听众的思想交流，演讲者与听众的联系，不像即兴演讲、脱稿演讲时那样密切。

　　政治演讲是公众演讲的一个分支，是演讲者代表某一政党、阶级和国家就某些重要事件对国内外某一听众群所发表的演讲。政治演讲的主要特征是它具有鲜明的政治倾向、严谨的逻辑性和强烈的煽动性。同样，政治演讲也具备公众演讲的基本特点。公众演讲既体现出正式的书面语言的特点，又展示了口头语言的特点。公众演讲在很多方面和日常交际很类似，因为二者都充分利用了韵律和副言辞的特点。然而，公众演讲又有自身的特点，它关注一个话题，语言正式、结构完整、表达有效。另外，公众演讲的语言更偏向书面语的特点，结构缜密，语言规范。同时，公众演讲又区别于书面语言，因为书面语无法适应读者的及时反馈，也无法依赖口头语言表达技巧，而在公众演讲中演讲者是完全有可能对非语言信号（听众不理解的面部表情）进行回应的，如笑声和鼓掌就是一种听众的反馈。

尽管对政治语篇的研究已历经几个世纪，但鲜有作品从衔接机制的角度研究英文政治演讲语篇的连贯性是如何实现的。笔者对所有可以找到的有关政治语篇的学术专著和期刊文章进行了调查，发现多数研究关注于教授人们如何掌握演讲的写作和表达技巧，其余的从演讲语言的修辞结构和文体特点进行研究。本书试图从衔接机制的角度对政治演讲语篇的连贯问题进行深入研究，力图找出不同衔接机制对演讲语篇的语义一致性和语义连贯性有什么样的影响。

1.1　政治公众演讲语篇中的修辞方式研究

修辞学作为一种学科已有 2500 年的历史了。正如奇尔顿（Chilton）和沙夫纳（Schaffner）（1997：206）指出的，修辞学的研究和言语说服的艺术被希腊和罗马看作一门政治学。在希腊城邦和罗马帝国时期，修辞学传统在培养演说家方面扮演了重要角色，演说家在当时担任了重要的公众职能，包括政治功能。由于对修辞学的研究主要出于政治意图，所以对修辞学的研究和政治演说的意图直接相关。对修辞学的研究可追溯到公元前 480 年——古希腊哲学家科拉克斯（Corax）开始教授公众演说的艺术的时候。他开创了演讲语言的组织结构和说服的要素等基本结构（Hasling 1993：19）。为他之后的学者如苏格拉底、柏拉图以及对政治演讲做出最重要贡献的亚里士多德的研究奠定了基础。

亚里士多德为我们提供了修辞学的经典概念。他说："不管碰到什么事情都能发现可兹利用的说服手段的那种能力。"亚里士多德还指出修辞的另外一个基本特征是"修辞者应能够证明针对任何争议的两个对立观点"或者说针对每个议题修辞者都必须同时掌握相互对立的两个理论和两套证明，具备从不同角度考虑问题、把握话语互动全局的能力。(Hasling 1993：19)。从古至今其他学者也给出了他们对修辞的定义："演说的艺术就是知识、技能和优雅"（西塞罗）；"找到合适的论据来证明一个既定话题，并能有技巧性地组织这些论据"（惠特利）；"说服的过程是调整思想以适应人们的需要和调整人们以适应思想的过程"（Gill & Whedbee 1997：157）。尽管学者们对修辞一词的定义无法达成一致看法，但是有一个主题频繁出现在他们对修辞的定义之中：修辞的关键活动都出现在政治舞台上。不仅西方修辞学的杰出代表苏格拉底、柏拉图、亚里士多德、西塞罗和昆提利安等认为修辞学的政治特质决定了政治是修辞关注的中心，而且当今越来越多的学者持这样的观点，修辞学应在宗教、科技、哲学、文学等其他领域发挥作用，并承认政治演说和写作是修辞学研究的最重要话题。因此，修辞学的研究和政治演讲的研究在某种程度上是等同起来的。至少，修辞学2000多年的发展历史可以证明这一点。

　　古希腊时期，尤其在出版物成为实际的交流媒介之前，作者会写书教授学生如何在各种场合下构思和发表公众演讲。这些教科书提纲挈领地把演讲方法和技巧概括出来。在这些作品中，亚里士多德和西塞罗的作品对政治演讲的贡献最为卓著。亚里士多德在《修辞学》一书中从对人的影响因素分析了说服手段。他提出了三种类型的说服方式：诉诸修辞者人格、诉诸受众情感和诉诸推理。诉诸推理指的是演讲者基于事实和推理对话题进行论证；诉诸受众情感是指演讲者可以通过激发听众的情感，如恐惧、气愤、激情和正义感来达到迎合听众情绪的目的。但诉诸推理和诉诸受众情感这两种方式都不能真正地影响听众，除非演讲者展现出诉诸修辞者人格的意识——演讲者的性格。他在书中写道，一个有说服力的演讲涉及五个规则：一是论据的选择，即找到要说的话；二是谋篇布局，即整个演讲的结构；三是文体，即选择合适的表达方式来达到修辞的目的；四是记忆，不仅记住演讲的内容，更要了解和演讲情境相适应的语言材料；五是表述，即演讲的公众说服力。这些标准对众多政治家演讲的构思布局和语言表达产生了深远影响。

西塞罗在他的《论言说者》中根据罗马修辞学原理详细论述了五条准则。这些准则可大致描述为演讲的创作阶段和公众演讲的表述两个方面。准则包括构思、谋篇、宏辞、记忆和演讲方式五个方面，尽管西塞罗提出的五个准则和亚里士多德的五个准则有共同之处，但西塞罗是修辞学领域唯一可以与希腊人比肩的罗马人。例如，演讲方式几乎完全被亚里士多德和罗马人忽略掉了，而西塞罗开始探索演讲方式作为一个重要的修辞学标准的重要意义，他强调了它在政治演讲中的重要性，并把语音、语调、语速、音量、手势和动作都归入演讲方式的范畴。

几个世纪以来，修辞学与政治演讲术几乎分庭抗礼。修辞学对政客的影响体现在：教会他们如何寻找最有力的论据，如何组织论据使其成为论证有力的框架，再通过生动清晰的语言表达出来，借助多种策略进行记忆，最终把整个演讲完整地呈现出来。直到今天，亚里士多德和其他学者的修辞学观点仍对政治学中的政治演讲具有深远影响。演讲者不仅要论据充分，而且要提高自身人格魅力对演讲的影响力，这个观点对当今的政治演讲和公众演讲仍有应用价值。

20世纪，修辞语言学家重新审视了语言的功能，试图探索语言的力量，指出语言的目的是为了体现说服力，这为从修辞学角度研究政治演讲奠定了基础。

演讲者通常会用多种修辞方式来使语言的说服性发挥最大效果。第一种修辞方式是隐喻。隐喻总的来看是对两种截然不同的概念进行比较的方法。在政治演讲中，演讲者面临着必须使用特定的语言风格使抽象的概念更容易被大众接受这样的挑战，所以隐喻能帮助我们通过已知事物理解新事物，甚至启发人们对已经理解的事物进行反思。第二种修辞方法是转喻，转喻也称借代，它是通过使用另一个和我们讨论的概念有关联的概念来间接地代替它。在政治演讲中，转喻使用非常频繁，如用white house 代替白宫，用 wall street 代替美国金融中心。第三种是委婉语。新版的《牛津简明词典》（1976）里，委婉语被定义为"用温和或模糊或迂回的表达来代替刺耳或直接的表达"。委婉语最大的特征是使用比较抽象、模棱两可的词语或语句来谈论一些不宜直说的事情，使听话人比较容易接受。第四种是反复。反复就是反复使用同一个词、句子、段落，借以加强语气和情感，增强语言的感染力。第五种是排比。排比是将两个以上结构和长度均类似，意义相关或相同的句子排列起来，达到加强语势效果的一种修辞手法。它可使文章的节奏强烈，气势磅礴，扣人心弦，读起来朗朗上口，极具感染力和表现力。最后是对偶，也叫平行对照，是排比句的一种特殊形式，是将一一相对或相反的句子对应排列起来，以强调其差异，突出其矛盾，赋予语言极大的感染力，使其能够表达更深层的意义。

20世纪初，当教授学生雄辩术仍是修辞学家工作的一部分时，修辞学关注的焦点已经从修辞方式研究转移到修辞语篇的批评性上了。正如叶尔（Gill）和惠德比（Whedbee）所描述的：

> 过去三十年里，修辞批评家的活动已经有所变化，他们的共同之处是对修辞文本和语境的动态相互作用进行阐明，也就是一个文本是如何回应和改变社区的社会架构和听众的认识的。

修辞学意义已经被扩大和改写了。福斯（Foss, 1984：4）将修辞学定义为运用符号来影响人的思想和行为。修辞学事实上成了交际的同义词。在 Foss 看来，修辞批评的中心在符号上，这些符号被修辞学者故意构造出来以实现一种特定的目的,而修辞学的主要功能是说服性(1989:4-5)。因此,多种多样的言语和非言语符号,如:演讲、短文、戏剧、电影、舞蹈、公众游行和广告都被 Foss 称为修辞的典型产物,这些都属于修辞学的领域。因此,修辞文本适用于修辞批评研究而且修辞批评家使用的理论框架也被显著地扩展了(Gill & Whedbee 1997:159)。

尽管政治演讲不是修辞批评的核心部分,但在当代的修辞学批评领域仍有一个重要流派致力于"提高对修辞文本的历史意义的鉴别和欣赏。(尤其是公众演讲)"(Gill & Whedbee 1997:160)。修辞文本的分析过程大致由三阶段构成:修辞文本和研究问题的发现,批判性分析方法的构建,以及文本的批判分析。批判学者可以使用现有的方法、改进后的方法和研究新方法。为了阐明文本是如何被批评的,Gill & Whedbee(1997:176-180)演示了对马丁·路德·金的演讲——《我有一个梦想》的批评性分析过程,这个演讲被誉为20世纪美国最伟大的公众演讲,分析过程由 Gill 和 Whedbee 共同完成。Foss(1989)在他的作品中介绍了八个修辞批评的批评方法。这些方法适用于分析多样性的修辞文本,包括政治语篇。例如,美国参议员爱德华·肯尼迪在1969年7月25日对马萨诸塞州的民众发表的演讲。从修辞批判的角度研究政治演讲是具有启发性的。然而,由于个别修辞批评者采用的批评方法和分析过程通常是独创的,所以分析的结果体现出很大的差异性。例如,Gill 和 Whedbee(1997:176-180)在他们的论文《修辞学》中表明了他们二人如何分析了同一篇政治演讲,但由于使用的分析方法不同,导致了分析的结论背道而驰。

总之,这部分政治演讲语篇的分析都是从修辞学角度展开,然而,在历史上对政治演讲的修辞学研究主要是为了教授人们如何成为一个优秀的演讲者。通过对政治演讲语篇中的语言学资源进行充分的分析从而对政治语篇进行验证，这样的研究还没有展开，但它不仅可以促进演讲者和听众的互动效果，也可以揭示这些资源是如何实现演讲语篇的说服功能的。

1.2 政治演讲语篇中的语言学分析

正如之前提及的，政治语篇已经从不同的学科进行了研究，包括社会学、政治学和媒介分析。阐明这些学科和政治演讲的关系，并且合理安排它们之间的关联性，将是一项艰巨的工作。然而，由于其中一些学科和语言学理论关联甚微，所以它们对政治演讲语篇的分析影响在这里将不被回顾。本课题关注的是之前政治演讲的语言学研究回顾。

政治演讲作为公众演讲的子类，属于政治语篇的范畴。许多研究政治语篇的语言学方法都适用于政治演讲分析，故语言学家经常把政治演讲看作一种典型的政治语篇并以此为例来阐明他们的分析方法。Chilton 和 Schaffner（1997）回顾总结了政治语篇分析的有关文献，把特定国家和文化的历史特异性考虑在内，他们给出了三类广义的分类方法：法语方法、德语方法和以英语为母语的方法。在同一篇论文中他们主张把政治行为和政治语篇的语言学分析结合起来，所有层面的语言现象都要熟记于心。政治语篇的分析需要参照语用学（演讲者和听众的互动）、语义学（词义和词汇结构）、和句法学（句子的内部组成结构）（Chilton & Schaffner）。

费德纳布（Feudnab）和德兰·德谢尔（De Landsheer）(1998，2000) 编撰的两部著作也对政治演讲给予了一定关注，尽管他们的研究主要是对和政治语篇有关的多样性话题的分析方法进行研究。他们的研究把新的研究角度注入政治演讲中。在第二部著作——《公众演讲和符合背后:对政治家和媒介的修辞学角度探究》中,有十四个章节从不同角度(跨文化、跨学科和跨方法论)为政治演讲语篇分析提供了一个广阔的社会科学研究视角。苏德费尔德(Suedfekd, 4-17)通过关注戈尔巴乔夫、比尔·克林顿、纽特·金里奇和众多加拿大政治领导人的政治演讲语篇,验证了其在综合复杂性方面(人的信息加工复杂性)和不同领域(外交事务、民生和民众利益)相关的变体。阿祖玛(Azuma, 2000: 69-86)讨论了日本议员发表的有关权力和团结主题的演讲。他的研究表明一种新的基于团结概念的演讲类型正逐渐成形,他们的分析证明了用语言学研究政治演讲语篇的重要意义。

另一种分析政治演讲语篇的语言学方法被传统的文体学家所采纳,这种方法曾经在中国盛行一时。文体分析的工作重心建立在结构主义的方法上(Sandig & Selting 1997: 143)。他们把结构主义方法运用到文学文本的文体分析方面,典型的例子是利奇和肖特(1983)所著的《小说文体论》一书。但同时有些文体学家关注了其他文本的文体描述,其中就包括政治演讲语篇。许多学者利用这些方法来验证政治演讲的文体。他们的传统文体学著作意在对文体特征进行分类。他们试图从三个层面对文体特征进行检验从而研究政治演讲语篇。这三个层面包括:音系学和笔迹学层面、词汇层面和句法结构层面。另外,他们认为用修辞方法描述和分析语篇有重要意义。在音系学层面,音量、音调、语速、停顿和节奏等音系特征是研究的中心;在词汇层面,文体学家关注的是语言的清晰和准确与否,以及长单词(长度超过6个字母)所占比重;在句法结构层面,学者们感兴趣的是句子长度的变体,如多种句型和词组结构。修辞学方法构建了一个政治演讲语篇传统分析的非必要部分。明喻、隐喻、平行结构、重复和许多其他修辞方法总是重复关注什么时候语篇分析以政治演讲语篇为主体。然而,传统的文体学分析方法对政治演讲语篇的分析研究更多集中在文体特征的描写上而非语言的社会功能上。

1.3　政治演讲语篇的社会心理学研究

研究政治演讲语篇的第三种方法是研究政治神话和从符号及仪式的维度研究政治进程。根据埃德尔曼（Edelman）的观点，政治人物运用了一系列的语言机制，从隐喻到转喻，从符号语言到特定的句法机制来召唤政治信仰的类型。（Geis，1987 Ⅷ）。他认为不了解政治的人对世界的认识有一种神秘色彩，而这种神秘认识承担了向相信神话的人们解释政治事件的任务，而语言在这些神话主题的召唤性中扮演了关键角色。他确认了三种基本的神话主题：

1. 阴谋敌人："恶意的局外人密谋实施有害的行为的神话"被看作同质的、"有差异的、说服性强的或者无所不能的、而且图谋伤害内部人"。

2. 高尚的领导人："政治领导人是取信于大众的，而且可以有效地解救人民与危难之中。"政治领导人具备了"勇敢无畏、进取心强和解决问题的能力"。

3. 我们要团结一致："一个团体、一个民族、一个国家、一个政党可以战胜敌人的信念要以勤奋、奉献和服从于领导人为前提。"

政客使用音调高的词汇和夸张的语言来召唤这些神话，这些神话被 Edelman 定义为"可以给政治事件赋予意义的，具有社会暗示性的一种被人们普遍认可的信念"。Edelman 提出了两个标准：一个政治神话必须具备解释性力量，这个政治神话被人们广泛接受。盖斯（Geis，1987）在他的著作《政治的语言》中表达了同样的观点，只是补充了一个观点：政治神话预设了简单的有关政治事件的因果理论。

在《政治的语言》这部书中，Geis 论证了当代美国政治领袖的语言，证明了他的论断，即政治领导人通常借助具有语言煽动性的神话，目的是为了让民众和同僚们信服他作为领导人和他的决策的优势。他分析了美国三位总统——约翰·肯尼迪、林登·贝恩斯·约翰逊和罗纳德·里根是如何使用神话的。例如，在肯尼迪的就职演说中，有这些观点：

1. 所以，我的美国民众们，不要问你的国家能为你带来什么，而是问问自己能为祖国做些什么。

2. 我们如果分歧对立，就会一事无成——因为我们不敢在争吵不休、四分五裂时迎接强大的挑战。

Geis 认为通过声明：（1）演讲达到的效果是给肯尼迪创造出一种高尚、英勇无畏和有说服力的领导人形象；（2）肯尼迪警告美国民众，敌人的阴谋是为了无休止地给我们造成破坏，只有同盟国团结不分裂，才能彻底阻断敌人的险恶计划。

毫无疑问，社会心理学研究政治演讲的方法为我们研究政治演讲提供了一个新的角度。当然，这样的研究主要使用了心理学方面的有关理论。

1.4 当前研究的文献综述

回顾修辞学、语言学和社会心理学对政治演讲的研究旨在反映前人是如何处理这类语篇的，也为了论证之前研究和当前研究之间的关系。现在针对政治演讲语篇研究应做些什么，主要是总结各个学科研究的主要成果，希望从这些成果中发现政治演讲语篇研究的新角度。

尽管研究政治演讲语篇的方法多种多样，但有一些人际因素从这些研究中体现出来。从语言学角度看，语言学家试图使用多样化的理论和方法。其中一些学者已经关注了演讲者和听众之间的互动因素，例如，语用学把演讲者和听众的互相作用看作他们研究焦点之一。在文体学领域，交互式文体学的发展趋势已被人们所重视，交互式文体学主要分析互动交际中的参与者掌控、协商和阐明文体的方式。（Sandig& Selting 1997：149)。亚里士多德在几千年前就意识到了听众在政治演讲中的重要性。正如之前对亚里士多德修辞理论的研究所表明的，说服力是政治演讲的中心，根据亚里士多德的观点，有几个因素决定了政治演讲语篇的说服效果，如演讲的谋篇布局和表达方式。然而，他也注意到了听众的影响，并指出："当听众被带入一种情绪状态中时，演讲的说服力可以通过听众实现。"（亚里士多德，引自伯贡1974)。这里亚里士多德这样阐明了他的观点，在一个成功的演讲中，交际的过程由演讲者、演讲稿和听众构成，这些为研究演讲者和听众的角色关系铺平了道路。

正如已分析过的，之前的一些研究或多或少地提及或暗示了人的互动交际。或者说他们的研究开始向这个方向靠近，正如麦卡锡和卡特所评论的，在当前的语言学和文学研究中，我们可以很容易地观察到有一种趋势更加强调了语言中人际的、变异的和可协商的因素，这和传统研究所关注的语言形式和意义之间的概念的、基于内容的和稳定的关系形成了鲜明对比（Li，2000)。这样一种关注语言人际意义的趋势是一个自然发展的过程，概括了其领域的一些看法，即我们应把注意转向研究人际意义的重要性上，例如，俄罗斯语言学家的理论和苏联文学理论家巴赫金的理论。

韩礼德强调了语言中的所有成分应参照它在整个语言系统中的功能来给出解释，他确定了语言的三种元功能。另外，如汤普森（2000：38)指出的功能语法研究语言的方法是建立在一种假设之下：语言系统的演变过程是为了提供人们所需要的功能。这种假设还可以表述为语言功能决定了语言系统本身。语言的主要功能之一是人际功能，即人们通过语言的人际功能可以彼此互动以至于建立和保持一种社会关系。为了提供这种关系，语言系统必须有一些方面可以被"确认为能够使我们通过语言产生互动"（汤普森2000：38）。

　　本课题研究的对象是英语公众政治演讲语篇的连贯性。政治演讲是公众演讲的一个分支，它代表了西方社会一种源远流长的社会文化现象。政治演讲是指一个演讲者代表某一政党、阶级和国家就某些重要事件对国内外某一听众群发表的演讲。近年来，随着语篇分析的发展，对社会问题的关注成为语篇分析的重心之一。语篇是社会文化语境中的社会行为或互动，包含着一定的意图并涉及一定的结果。所以政治语篇分析成为语篇分析的一个重要领域。本课题研究英语公众政治演讲语篇的连贯性，目的是为了解释演讲者如何通过语言来实现自身权威的合法性，最终通过对语言的选择来达到政治目的。

1.5　研究政治演讲语篇的意义

　　新时期，"一带一路"倡议、文化走出去战略布局和社会文化的迅速发展对大学生语言交际能力的培养提出了更高要求，掌握公众演讲的技巧成为一种必要的沟通技能。因此，从衔接机制的角度研究英语公众演讲语篇的语义连贯性，对提高大学生跨文化交际能力具有重要的理论和现实意义，也是符合当今社会的经济文化发展要求的。

　　从衔接机制的角度研究英语政治演讲语篇的连贯性，既为连贯理论的发展提供了一个新的角度，也力图为连贯理论体系的完善提供更多的研究数据。

　　语篇的连贯问题研究涉及语篇分析的整个过程，他的产生虽然表现在形式上，但他本身不是形式层次的特征，而是语义特征，表现为语篇整体上的语义联系和语义一致性。语篇的连贯与否要满足三个基本条件：首先，语篇内部各个部分之间的意义是相互联系的，也就是衔接的；其次，语篇的衔接形成的语义网络是一个语义整体；最后，语篇必须适合情景语境，在语境中行使适当的功能。本课题研究的英语公众政治演讲语篇的连贯性也延续了这个思路，首先，从语篇内部分析各种衔接机制在演讲语篇中的作用；其次，从语篇外部讨论语篇与语境的关系，即语篇是否与演讲的情境相符合，是否在既定情境中完成了交际任务，达到了预期交际目的。

本课题以韩礼德的语域衔接理论和张德禄的显性和隐性衔接理论作为文本分析的理论框架，把衔接机制分为显性衔接和隐性衔接两大类。显性衔接机制主要从演讲语篇的内部研究语言形式层面和语篇的意义连贯的对应关系，即句子内部各功能成分之间形成的衔接照应关系对语篇的语义连贯有怎样的作用；而隐性衔接机制则从语篇外部因素讨论影响演讲语篇意义连贯的关键因素有哪些，也就是语境特征和文本意义系统之间的对应关系，即那些意义需要通过语境因素得以完善和补充，使语篇的语义整体性和连贯性既从篇内的语言形式层面得到保证，又从篇外的语境因素得以最终完善。

第 2 章　连贯理论研究

2.1　国内外研究现状

　　语篇连贯问题的研究始于 20 世纪六七十年代，国外的研究成果包括韩礼德和哈桑的语域衔接理论、凡·戴克的宏观结构理论、维多森的言外行为理论、曼恩的修辞结构理论、布朗和尤尔的心理框架理论以及单奈士和福利士的主位推进理论。其中在语篇连贯领域具有里程碑意义的著作是韩礼德和哈桑在 1976 年出版的《英语的衔接》（*Cohesion in English*）一书。韩礼德对衔接和连贯理论的发展主要体现在三方面。首先他创立了衔接理论，使语篇连贯分析的重点从句子层面转移到衔接机制的研究上。他指出尽管衔接出现的理据是语言的形式特征，但衔接是一种语义关系，是把语篇上下文联系起来的谋篇机制。"衔接是语篇中的一个成分和对解释它起重要作用的其他成分之间的语义关系"，即话语中的某一成分的解释以另一成分的解读为前提。其次，他指出衔接的谋篇机制由衔接纽带（cohesion tie）所体现，衔接纽带与句子边界没有关系，它体现的是一种区别于语法结构的与语篇的生成有关的语义关联,所以句子之间的衔接纽带是衔接机制的重要组成部分。韩礼德在《衔接》中提出了五种衔接手段:指示、替代、省略、连接和词汇衔接。第三,韩礼德讨论了情景语境、语域和衔接的关系:情景语境是可以影响语篇意义选择的一些非语言因素,衔接机制保证了语篇内部意义的连贯,而语篇和情景语境的连贯体现出语域的一致性。"衔接概念可以有效地由语域概念来补充,因此两者可以有效地决定一个语篇。语篇是在两个方面都连贯的语段:在情景语境方面是连贯的,因此在语域上是一致的;其语篇本体是连贯的,由此是衔接的。两者缺一不可,一者也不能包含另一者。正如我们可以生成在情景语义方面似乎联系在一起,但由于缺乏衔接而不连贯的语篇段落一样,我们也可以生成衔接完美,但由于没有语域一致性,即没有与情景联系的联系的语义,而不成为语篇的语段。听话者或读者在对谋篇机制做出判断时对其做出反应。"这就是说,从语篇外部来看,连贯的语篇应该与语篇产生的环境和谐一致;从语篇内部来讲,它由衔接纽带连接起来。之后,韩礼德进一步扩大了衔接的范围,在《语言、语境和语篇》(Language, Context and Text)一书中把衔接分为结构性衔接和非结构性衔接,并提出及物性、语气、情态和主述位结构对语篇衔接的重要功能。

凡戴克在其《语篇与语境》(Text and Context)(1977)一书中认为,语篇连贯性表现为两个层次上的连贯性:"线性或顺序性连贯"和"整体性的语义结构",即"宏观结构"上的连贯。线性或顺序性连贯指"由句子或一系列句子标段的命题之间形成的连贯关系",表现在三个方面:(1)对事实或内容的陈诉的顺序,包括按常规认识事物的顺序;(2)对事物或内容陈述的细致程度和显性化的程度;(3)语篇中信息的组织和发展,已知信息与新信息的相互作用等。语篇的宏观结构指由总摄全篇的总主题所代表的语义结构,它可以由两条删除规则和两条题材规则分层次、分级阶回归性地进行语义浓缩而形成,并由次级的话题共同蕴含。

威多逊在《作为交际的语言教学》(Teaching Language as Communication)一书中认为,衔接是句子或句子部分之间的命题发展,而连贯是这些命题的言外功能的表现。他说:"衔接与命题如何通过一些结构机制而相互联系形成语篇有关;连贯与这些命题的言外功能,即与它们怎样用于创造不同类型的语篇,如报告、描述、解释有关。读者通过发现以某种形式和顺序出现的命题与大家认为是合适的言外价值相联系认识连贯。"

曼恩、麦提逊和汤姆逊在其合作的一系列著作中推出了由他们创立的修辞结构理论(rhetorical structure theory)。他们认为,语篇由其包含的具有各种功能的组成部分组成。该理论运用了系统功能语言学的层次和级阶理论,把语篇看作由不同层次的功能块组成。较大的功能块由较小的功能块组成。每个功能块都有其特殊的功能,每一种功能都表现为某种修辞关系,如背景、手段、动因、证据、详述、对比、重述、序列等。每个底层功能块中的修辞关系都修饰其所在的大功能块的修辞关系。如果这些地底层功能块在组成大的功能块时形成统一体,共同出现作者的交际意图,语篇就是连贯的。

布朗和尤尔(1983)强调讲话者掌握的背景知识对语篇连贯解释的重要性。这些背景知识以知识模型的形式存在,如框架、纲要、脚本、情节、计划等。如果讲话者表达的意义符合这些背景知识模式,可以解释为相互联系的整体,语篇就是连贯的。但他们对连贯没有进行严格的界定,认为它不是理论化的概念,而是一个大众化的概念。

丹奈士和福利士都把语篇连贯与语篇的主位推进程序联系起来。他们都认为语篇连贯的程度表现为语篇主位推进程序的连续程度。为了能体现任何主位推进程序类别,相关联的单位之间都要由相似的成分连接起来。如果语篇缺乏这种连接,主位推进程序中就会出现非连续性,就会造成语篇衔接上的断点，从而出现不连贯现象。两者的区别在于：丹奈士只强调主位推进程序对语篇连贯的重要性，而福利士在讨论语篇的主位推进程序的同时，还强调语篇的发展方法的重要性。

以上列举的六种理论模式都以一定的语言学理论为基础，形成了自己比较完整的理论框架，但每种理论都在存在一些缺陷，需要补充和发展，韩礼德和哈桑的连贯理论提出了语篇连贯的形式标记，即衔接纽带和使这些形式标记能够成为衔接标记的决定因素：语域一致性。他们对语域如何影响语篇连贯和语域一致性怎样支配语篇衔接没有做比较详细的分析和描述，然而它是列举衔接的例证和类型重要的因素。其他一些衔接手段他们也没有进行研究，如语音语调的衔接作用、时态语态的衔接作用以及物性系统的衔接作用等。

凡戴克的宏观结构理论运用了和直接成分分析法相类似的模式，这只是一种语义上的和语篇层次上的模式，所以他的分析基本上还局限在语篇内部，没有把影响和支配语篇连贯的社会文化因素、情景语境因素、心理认知因素包括在其框架内。

威多逊的言外行为理论虽然十分简洁，理论性也很强，但十分笼统，在具体分析和研究中，还需要对理论框架、理论的具体层面以及分析方法进行研究。

曼恩和汤姆逊的修辞结构理论与凡戴克的宏观结构理论十分相似。虽然其修辞结构是由其在语篇中的功能来确定的，但其研究还只局限在对语篇内部成分的分析上。

布朗和尤尔的心理框架理论是对以上理论很好的补充，提出了社会文化背景知识对语篇连贯的主导作用，但其本身不能成为完整的语篇连贯分析理论模式。

丹奈士和福利士的主位推进理论也主要从语篇内部对语篇连贯进行研究。而且，他也难以担当起语篇连贯分析整体理论框架的任务。

国内在衔接和连贯领域做出突出贡献的学者包括程雨明（1986）、林纪诚（1988）、武果（1987）、胡壮麟（1996）、朱永生（1996）、张德禄（1999）等。其中，张德禄在衔接和连贯领域的研究成果是显著的，从中国知网检索到的有关衔接和连贯理论的期刊论文有23篇。他在韩礼德衔接理论的基础上提出了多层次跨级阶的衔接理论。他的观点和韩礼德总体是一致的，认为连贯是一种语义联系，尽管连贯可以通过语言形式层面的衔接标记所体现，但它本质上是语义特征，需要依靠整个语篇的语义联系和语义一致性实现。张德禄把影响语篇连贯的条件分为两类：一类是语篇的意义和体现语篇意义的衔接机制对连贯的影响，另一类是对意义的生成起限制作用的文化语境、情景语境、认知模式和心理思维等因素。张德禄从编码和解码的角度分别论述了上述两个条件对语篇意义的选择的影响和语篇连贯的形成过程。从编码的角度看，文化语境和认知模式决定了交际者的背景特征，他会用什么样的语类结构和语言规范来形成话题，而情景语境和心理思维因素为意义的选择提供了前景特征，并决定哪些意义要由明确的形式特征表达，哪些意义可以预设，哪些意义不需要形式体现，最后把需要由语言形式表达的意义通过衔接机制进行编码，连贯的意义就生成了。从解码的角度讲，听话者单从语言形式和衔接机制无法完全掌握说话人的真正意图，需要借助文化语境和认知模式确定意义的语类结构和文本特征，再从情景语境和心理思维判断说话人所隐含的整体意义。所以张德禄指出语篇连贯与否既取决于语言的形式意义，还依赖和语言有关的文化背景、情景语境和心理思维因素。

张德禄对连贯理论的另一大贡献是把语境因素并入衔接机制的范畴，打破了以往只在语言形式层面谈论衔接机制对连贯的作用的局限性，使衔接理论更能全面地解释语篇的连贯构成，为研究语篇的整体语义联系提供了理论框架。张德禄进一步完善了衔接理论，把衔接机制划分为显性衔接和隐性衔接两类。显性衔接包括功能成分实现的衔接、联结机制实现的衔接、功能结构实现的衔接和语篇结构实现的衔接；隐性衔接包括预设性外指衔接和空话衔接。

在韩礼德衔接理论和张德禄衔接和连贯理论的基础上，本课题融合了韩礼德的衔接理论的主要观点，同时也借鉴了张德禄的显性和隐性衔接理论，把衔接理论的范围进一步扩大，使研究语篇连贯问题的理论框架更趋完善，同时也为衔接和连贯理论的实际应用提供一些研究经验，有助于语篇连贯理论向应用研究发展。

2.2 语篇连贯的条件

从以上分析可知，对语篇连贯的研究实际上涉及语篇分析的整个过程和几乎所有方面。它的产生虽然表现在形式上，但它本身不是形式层次的特征，而是语义特征，表现为语义上的从语篇整体上的联系和一致性。这种联系或一致性不是由语篇的形式和语义特征本身来决定的，而是由语言之外的因素决定的。这些因素包括社会文化背景所形成的"行为潜势"，它是统一文化背景中人们通常做事的常规和习惯，作为行为潜势的一部分还有一套约定俗成的说话和写文章的规则和原则，这些群体特征若从个体的角度讲则表现为人们的心理认知模式（如图式、框架、脚本、心理模型和计划）等。

语言活动都在一定的环境中发生。这种环境将会直接或间接地影响或支配着语篇意义的选择和交流及对语言形式的选择与取舍（如省略、隐含等）。从个体心理的角度讲，则可表现为交际者的心理过程和交际目的。系统功能语言学对语篇的语境做了比较系统的研究，提出了一套情景语境理论，包括话语范围、话语基调、话语方式三个变项。语义的相关性主要由以上因素决定,在语言形式上由多个层次的特征表现出来,如非结构衔接手段、主位结构、信息结构、及物性结构、语气结构、语音语调等。

2.2.1 文化语境

人们都是在一定的文化氛围中长大的。任何一个正常人,其一言一行都要打上它所赖以成长的文化背景的烙印,包括他们的思维习惯、行为习惯,通常要交流的意义、通常要说的话,有哪些禁忌、有哪些人们喜欢的行为等。波兰籍的美国人类学家马林懦夫斯基把这种文化背景称为"文化语境"。一个人所赖以成长的文化语境会直接影响他要说的话和对对方讲的话的理解和解释。如果对方讲的话符合他的思维模式和讲话方式,则会很自然地把对方的话解释为连贯的话语,并给以积极的评价,同时也有利于把其下面要讲的话理解为连贯的话语。不然则可能造成误解或交际中断,或发生不愉快的事情。

受文化语境的制约,各个言语社团都在其长期的社会交际中形成了一些比较固定的交际模式或语篇的语义结构。这些固定的交际模式有利于本言语社团的成员交流意义,同时也是惯常交流的意义长期积淀的结果。

2.2.2 认知模式

从个体的角度讲,文化语境中固定的文化因素,包括上述的习俗、习惯、行为模式和通过教育在个人的头脑中积淀形成的动态或警惕的知识结构。这种知识结构具有静态特征,以一定的模式存在,又在不断地变化;既有其被动地等待被选择的特征,又有与讲话者积极参与、主动计划和决策密切联系的特性。因此,语言学家用许多不同的理论来描述这种认知模式,如框架理论把认知模式描述为惊天的知识系统;图示理论把认知模式描述为有形的结构图形；脚本理论把认知模式描述为备用的资源等。如果语篇表达的意义与一定的认知模式相一致，语篇就是连贯的。

2.2.3 情景语境

根据系统功能语言学理论，情景语境是文化语境现实化的表现，是在具体的语言交际事件中支配语义选择的因素，所以，它不仅包括现场环境中的成分，也包括由社会文化背景决定的行为准则，道德观念等。这些都融合在话语范围、话语基调和话语方式中。为了使以上的因素明确化，我们把情景语境描述为主要由现场情景中的因素，如发生的事件、参与者、交际渠道和媒介组成的情景框架。这样，情景语境将会给讲话者提供外界环境，对语言学予以限定，如那些是在现场情景中和在上下文中明确的，不必用形式手段表达出来；那些是对现在的交流十分重要的，必须要明确表达出来；那些是可以从形式上预设的。

2.2.4 心理思维

语言交际是由人来完成的，而人的语言活动是由人的大脑支配的，所以人的心理活动、性格、情感、内在的知识结构，以及当时的心态等都可以影响语言交际。同时，以上所列举的各个因素也都是在人的心理过程中实现的。从社会文化的角度研究语篇，通常都以预设同义言语社团的人具有许多共有的意义交流和交流方式为前提，语篇是建立在人的共有特征的基础上的。因此，语篇连贯与否都要经过心理过程的推测、判断、选择，也就是说，由听话者来判断。这样就会产生某一个听话者认为是连贯的，而另一个听话者可能认为不连贯或不太连贯的话语问题。由此，把连贯的标准建立在主观判断的基础上，为了避免这种现象的产生，我们需要假设一个理想的讲话者：他具有把任何可能解释为连贯的话语都解释为连贯话语的能力，是一个本言语社团所有成员都应该懂得的交际者。这样又反过来把语篇连贯建立在一个十分抽象的层次上。这是以社会文化为基础和以心理认知为基础，研究语篇连贯的都难以解决的问题。尽管如此，研究讲话者和听话者的心理过程还是可以与以社会文化为基础的研究方法形成互补关系的，特别是在检验理论的心理现实性和连贯产生的心理过程方面二者可以互补。

参与者的交际意图是影响语篇连贯的主要因素之一。交际意图受社会文化、思维模式的影响并受现实情景的支配，同时也受交际者自身的个体特点，如个性、个体思维模式、知识结构等因素的影响。交际意图与文化语境和情景语境相互作用，共同支配着对意义的选择。因此，在某些场合中被解释为连贯的话语，在另外的场合中与交际者的交际意图不符，也会被解释为不连贯或不太连贯的话语。

2.2.5　语义联系与相关性

语篇连贯通常被解释为语义的相关性（relevance），认为只要上一个句子与下一个句子能联系起来，或者语篇中某一部分与另一部分有关联性，那么两者就是连贯的。笔者认为，单纯地把两者或多者在语义上联系起来并不能保证语篇的连贯性。虽然两者相关，但与语篇的总主题不符，也不会产生连贯的语篇。语篇的部分之间的关系起码要具有三种关联性才能保证语篇的连贯，即语义关联性、主题关联性、语境关联性。语义关联性是语篇部分之间从意义上有联系；主题关联性是语篇各部分都符合语篇总主题的要求；语境关联性是语篇各个部分都和语篇产生的情景融为一体，共同完成交际过程。语境在此借用系统功能语言学用语，泛指社会文化、现场情景和交际意图的汇合。

2.3　连贯概念意义探源

在韩礼德和哈桑出版《衔接》一书之前，连贯还是一个一般概念，没有得到重视。在威多逊（1978）出版它的《作为交际者的语言》一书前，连贯也没有被人作为一个理论概念来研究。

然而，《衔接》一书的出版，使连贯就成了一个讨论的热门话题，一系列专著连续出版了，都把连贯作为一个重要话题来讨论。大多数人都对韩礼德和哈桑的理论持批评态度。例如，凡戴克（1977）认为，连贯不仅是显性的，也是层级性的；不仅有微观结构，也有宏观结构。同时，他还说连贯是一个分级性概念，信息有完整与不完整之分，所以连贯是一个语义概念。

威多逊第一次把连贯概念置入一个理论框架中。他把衔接看作由句子表达的命题之间的显性关系；把连贯看作非言语行为之间的关系，所以连贯是一个语用概念。

布朗和尤尔（1983）认为：人类在解释一个语篇时，不需要语篇形式特征。他们自然地假定语篇是连贯的，然后在这种假定的前提下来解释语篇。也就是说，他们假设：类比原则和区域解释原则限制了他们的视线。他们认为，决定语篇连贯的条件是在语言外，包括语境的一般特征、主题发展、主位结构、信息结构、交际功能、一般的社会文化知识和推测等。但他对这些决定语篇连贯的因素的研究不很系统，相互之间的联系没有交代清楚，各自的理论地位也没有阐述清楚。

加纳姆（Garnham，1991）从心理语言学的角度看待语篇连贯。他说："我认为，连贯不是来自一系列连贯关系，而是来自有关世界和论元结构的知识是怎样用于组成语篇，或组成话语的。"

从语言整体和其所涉及的方面和因素来讲，他们对连贯的认识在很大程度上是相互补充的：各自都涉及语篇连贯，各自又都不能包括语篇连贯所涉及的所有方面。他们之间的关系如图1所示：

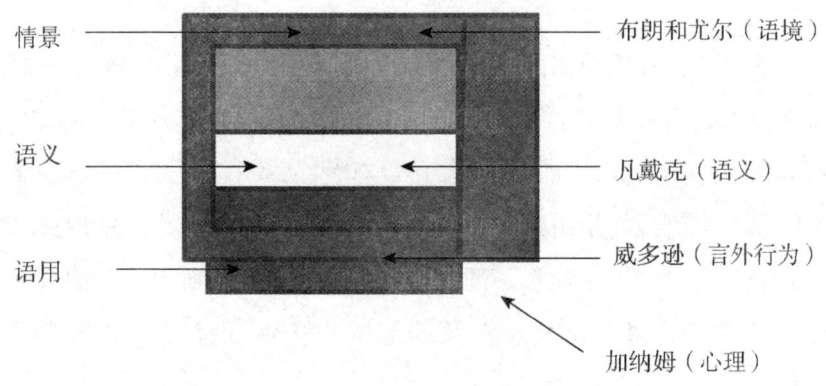

图1　国外学者对连贯的各种认识之间的关系

2.4　连贯理论发展趋向

对连贯概念本身要进行更加具体深入的研究，使这个通俗的概念理论化，如研究语篇本身的意义、所涉及的范围、重点和出发点，以及它在整个连贯理论体系中总的位置。

在对语篇连贯的相关因素进行大量研究的基础上，还要从整体理论上进行深入探讨，如研究的各个因素在语篇连贯中的作用，各个因素之间的相互关系和它们与语篇连贯整体之间的联系，建立起语篇连贯分析的理论框架，使其系统化程序化。同时，还要确定与语篇连贯分析有关的其他因素在整体理论框架中的作用和地位等。

2.5 衔接与连贯的关系

自从韩礼德和哈桑出版了《衔接》，明确指出了对语篇衔接机制进行研究以来，许多语言学家对衔接与连贯的关系持否定态度，或认为衔接不能保证连贯，或认为连贯和衔接没有关系，不能通过形式特征来判断。然而，语篇最终是由形式特征来体现的。到目前为止，从形式特征来研究语篇连贯的唯一途径是通过语篇的衔接机制。所以，我们有必要首先探讨衔接的概念定位和涉及的范围，然后再探讨衔接与连贯的关系。

2.5.1 衔接概念的定位

衔接是一个语义概念，他指代语篇内部存在的意义关系。当语篇中的一些语言项目的解释取决于另外一个语言项目的意义时，衔接就出现了，即一个项目预设了另一个的意义，也就是说这个项目的解码依靠和它相照应的语言资源。这时，衔接关系就形成了，两个语言项目，预设和被预设之间形成了一个语篇。

在《衔接》中，韩礼德和哈桑明确对衔接在语言层次的定位进行了定义。他们说："我们用'衔接'这个词专门指那些组成语篇的非结构性关系。它们……是语义关系，语篇是一个语义单位。"（1976：7）尽管如此，仍然出现了一些误解，许多语言学家都倾向于把衔接看作一个形式概念，代表代词、连词、词汇、词组、句子等体现衔接关系的形式成分。基于这种认识，布朗和尤尔说："人类在解释一个语篇时，不需要语篇形式特征。他们自然地假定语篇是连贯的，然后在这种假设的前提下来解释语篇。"

不可否认，我们在讨论衔接时，总是以形式特征的出现为衔接出现的证据。韩礼德和哈桑也在《衔接》中讨论了各种形式的衔接关系。因此，衔接的语义关系的定位必须首先明确。

2.5.2 衔接的范围

在《衔接》中，韩礼德和哈桑也明确了衔接的范围："衔接是语篇的一个成分和对解释它起重要作用的其他成分之间的语义关系。这一'其他成分'也必须在语篇中能找到，但它的位置完全不是由语法结构来确定的。"

这样，语篇的衔接机制就局限于能够在语篇形式上找到其预设项目的机制。如果在语篇中出现一个衔接纽带，如所指项目是它，但它所指的项目不是在语篇中，而是要到情景语境中才能找到，那么这个项目就不是衔接机制，正是由于这种观点，威多逊（1978）才列举出许多没有衔接机制，但仍然连贯的语篇来说明衔接不能保证连贯。

韩礼德本人也认为，衔接不能完全保证连贯。衔接只对语篇连贯起重要作用："对语篇连贯的重要贡献来自衔接：它们是每一个语言都具有的，把语篇的这一部分与那一部分联系起来的语言资源。"（Halliday & Hasan, 1985：48）至于它重要到什么程度，是否有一定标准来衡量，他没有进一步解释。

即使如此，衔接的范围也不仅局限于所指、替代、省略、连接和词汇衔接五个方面。衔接概念是用于结合话语中的语义关系的。那么，任何表达话语中的语义关系的特征都应该看作衔接特征。

许多由形式机制体现的语义关系，如语法衔接、词汇衔接、语音衔接等，都是衔接机制。如：

A：I want some strawberries, but those don't look very ripe.

B：They are ripe alright.

在此例中，those 回指上一个小句中的 strawberries，下句中又由 they 来指称，三个项目之间形成一条衔接链。Strawberries 和 ripe 也形成一定语义关系：ripe 是 strawberries 的一个特征。but 把 A 和话语中的两个小句以转折关系联系起来。这三个衔接关系属于上面提到的五种衔接。同时，A 和 B 两个人的话语还形成邻近配对（adjacency pair），也是一种衔接关系。

这样，从形式的角度，我们可以从语法、词汇、音系三个形式层次来研究衔接机制。从意义的角度，我们可以从概念、人际、谋篇三种角度和语篇的宏观语义结构角度来研究衔接机制。

从语义的角度讲，衔接是一种起组织和连接功能的意义，也就是谋篇意义。它把概念意义和人际意义组成连贯的语篇。从衔接意义的表现形式讲，我们可以区分篇内衔接关系和语篇与语境之间的衔接关系。语篇与语境之间建立的衔接关系将衔接纽带的一端伸向情景语境，由非言语特征体现出来。上一例中的 I 就是指情景语境总的讲话者。

对于篇内衔接关系，我们可以借用凡戴克的概念，把衔接关系分为两类：线性和序列性衔接关系及整体总体性衔接关系。线性和序列性衔接关系指信息单位组之间的衔接关系。它们的顺序是由某些认知、语境和规约条件决定的。对于整体总体性衔接关系，胡壮麟（1994）根据现有的话语分析的理论，把它们归纳为以下四类。

（1）话轮（turn-taking）。包括说话轮次的长短、顺序、内容变化等，如开场白说什么，如何保证自己的话能继续下去，说话人如何改变话题，如何结束一个话题，话轮如何结束等。这种理论显然主要适合于直接口头交流语类，如会话、打电话等。

（2）邻近配对。人们在对话交流中通常采用一问一答，成双成对的形式，如给予——接受/拒绝，问候——问候，陈述——确认，请示——指示等。显然，相邻配对也是口语的基本特征，不适合其他语类的语篇。

（3）行为等级和序列。辛克莱和库塔得（Sinclair& Coulthard, 1975）在研究课堂教学语言时提出了言语行为的等级。例如，整堂课具有一定交际功能，形成一个"大"言语行为，称为"课"。每个"课"有几个相互联系的"交换"。每个交换包括一个或几个相互联系的"步"。每个"步"有包括一个或几个"行为"。这种语篇的分析方法可以适合于多种语类的语篇。

（4）语篇和宏观结构：宏观结构理论首先是由凡戴克（1977）提出的，指线性结构以上的所有结构，所以可以具有层次性。最高层次的宏观结构类似哈桑的"语类结构"（Halliday & Hasan, 1985a）。

对衔接手段的研究，我们可以先从篇内形式衔接机制开始，研究语法、词汇和音系衔接手段。从语法的角度讲，及物性结构、语气结构、主位结构等都具有衔接功能。它们的衔接作用不是由他们的语法结构内部的关系形成的，而是通过结构之间的关系形成的。这种关系显然是话语内部成分之间的关系。

关于及物性结构的衔接作用，胡壮麟（1994）已做了比较详细的论述。它通常是与话语范围和语类相联系的。例如，在科技文献中，关系过程出现频率极高。这些关系过程之间形成了一种衔接力，表明了科技英语的关系化特点。它们形成的是一种同类关系。在戈尔丁《继承制》中，不及物机构的高频率出现表达了原始部落尼恩德瑟尔人的行为对其他人和外界事物没有效力，对客观外界发生的事情无能为力，又不能正确理解，最后导致全族的覆灭。这种效应是由不及物结构和集合体现出来的。这样，每个结构都与另外的结构形成同类关系，共同来取得这种效应。

语气结构的衔接功能似乎没有人去研究，这主要是因为它体现了人际意义，而人际意义的衔接功能一直被忽视。然而，它的作用是很容易发现的。首先，某一语气类型的高频率出现表达某一人际意义的突出特点。例如，如果一个语篇中的句子都是陈述句，这个语篇一般情况下是说明性的、提供信息的。大多数语篇都属于此种类型。如果一个语篇中的句子都是祈使句，则这个语篇的主要功能是指导性的或命令性的，如说明书、菜谱等。语气衔接主要有语气类型和语气成分两种衔接方式，而语气类型衔接由相邻配对或语气排比来实现，语气成分衔接主要由主语链来体现。

对于主位结构和主位推进程序的衔接功能，丹奈士（1974）、福利士（1981）和胡壮麟（1994）都进行了比较详细的介绍，不再赘述。但主位结构之间的衔接功能是一种谋篇功能。

语篇连贯性在语篇分析中是一个核心问题，语篇衔接和连贯在语篇分析中又是紧密相连的。自从韩礼德和哈桑在1976年发表了《衔接》一书，衔接和连贯的关系在语篇生成和认知中的重要作用引起了国内外学者的广泛关注。之后，韩礼德和哈桑把衔接概念进行扩展，在《语言、语境和语篇》一书中进一步划分为非结构性衔接和结构性衔接。前者包括指示、替代、省略、连接词和词汇衔接，后者包括信息结构、主位结构和平行结构等。

（1）照应。

照应是说话人用于表明某一成分是否在前文中已出现并得以重复，或尚未在语篇中出现的语法资源（Geoff Thompson, 2008: 180）。其中回指或前指是照应关系中的一种重要衔接形式，是指语篇中的某个词或词句和先前出现过的词或词句在语义层面上具有参照或共指关系。回指包括名词、动词、名词短语和动词短语的回指，以及语句回指和篇章回指。由于回指的指称对象是上文中已提到的一个实体，因此回指具有内在的衔接性。回指具有话语衔接功能，即通过指称关系建立话语单位之间的语义依存关系。回指语的理解过程实际上是对大脑中相关实体的搜索过程，是将简单的命题合成更大的概念单位的过程。受话者或读者在对回指语的理解加工过程中，从语篇上下文中去识别参照对象，而这种识别过程使语篇命题得到了转换，使小句、句子、段落等形成了一个语篇整体，从而使语篇上下承接、连贯。韩礼德和哈桑（1976）把照应关系划分为人称照应、指示照应和比较照应。人称照应是通过人称代词（pronoun）（I, you, he, she, they, him, her, them），所属限定词（possessive determiner）（your, his, her, their）和所属代词（possessive pronoun）（mine, his, hers, theirs）来实现的；指示照应可划分为三类：选择性名词性指示词（this, that, these, those），定冠词the，指示性副词（here, there, now, then）；比较照应涉及两类比较客体，最典型的是形容词和副词比较级（如：same, so, as, equal, such, similar, similarly, different, differently, other, otherwise, likewise 等）以及一些带有比较意义的词语（如：another, different, the same 等）。一般来说，表示异同、相似、差别、量与质的优劣等词语都具有照应作用。

例1：I believe that I interpret the will of the Congress and of the people when I assert that we will not only defend ourselves to the uttermost, but will make it very certain that this form of treachery shall never endanger us again.

这里，代词"we""ourselves"和"us"均回指"the people"，后出现的回指语"we""ourselves"和"us"与先行语"the people"在语义上保持了连贯，体现了这个语段的话题围绕美国人民再展开。由于读者在构建衔接链或衔接网时，情景语境的相关信息已存在于读者意识中，所以读者很容易理解和发现we, ourselves, us 和American people 的回指照应关系。人称代词的回指作用是为了使语篇中的角色和信息的发展联系更紧密，强调不同人称代词之间的一种衔接关系，在语义上体现出一种互相依赖性。

例2：And while this reply stated that it seemed useless to continue the

33

existing diplomatic negotiations.

这里，this 回指前句中的"a formal reply"，尽管回指语和先行语不在同一语句中，但二者之间的衔接关系显而易见，这句话是对前一句信息的进一步解释说明，这种照应关系把相关联的信息载体联系起来，使语篇在语义上衔接更紧密。

（2）替代。

替代是一种词汇语法关系（lexico-grammatical relation），而照应则是一种语义关系。在照应关系中，指代成分和所指对象之间存在着语义上的一致性或认同关系，但是在替代现象中，替代成分与被替代成分之间不存在指称意义上的认同关系。即替代是为了避免重复而用某一语言成分来替换另一语言成分。在替代关系中，替代成分与替代对象的句法功能是一致的，而在照应关系中，指代成分与所指对象之间的句法功能可以是不一致的。替代关系发生在语篇内部，而且大都是回指性的。替代反映了两个衔接项目之间的同类关系，即所连接的两个项目的选择范围扩大了，被替代的项目与替代项目之间可以完全一致，也可以超出被替代项目的范围，但还是在同一层次中较具体的项目中。

在功能语法结构中，多数语言学家倾向于把替代划分为三种：名词性替代、动词性替代和分句性替代。

例3：Yesterday, Dec. 7, 1941—a date which will live in infamy – the United States of America was suddenly and deliberately attacked by naval and air forces of the Empire of Japan.

这里，"a date"替代前面的具体时间"Yesterday, Dec. 7, 1941"，使用"a date"是为了避免和前文重复，另外，也为了强调这个时间在美国历史上的特别意义，由时间很自然地想到了和时间相关的事件。

（3）省略。

在功能语法中，省略的划分类似于替代，同样包括三种形式，即名词性省略、动词性省略和从句性省略。省略是语言使用中比较常见的现象，因为它符合语言使用的经济原则（Economy Principle）。根据法国著名语言学家马丁内（Martinet）的经济原则，人们在使用语言进行交际的过程中尽量使用比较少的、省力的语言单位，从而以较少的力量消耗来传达教大量的信息。这是因为在交际过程中，说话者采用经济的表达方式不但能减轻编码的负担，而且可以使听话者比较容易地解码。由于省略的成分必须从上下文寻找，因此省略具有语篇衔接的功能，它是一种特殊的替代现象。

例4：The people of the United States have already formed their opinions and well understand the implications to the very life and safety of our nation.

这里，"and"之后，另一个"the people of the United States"省略掉了，目的是为了避免相同信息的重复，使句子的结构更精练，使读者从语义上更能把握美国人们对战争残酷性的深刻认识。

（4）连接词。

逻辑联系语指的是表示各种逻辑意义的连句手段。从形式上看，逻辑联系语可以由以下三类语言单位充当。词（包括连词和副词），例如：and, but, for, then, yet, so, therefore, anyway。短语，例如：in addition, as a result, on the contrary, in other words。分句（包括非限定分句和限定分句），例如：considering all that, to conclude, all things considered, that is to say, what is more, what is more important。从意义上看，主要分为四类。（根据韩礼德和哈桑的观点）

递进关系（Additive）：and, or, furthermore, similarly, in addition。

转折关系（Adversative）：but, however, on the other hand, nevertheless。

因果关系（Causal）：so, consequently, for this reason, it follows from this。

时间关系（Temporal）：then, after that, an hour later, finally, at last。

连接词是为了把两个语篇成分连接成一个连贯复杂的语义单位。汤普森指出通常连接手段有三种：句内连接词、句间连接词和小句复合体的连接副词。

例5：In addition, American ships have been reported torpedoed on the high seas between San Francisco and Honolulu.

这个句子中，"in addition"是表示递进关系的连接副词，把这个连接词放在句首是为了进一步补充日本空军轰炸夏威夷岛所造成的恶劣影响，强调不仅美国海军基地被袭，而且位于旧金山和檀香山之间公海的美国船只也遭到轰炸。

（5）词汇衔接。

词汇衔接包括同现和复现两种类型。韩礼德和哈桑指出词汇项目的复现可分为四类：原词复现、同义词复现、上下义词复现和概括词复现。他们给同现这样下定义：同现是一种词汇衔接，它是通过词汇项目共同出现的趋势来实现的。同现包括补充性关系和整体—部分关系。

例6：The United States was suddenly and deliberately attacked by naval and air forces of Japan.

One hour after Japanese air squadrons had commenced bombing in the AmericanIsland of Oahu…

这两个句子不是前后连贯的两个句子，但他们的词汇项之间存在一种整体—部分关系。例如，"Japanese air squadrons"从性质上从属于"naval and air forces of Japan"，而且有一种共同出现的趋势，所以这两个词组是整体—部分关系，即同现关系。此外，"attack"和"commence bombing"是同义词复现。

例7：Japan has, therefore, undertaken a surprise offensive extending throughout the Pacific area.

这个句子是对前文关于日本海空战队在太平洋地区轰炸细节的描述的概括总结，所以这个句子和前文段落之间是分总关系，即复现关系。复现关系不仅体现在某些词汇项目之间的关系上，也可以以句子或者段落甚至更大的单位之间的关系来体现，这样的关系更能从整体上体现整个语篇的衔接机制的构成。

例8：It contained no threat or hint of war or of armed attack.

The Japanese government has deliberately sought to deceive the United States by false statements and expressions.

这两个句子也不是前后连贯的，但他们属于补充性关系，且都反映了日本政府对美国政府所做的回应。其中第一句没有体现任何战争或袭击的暗示，而第二句则揭示了日本政府对美国所持的真正态度。两个句子之间的鲜明对比使得语篇的两大部分也无形之中衔接起来了，后面的信息对前面的内容有一种补充说明的作用。

在《衔接》中，韩礼德和哈桑说："语篇是一个在两方面都连贯的话语片段。在情景语境方面是连贯的，所以具有语域一致性；它自身是连贯的，所以是衔接的。两个条件中任何一种自身都是不充足的，一种也没有必要蕴含另一种。"（1976：23）在这段话中，韩礼德和哈桑说明了两个关系：第一要保证语篇连贯，衔接与语域都重要，缺一不可；第二衔接与语域是相互独立的概念，不能相互替代或相互蕴含。

语篇与语境之间建立起来的衔接关系可以分为两类：一类是指其所预设的特征是情景语境中的特征，是交际者可以直接通过非言语途径获取的特征。另一种是被预设为听话者已知的或与听话者共享的知识特征。这两种衔接关系也可以叫作隐性衔接，即到情景语境和文化语境中寻找其所指项的衔接机制和隐性衔接，整个信息都隐含在情景语境和文化语境的衔接机制中。

外指显性衔接是直接把语篇与情景语境联系起来的衔接机制，如"There is a telephone.""No, I'm in the bath."。外指显性衔接运用了与内指显性衔接相同的形式机制，所以不必一一列举。但有一点要说明：在外指衔接中，只有预设标记（presupposing），没有预设对象（presupposed），所指对象要到情景和背景中寻找。

隐性衔接实际上是一种在句子级甚至更大单位上的省略现象，与非结构衔接中的省略类型的区别是：隐性衔接中省略的部分无法在下文中找到，只能由听话者或解释者根据情景语境和文化语境推测出来。这样，讲话者在说话时需要对听话者有一个正确的评估：什么信息他可以根据情景语境推测出来，什么信息他不能，需要用语言明确表达出来。他估计的准确度将决定语篇的连贯程度。所以，隐性衔接的标准应该是讲话者根据情景语境对听话者所掌握的信息进行推测的准确程度和他设定的需要推测的信息是否恰到好处。

连贯语篇的基本标准是其意义形成一个整体，并与一定的语境相联系（即与语域相联系）。然而，任何语篇都是情景语境汇总的语篇，所以任何语篇的由语言形式体现的意义都可以说是不完整的，总有一些意义是由语境因素实现的，这就要借助隐性衔接机制来完成。具体地讲，隐性衔接可以从两个方面来研究。一是即时的情景语境产生的隐性信息。由语言形式预设的情景意义关系的一端伸向语境中，另一端是语言形式项目。这些信息虽然没有形式特征来体现，但可以直接从情景语境中找到，所以推测的难度并不大。根据语言形式项目的类别，预设的情景意义可以分为几种类型。

1. 指称性：所谓"指称性"是说由语言形式体现的项目本身不能解释自己，而是必须要到语境中寻找确切的解释。例如：Mary is in love with that fellow over there. 假设这句话是交际者在某个现场中的交际话语，没有上下文。那么，that fellow 指谁，在语言形式上无法得到解释，包括 there。这两个项目的解释必须在情景语境中寻找。这两个词就属于指称性预设情景衔接机制。

2. 替代性：所谓替代性，是指由语言形式体现的项目本身不能自我解释，因为它用其他形式替代了情景中的事物。例如，"It is not that one, Idiot, that one. The one over there." 一句中的两个 that one 指不同的人或事物，但属于同一类别。至于 that one 指的是人，还是事物，是指哪个人或哪个事物，则必须到情景语境中寻找。

3. 词汇性：所谓词汇性是指由语言形式体现的项目虽然能自我解释其意义，但与情景中的事物形成搭配关系，即词汇衔接的一端在情景中。

4. 专用性：所谓专用性是指出现的语言项目是专用项目，特指人或事。这些专用项目具有外指的特点，其具体解释需要到情景中寻找。

但有的隐性信息不是通过情景语境可以得到的，而是借助讲话者和听话者共有的共知信息和共享的文化背景信息才能得到。对这类隐含信息设定过多有一定冒险性，因为没有现场情景的借助，听话者可能一时难以做出正确的反应，从而造成误解或交际中断。

这些隐性信息具有衔接作用是因为这些信息可以通过所进行的交际活动的性质、讲话者和听话者的关系、身份和背景等推测出来，从而使语篇连贯；没有它们，语篇是不连贯的。

隐性衔接的另外一个方面是空环衔接。由意义空环表示的情景意义关系由缺乏事物之间常规的联系表示。它在语言形式上没有直接的体现，但从整体意义的角度讲，前后缺乏直接的联系；从衔接的角度讲，上下文之间缺乏内部衔接机制。空环的类型包括：

1. 接续性：它是指由语言形式体现的意义所提供的信息是不完整的，还有部分信息隐含在情景语境中，需要到情景语境中去"挖掘"出来。

2. 实体性：实体性衔接机制指的是完全由情景因素实现的意义实体，即完全隐含的空环，在语言形式上没有体现。

例9：A：Where is Bill?

B：There's a yellow VW outside Sue's house.

从意义上讲，两个句子，一个是谈 Bill，另一个谈轿车，两者在意义上似乎没有直接联系；从形式上讲，除了两个句子是一个邻家配对，在语气上形成接续关系外，没有其他衔接机制。这一方面说明两个句子是有联系的，同时说明这两个句子之间还有略去的由情景实现的意义，即交际者的共享所引起的意义省略现象。在此例中，语言形式体现的意义只提供了原因，或者说想象，而主要信息是隐含的，留给听话者来推测。讲话者一般来讲是在认为听话者能够推测出某些信息时才把信息隐含起来。所以，他认为，A 也知道，Bill 有一个黄色大众车（yellow VW），或者更进一步讲，Bill 与 Sue 有某种特殊关系，如亲戚、朋友、同事、搭档、恋人等。

从某种意义上讲，由情景实现的意义更加重要，它们不仅使语篇的意义形成一个整体，而且还把语篇与语境联系起来，标示语篇在语境中的地位和作用。所以，语篇连贯不仅是语篇内部意义的衔接，还包括语篇与语境的衔接。

第3章 衔接原则与语言交际

3.1 语篇内部的衔接原则

语篇的基本单位是小句或者句子（小句复合体）。小句的生成方式都是由语法系统来完成的，所以只要了解了某个语言的语法系统就可以生成和分析小句或句子。但语篇是个语义单位，没有形式上的约束机制，这样，语篇的衔接机制就难以由形式规则来描述。因此，衔接机制就成为语篇生成的主要标记。

衔接机制产生的动因是什么，韩礼德和哈桑在《衔接》（Halliday &Hasan, 1976）中对许多衔接产生的动因以非正式的形式进行了总结，共得出了20多个比较明确的衔接原则。

3.1.1 指称与词汇衔接

从指称的角度讲，我们要用代词，而不用原来的名词来指称一个重新出现的项目。而在衔接链的中间，还会出现用名词指示的现象。这个问题涉及指称衔接机制产生的动因，也决定于其表现形式。我们可以通过语篇内部指称衔接机制的比较来探讨这个问题。

指称的主要作用是建立意义联系。代词的意义是："我指称的对象与前面的某个名词的指称对象是同一个事物。"在一般情况下，如果同一个项目连续出现多次，就用同一个代词，而不重复使用同一个名词来指称它。我们可以称之为"指称原则"。但当语篇中出现两个或多个人交际时，指称成分的选择则会受到一些新的选择规则的约束。我们把这种被其他项目阻断后再出现时用名词指称的对象称为"阻断原则"。

我们可以归纳出一个叙述焦点原则：处于叙述焦点的项目一般用代词指称，而非中心项目既可用代词指称，也可用名词来接续。当一个项目连续出现时，它第一次以名词形式出现后，就以代词形式出现。但如果中间被切断，再次出现时，一般用名词指称。

当三个或三个以上的事物同时出现时，代词和名词的转换不仅受到叙述焦点原则和指称原则的控制，同时还受到另外一个原则的支配，我们称之为"可区分原则"。当某个项目连续出现时，第二次和其后的出现都用代词表示，这是由指称原则决定的。然而，即使是没有其他项目的阻断，当两个项目之间相隔较长一段"距离"时，仍然用名词来指称。

衔接的距离，准确地说是一种心理距离，使衔接在短暂中断后，以名词而不是代词的形式把上面的衔接链延续下去。我们称之为"心理距离原则"。

以上五个原则都是语篇内部指称和词汇衔接的原则。第六个原则是"一致性原则"，这是一种词汇重复衔接现象，可以体现出语篇逻辑的严密性和术语的精确性。常用于用相同的术语来指同一个事物，体现出后面用的术语就是前面的术语，意义脉络清晰，不会出现模糊和混淆现象。这一原则在论证和逻辑推理性强的语篇中经常使用。

与此相反的是当同一个项目再次出现时，我们不是用相同的词汇来取得衔接效果，而是尽量用不同的词汇来表达，通常是同义词或同义词组。这种衔接方式通常出现在文学作品等供欣赏的语篇或试图取得特殊文体效果的议论文中，用语句的样性和变异性来增加色彩和欣赏价值。

3.1.2 替代和省略

省略和替代似乎遵循与指称相同的原则，但有三点是不同的：1）衔接项目的关系由同指关系变成同类关系；2）有些衔接项目由一个词汇项目变成一个结构项目；3）在替代和省略中总是有对比的成分，但在指称中没有。

例1：These biscuits are stale. Get some fresh ones.

例2：If you've seen them so often, of course you know what they're like.

I believe so, Alice replied thoughtfully.

在例1中，ones 也是指 biscuits，但不是原来的 biscuits，而是其他同类的 biscuits。在例2中，so 所替代的是前面整个主句 you know what they're like。这两种替代现象与指称现象所遵循的原则相似，都是为了避免重复现象，但在例1中，fresh 是具有对比性的，它和前面的 stale 形成对比。

省略和替代似乎相似，两者都是在前面出现的项目或结构重现时，而被替代或省略。从意义的角度讲，省略总是有预设，表示这个项目或结构项是前面已经出现过的，在此处的出现是一种重复现象。从结构形式的角度讲，它总是留下一个空位，由听话者来填补。省略与替代从这个角度讲是相同的。所以，省略也被称为"零替代"（zero substitution）（Halliday &Hasan, 1976）。这就是说，在某些情况下，讲话者运用替代或省略并没有绝对的规则限制，是可选择的。而在另一些语境中，则只能用省略而不能用替代，我们可以用"交替测试法"来检测。

例3："and how many hours a day did you do lessons?" said Alice, in a hurry to change the subject.

"ten hours the first day," said the Mock Turtle: "nine the next, and so on." 用语用交替测试法，我们可以把例3变为例4。

例4："And how many hours a day did you do lessons?" said Alice, in a hurry to change the subject.

"I did that ten hours the first day," said the Mock Turtle: "nine the next, and so on."

虽然，从语法上讲，替代并没有什么错误，但从信息交流的角度讲，Alice主要问的是时间的量，I did 既不必要，又显得累赘，所以在交际中一般要省略掉。

另外，我们把替代用省略替换掉：

例5：I want to a make a paper chain, but it can't be done in a hurry.

例6：I want to make a paper chain, but it can't（ ）in a hurry.

显然，在此例中，be done 是不能省略的，因为它所表示的被动意义在省略中消失了，从而出现了歧义现象，破坏了上下文的衔接。

替代和省略能基本形成上下文的衔接，只是由于信息量的不同而选择省略或替代时，省略和替代的运用是可选择的。同理，在需要省略的语境中运用替代也是可选择的，这显然强化了被省略项目或结构项目的信息量。但如果运用替代会使句子累赘，则说明被省略项或结构项的信息量是不能强化的，因为这会降低没有省略部分的信息量，影响交际效果。而当替代项目被省略后就不能恢复原来的信息，或上下文无法形成衔接时，替代项目不能省略。

3.1.3 连接

在一个句子内，在小句之间，通常要有连接成分来把它们联系起来，表示小句之间的逻辑——语义关系和相互依赖关系（Halliday，1985/96）。如果没有连词，则必须有标点符号来表示它是一个相对独立的单位，与其他相同的单位具有一定意义连接关系。有这种用途的标点符号通常为冒号（:），表示进一步说明和提供更详细的内容；分号（;），表示并列关系；逗号（,），表示比较紧凑的排比和并列关系，如：

例7：the sun is growing warm, frogs are waking in the marshes, planting time will be soon here.

例7表示并列关系，强调了三种过程产生的共时性和相对的独立性，但实际上也存在某种因果顺序关系，太阳转暖是下面一切现象产生的基础，青蛙叫则是一种预示，表示到了播种的时间。

在句子之间，如果这些句子是组成一个语篇的话，必然存在意义联系，韩礼德和哈桑（Halliday&Hasan, 1985, 1996）把这种关系总结为两个大类：相互依赖关系和逻辑语义关系。相互依赖关系包括并列关系和从属关系两类，逻辑语义关系则包括扩展和投射关系。语篇中的句子之间这些关系有时是由连词来表示，有时则没有任何形式特征表示。对于由连接词语实现的连接，韩礼德和哈桑、马丁（Halliday&Hasan, 1976, 1985, 1996; Martin, 1992）都对其做了比较及详细的研究，不再赘述。我们需要研究的是为什么有些连接关系不用任何形式特征来表示。

在存在逻辑语义关系而又没有明确的形式特征，即用连接成分表达时，讲话者一般认为听话者可以自然而然地补充上这些空缺，不必要由明确的形式特征来表示。那么在什么情况下听话者才可以很自然地把省略掉的连接成分补充上呢？从大量实例来看，只要讲话者是按照某种顺序，而不打乱这种顺序就可以不用明确的连接成分来表达。这些顺序在语篇内表现为直线向前或者发生变化的语篇信息流动方向；在语篇外，它表现为客观世界中事物发展的顺序或心理过程顺序。凡戴克曾经把这些顺序归纳为九类：（Van Dijk, 1977），但这些类别可以归纳为以下五类：时间顺序、大小顺序、一般特殊顺序、因果顺序、所有者被所有者顺序，我们可以把这些顺序成为"自然顺序"。

例8：（1）There are some speech events which have only one human participant_ _ for instance in our culture some forms of prayer. （2）Sherzer （1974）describes disease – curing events among the Cuna where the participants are the curer and a group of wooden dolls, "stick babies", they have been told, as addressees, what to do. （3）Hymes points out that non – humans can also be taken as addressers, citing an occasion when following a clap of thunder an old Indian asked his wife if she had heard what the thunder had said.

（M. Coulthard, *An Introduction of Discourse Analysis*, *Longman*, 1977. *P.* 46）

这个片段共有三个句子，都没有连接成分。它们是由自然顺序连接的，形成了一种递进关系，或者说是概括具体关系。前者是论点，后者提供论据。第一句讲有时交际活动中只有一个参与者；第二句说明非人类事物可以作为受话者，所以只有讲话者一人是人类参与者。第三句则进一步说明讲话者也可以是非人类的，因此只有听话者一人是人类参与者。我们可以根据自然顺序把句子组合为语篇而不必使用连接成分。这种现象可以成为"自然顺序原则"。

自然顺序原则表示，只要语篇中的句子是按自然顺序排列的，就不必要使用连接成分来表示衔接关系。但是，还有两种情况要做进一步研究：一是在可选择的情况下，使用和不使用连词是否有什么不同；二是在信息分布不平衡时，句子的顺序和连接成分出现与否有什么关系。

例9：（1）As Mr Lorry received these confidences, and as he watched the face of his friend now sixty-two years of age, a misgiving arose within him that such dread experiences would revive the old danger. （2）But, he had never seen his friend in his present aspect: he had never at all known him in his present character. （3）For the first time the Doctor felt, now, that his suffering was strength and power. （4）*For the first time* he felt that in that sharp fire, he had slowly forged the iron which could break the prison door of his daughter's husband, and deliver him. （5）"It all tended to a good end, my friend: it was not more waste and ruin. （6）As my beloved child was helpful in restoring me to myself, I will be helpful now in restoring the dearest part of herself to her; by the aid of Heaven I will do it!" （7）Thus, Doctor Manette. （8）And when Jarvis Lorry saw the kindled eyes, the resolute face, the calm strong look and bearing of the man whose life always seemed to him to have been stopped, like a clock, for so many years, and then set going again with an energy which had lain dormant during the cessation of its usefulness, he believed.

（Charles Dickens, *A Tale of Two Cities*, Ch. 4, B3）

这个片段共有8个句子，其中第1和第2句之间是转折关系，表示意义流动方向的转化，所以必须用连词（but）连接。第3句和第4句都是对前两个句子的进一步发展，是递进关系不需要用连接成分连接。第3和第4句之间可以由 and 连接，因两者之间是一种并列平行关系，但连接成分在本文中省略，其结果是加强了平行关系。第5和第6句为直接引语，但句子的意义都是前句的继承，是按顺序发展的，不必要由连词连接。第8句表示结果，所以由 thus 表示。第8句是对以上几句的附加意义。

由此可见，在可选择的语境中运用和不运用连接成分也具有相应的功能，它们只起强化或优化的作用，不起改变类别的作用。

在事物举例中，虽然列举过程也是按事物的出现或存在的顺序进行的，但由于需要区分哪个句子或哪几个句子是其中一个成员，哪个句子或哪几个句子只是成员的一部分，所以需要以基数词或序数词的形式来表示连接。这也是由意义"可区分原则"决定的。

3.1.4　词汇衔接机制在罗斯福演讲中的应用

3.1.4.1　复现

韩礼德和哈桑指出词汇项目的复现可分为四类：原词复现、同义词复现、上下义词复现和概括词复现。

3.1.4.2　同现

韩礼德和哈桑给同现这样下定义：同现是一种词汇衔接，它是通过词汇项目共同出现的趋势来实现的。同现包括补充性关系和整体—部分关系。

例10：The United States was suddenly and deliberately attacked by naval and air forces of Japan.

One hour after Japanese air squadrons had commenced bombing in the American Island of Oahu⋯

这两个句子不是前后连贯的两个句子，但他们的词汇项之间存在一种整体部分关系，例如，"Japanese air squadrons"从性质上从属于"naval and air forces of Japan"，而且有一种共同出现的趋势，所以这两个词组是整体—部分关系，即同现关系。此外，"attack"和"commence bombing"是同义词复现。

例11：Japan has, therefore, undertaken a surprise offensive extending throughout the Pacific area.

这个句子是对前文日本海空战队在太平洋地区轰炸细节的描述的概括总结，所以这个句子和前文段落之间是分总关系，即复现关系。复现关系不仅体现在某些词汇项目之间的关系上，也可以以句子或者段落甚至更大的单位之间的关系来体现，这样的关系更能从整体上体现整个语篇的衔接机制的构成。

例12：it contained no threat or hint of war or of armed attack.

The Japanese government has deliberately sought to deceive the United States by false statements and expressions.

These two clauses are not sequential, but are in a antonym relation and both reflects something about the Japanese's reply to America, in which the first clause didn't show any hint of war or attack, while the second one has revealed the true attitude Japanese Government owed to America. The contrast in semantics between two clauses makes the information of the text more cohesive and the new information has an anaphoric reference to the previous text. 这两个句子也不是前后连贯的，但他们属于补充性关系，且都反映了日本政府对美国政府所做的回应。其中第一句没有体现任何战争或袭击的暗示，而第二句则揭示了日本政府对美国所持的真正态度。两个句子之间的鲜明对比使得语篇的两大部分也无形之中衔接起来，后面的信息对前面的内容有一种补充说明的作用。

从表3-1中我们看到前指照应在所有衔接手段中所占比例最大。不管是结构性衔接如主位推进程序还是非结构性衔接如词汇衔接，其中都存在着照应关系，只不过所涉及的语言单位大小不同而已。词汇衔接中，照应指前后句之间词汇项目的衔接关系，而结构衔接中衔接关系体现在句子单位甚至超越句子单位的项目之间所形成的语义上的照应关系。前指照应包括名词照应、动词照应、名词词组照应、动词词组照应，以及句项照应和篇章照应。其中，篇章照应最能体现语篇语义关系和结构之间的衔接机制。例如，语篇中的"false statements"一词，听者根据他们在前面语篇中积累的情景语境和百科知识来判断它的照应项应该是前文中出现的"reply"一词，即日本政府对美国所做的回应。

表3-1 语篇衔接机制类型统计表

Cohesion types	frequency	rate
Reference	12	18%
Substitution	2	3%
Ellipsis	4	6%
Conjunction	8	12%
Reiteration	13	19%
Collocation	11	16%
Anaphoric	15	22%
cataphoric	2	3%

复现衔接出现的频率仅次于前指照应，文中共出现了十三次。出现频率做多的是原词复现，例如"United States""the Japanese Government"和"attack"，以及和它们意思相近的词项，这些词项的共现关系揭示了语篇的衔接机制，因为语篇信息的发展都是围绕这些衔接链而展开的。

第三种出现频率最高的衔接机制是照应。事实上，照应是前指照应的出发点。在语篇的前半部分指示照应出现较频繁，因为这部分话题围绕揭露日军的侵略事实和描述美日两国的外交关系而展开，指示照应的使用可体现出轰炸珍珠港前美国对日本政府的态度和侵略之后日本政府对美国所持的态度的截然不同，指示照应把两国在轰炸前后外交策略的变化衔接起来,形成一条衔接链。在语篇后半部分,话题中心由外交对抗转变为全美一致对外打击日本侵略者,所以人称照应这种衔接机制就为这部分信息结构的构建提供了一条衔接链,由人称照应体现出罗斯福演讲的信息分部和人际意义的发展。

总的来说,结构性衔接和非结构性衔接都有利于语篇连贯的构建。在结构性衔接机制中,主位推进可使语篇的信息结构的展开过程更明晰,读者对掌握语篇信息发展的宏观结构更能有一个全面的认识。而非结构性衔接机制,例如语法衔接和词汇衔接机制则是以句子为研究单位,考察相邻句子之间某系语言项目的语义联系和衔接关系。这两种衔接方式都能帮助读者掌握语篇形式上的衔接,而要确保语义上的连贯,则要从多角度去探索语义连贯的方法。例如,话题框架、情景语境、读者背景知识对语篇语义连贯的作用。所以,形式上的衔接不能保证语义上的连贯,但连贯的语篇在形式上是衔接的,只有把篇内的形式衔接机制和篇外的语篇和语境之间的衔接联系起来探讨,才能真正总结出语篇语义连贯的正确方法。

3.2 语篇与语境之间衔接的动因与表现形式

以上是对语篇内部衔接关系的表达原则的研究。另外,语篇和语境之间也能建立起衔接关系。这种关系有两个功能:一是把语篇由形式体现的意义所留下的空缺补上,使语篇意义完整;二是把语篇和语境联系起来,使语篇成为语境的一部分。这种衔接原则包括以下几种。

我们可以发现代词运用的一个原则:讲话者总是在预设自己在客观世界中的存在,这是语篇产生的源泉,可以称为"第一人称现场存在原则"。所以,讲话者可以在自我介绍前用第一人称单数或复数代词来称呼自己。同时，亦可以预设听话者总是在现场存在，这时可以称为"第二人称现场存在原则"。这一原则起码从交际的角度讲是成立的，因为交际必然要涉及讲话者和听话者（包括作者和读者）。这样，听话者也可以第一次出现就以第二人称代词来称呼。以上两个原则十分相似，所以，我们可以把它们合并为"第一、二人称现场存在原则"。

例13：who are you?

Are you there?

第三人称则不可以在没有任何前文和情景支持的情况下直接用第三人称代词称呼。但如果第三人称参与者在讲话者和听话者的共同的视听觉可及的范围内，可以预设为现场存在的参与者，这是"第三人称现场存在原则"。

交际是一种意义交流过程，用以完成某项任务，取得某种效果。交际的媒体主要是语言，但不完全是语言，还包括其他的媒体形式，如非言语特征、现场情景中的事物和参与者以及参与者之间的共享知识和信息等。

所以，在人类交际中，人们通常要同时运用几种媒体进行交际：现场中的事物和参与者、预设的共知信息、其他交际媒体。在此，我们需要认识，在人类交际中，人们首先利用什么媒体，然后运用什么媒体，最后运用什么媒体。这似乎是人们在语言交际研究中没有注意的方面。

实际上，人们的交际一般也要遵循"经济原则"或称"简便原则"（Hijelmslev，1943），即一般来说，在可以不用任何符号交际时，就不用符号；在可以运用现场情景中的符号进行交际时，就不用现场之外的符号；在可以运用非语言和伴语言符号系统进行交际时，就不用语言符号。这样，讲话者所使用的语言交际系统，在一般情况下，可以总结为以下顺序：共知信息→现场事物和参与者→非语言→伴语言→语言。

而语篇的意义不是仅由语言形式体现的意义，而是由以上各种媒体共同体现的意义。而且只有这些媒体实现的意义总和才是完整的意义整体，或者才是语篇的整体意义。

从解码的角度讲，听话者也必须利用这些媒体来发现语篇的整体意义。这样，除了语言形式之外，他还要参考交际者之间的关系，交际者的经历，特别是共同经历，现场中的事物和人等。从语言形式的角度讲，凡不是由语言形式体现的意义都认为是由情景语境实现的意义。语篇外部衔接机制就是把语篇与语境联系起来的机制。如例14：

Our daughter seemed pleased with C she had received in her human-sexuality course, "if I had gotten an A or a B, Daddy would have worried", she explained. "And if I had gotten a D, I would have worried."

这是一则幽默。从字面上讲根本看不出什么幽默来。除了比较明显的预设信息不提，我们还可以提出许多疑问，例如，A、B、C、D各代表什么？这需要了解中小学的考试系统和积分标准。Human-sexuality course（有关人类性的课程）都是学些什么内容？这需要了解西方对中小学生的性教育问题。她得了A或B，她父亲为什么会担心？这需要了解有关青少年时期对待性的一系列问题和一系列根据社会上普遍存在的现象得出的一系列推理，从而得出结论：如果孩子对性特别感兴趣，父母就会担心出现不应出现的问题。另外，还要了解为什么她得了D就会担心。最后，也是最重要的，就是要了解这个语篇为什么是一则幽默。

讲话者确信听话者能够补上所有缺乏的信息，他们具有解释语篇所需要的所有知识，具备把它解释为连贯的语篇的能力。根据这些人类交际的特点，我们可以推断出一个原则：只要讲话者认为听话者能够利用以前的知识背景中的事物以及从上下文能够推断出来的信息,他就会把它们省略掉或编码为预设信息。这种信息的省略或信息的预设是由情景语境产生的,所以它们是把语篇和语境联系起来的衔接机制,这个原则可以称为"共知信息省略原则"。

以上几个原则探讨了衔接机制产生的基本原理。这些原则并不是抽象的、任意的、形式化的原则,而是有其产生的原因和动因,从某种程度上说反映了语言运作的原理。这些原则都有其运用的基本条件。满足了这些条件就是满足了这些原则的"入列条件"(entry condition),就是要实施这些原则。这些原则有的是可选择的,改变用法只会在某种程度上改变语义或改变语篇的文体。但有些是必要的,违反这些原则就会影响语篇的连贯性。

另外,情景语境可以激活某些特殊的意义,也可以限制某些意义的交流。这样就可以解释在交际中出现的许多在正常情况下不可能出现的意义交流形式。

语用学试图探索某些交流形式出现的动因,用以解释讲话者和听话者在语言交际中的行为,如合作原则(Grice, 1967)、礼貌原则(Leech, 1983)等。这些原则背后的动因是人类交际的目的和目标。

3.3　衔接原则之间的交互作用

3.3.1　主次优先

一个语篇或语篇的一个片段通常是沿着一个或几个意义发展中心展开的。这个发展中心通常组成一个衔接链。这个衔接链,作为一个"已知性"相对强的链,不容易被其他衔接链所阻断。在不被阻断的情况下，其衔接链中的项目则可以一直是替代形式项目。而被阻断的另一些衔接链则需要在另一段衔接链开始时用名词项目指称。这样，在几个衔接链相互作用、共同组成语篇的衔接链时，主衔接链一般一直由指称项目组成，而被阻断的衔接链则可以出现断断续续的现象，其表现形式是衔接链名词与指称形式的交替出现。

有时，在某个场合下，对某个事件、某个人物和某个概念的描述、叙述或论述成为语篇在这个阶段的焦点。成为焦点的事物临时成为叙述的中心。但这种现象只是昙花一现，主导整个语篇或语段发展的仍然是主衔接链。

3.3.2 交际效率优先

所谓交际效率是说在交际过程中所采用的交际方式是以使听话者易于理解为基础的。交际效率高的交际是易于听话者理解的交际。所以，怎样使听话者易于理解成为在一定的情景语境中选择恰当的交际方式的首要因素。所谓"易于"理解是由许多因素支配的，例如，根据听话者的具体情况说一些他可以理解而不是不易理解的话语，使话语尽量不产生歧义。

在衔接理论中，有两种相互依存、相互矛盾的原则类型。一类是指称、替代、省略原则和变化原则，一类是可区分原则，实际上是一种显性化原则。在不同的情景语境中各需要选择相应的衔接方式，以保证交际效率。一般来讲，交际效率高的衔接方式，是使听话者不会迷惑不解、不会误解、不会用时太长去破解的衔接方式。我们所发现的交际原则大部分是保证交际效率的原则。例如，（1）当衔接链的中心词是语篇发展的主线时，它始终在听话者心目中占据中心的地位，所以可以用指称和替代而不会产生歧义；（2）如果一个衔接链被阻断，那就需要重新把它建立起来，使其与前面的衔接链"遥相呼应"，所以需要用明确词语使其明确化；（3）如果某个衔接链没有被阻断，但其复现的位置与前一个相距甚远，则也需用明确词使其明确化。这样，矛盾的东西就统一起来，共同完成衔接任务。

3.3.3　情景语境决定语篇的衔接方式

从以上研究我们可以发现，语篇的衔接原则的关系都是由交际的目的和过程决定的。从广义上讲，是由情景语境决定的，即由话语范围、话语基调、话语方式决定的。从话语范围的角度讲，客观外界的事件及其发展的顺序将决定语篇内部语义流动的顺序。这是记叙文基本的、典型的顺序。当然，在具体的语篇中，由于话语基调和方式的不同，也可以把整个事件截成几段，改变其顺序，但一旦选择了起点，就要以实际的发展顺序进行。这就是我们所称的自然顺序原则。

除了这一原则外，还有语篇内衔接服从语篇与语境之间的关系，篇内的衔接方式取决于情景语境类型和语境实现的意义优先于语篇实现的意义等。

语境实现的意义优先于语篇实现的意义原则：语篇是语境的产物。也就是说，语篇的产生与否要取决于语境，同时语篇在语境中以语言形式实现意义的多少也取决于语境的需要。例如，在"行动语言"（Martin, 1980）中，现场情景中可以直接表达的意义，通常就不再由语篇的形式特征来实现，而是以形式特征（如指称、替代、省略等外部衔接手段）预设，或直接由听话者从情景中"索取"。

这种语境优先于语篇的原则还体现在交际者共享的知识或信息上，当讲话者根据其推测，认为听话者已经掌握了某种知识时，他就不会再重复它，除非特别需要，而是把它以预设的知识作为讲话的基础。

另外，篇内的衔接方式取决于情景语境的类型，即篇内的衔接服从与语篇与语境的衔接。在语篇内部，句子组成语篇依靠语篇的衔接机制，大语篇需要同时与语篇的情景语境联系起来，从而在情景语境中行驶其功能，并且是其意义形成一个整体，是语篇成为情景语境的一部分。在这两种衔接中，语篇与语境的衔接要优先于语篇内部的衔接。

第2部分 02
显性衔接机制研究

此部分主要是从显性衔接机制的角度研究卡梅伦的三篇政治演讲语篇是如何实现语义连贯的。此部分的研究过程是以韩礼德的衔接理论和张德禄的多维度衔接理论为理论基础,从及物性系统、主位结构、语气系统和情态系统四个方面解释显性衔接机制是如何实现演讲语篇的语义连贯的。

语篇的语义连贯取决于语言因素和非语言因素两部分。语言因素包括语言形式,它的连贯性通过形式衔接机制体现出来,形式衔接机制又分为结构性衔接机制和非结构性衔接机制以及音系层的衔接机制,所以形式衔接机制又叫显性衔接机制。对显性衔接机制的研究主要从及物系统、主位结构、语气情态类型三方面展开。

第 4 章　及物性系统的衔接性

4.1　及物性系统的研究综述

韩礼德的及物性系统经历了四个阶段：萌芽阶段、雏形阶段、形成阶段和成型阶段。1961 年，韩礼德发表了"语法理论的范畴"一文，这被认为是他早期的代表作。他提出了四个范畴：单位、结构、类别和系统。

在雏形阶段，韩礼德第一次构建了小句及物性系统网络框架。他认为，系统比单位、结构和类别更重要，及物性是一个基于基本小句的系统，涉及小句表达的过程类别、过程中有生命或无生命的参与者以及与过程和参与者有关的各种属性和环境。从结构上看，过程与小句的谓语相关，参与者与小句的主语和补语相关，而属性和状语相关，环境成分和补语相关。韩礼德的首个及物性系统不仅涉及及物性成分，而且包含了小句结构成分：主语（S）、谓语（P）、补语（C）。

在形成阶段，韩礼德重新绘制了及物性系统网络图。如图 1 所示：

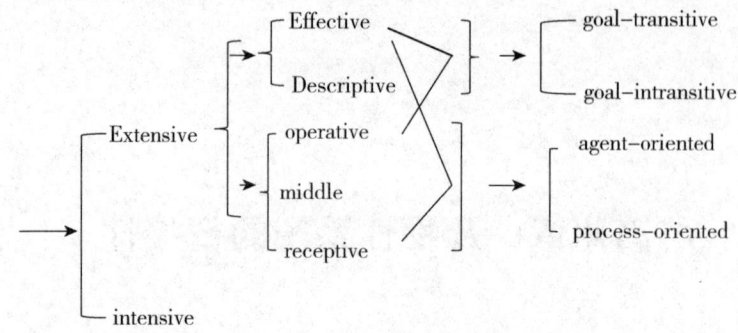

图1　及物性系统网络图

韩礼德指出，及物性系统是根据小句汇总的组合关系和聚合关系进行定义的。他将小句分为设计动作的外包型（extensive）和不涉及动作的内包性（intensive）；根据动作是否涉及指向性的标准，将外包型分为施效型（effective）和描述型（descriptive）；根据谓语的语态，将施效型分为施事（operative）、中动（middle）和受事（receptive）。

韩礼德指出及物性过程既包括动作或行为，也包括归属和状态。他同时提出五个主要的参与者——施动者（actor）、发动者（initiator）、目标（goal）、属性承担者（attributant）和属性（attribute），以及四种环境成分，即受益者（beneficiary）、范围（range）、属性（attribute）和条件（condition）；并且区分了目标—及物（goal‑transitive）和目标—不及物（goal‑intransitive）特征，以及过程—指向型（process‑oriented）和施动者—指向型（agent‑oriented）的特征。

1968年，韩礼德从功能角度出发，解决了及物性成分命名缺少语义特征的问题，正式提出小句的三个过程类型，即动作过程、关系过程和心理过程。另外，在动作过程小句中，韩礼德引入"作格"分析和"使役性"特征，并且强调"英语中的及物性和作格共同存在……但是作格占主导地位"。关系过程包括归属过程和等价过程，二者都是带有be的小句，不过前者是一种包含关系，后者是一种识别关系。韩礼德还为过程类型增添了新的参与者角色:"作格分析"中的引起者(causer)和受影响者(effected)、关系过程中的识别者(identifier)和被识别者(identified)、心理过程汇总的现象(phenomenon)。

韩礼德将及物性研究在"功能语法"和"语义系统"方面推进了一大步,他意识到"我们似乎可以在英语语法中建立起四个组成部分,代表语言作为交流系统所需要实现的四种功能:经验功能、逻辑功能、语篇功能以及言语功能或是人际功能"。其中,经验功能或许是最主要的功能,而及物性系统是小句的经验功能的表征。

1970年,韩礼德在"语言结构和语言功能"一文中提出"语言具有意义潜势"的观点,给出语言的"概念功能""人际功能""语篇功能"的具体定义。它针对及物性给出了这样的解释:"对过程和与之相关的参与者的语言描述系统,即是及物性。及物性在语言的概念功能之下。"与之前的及物性研究不同的是,它开始用及物性系统的过程类型和参与者角色来描述语义。

在《功能语法导论》一书中,他对及物性理论做了最全面的论述。首先,它对及物性给出了最全面的定义:"有关我们经验的最深刻的印象是,它包含了各种'事件'——发生、做、感知、意指、是和变成,这些事态都在小句语法中得到分类整理。因此,小句不仅是一种行为模式,一种给予和索取物品、服务于信息的模式,也是一种反映模式,一种为不断变化和流动的事件赋予秩序的模式。实现这一目标的语法体系就是及物性。及物性系统把经验世界识解为一组可以操作的过程类别。"

其次,他为识解经验的及物性系统设立了以过程为中心的框架,这个框架包括三部分:过程本身、过程中的参与者和与过程相关的环境。围绕及物性基本框架,韩礼德完整详尽地论述了及物性理论。就过程而言,韩礼德认为及物性系统可以将人的经验分为六种不同的过程:物质过程、心理过程、关系过程、行为过程、言语过程和存在过程。其中物质过程、心理过程和关系过程是及物性系统汇总的三个主要过程类别，行为、言语和存在过程是及物性系统中的三个次要类别，次要过程位于主要过程的边缘区域，共同形成一个连续体。

4.2 及物性系统的过程类型

韩礼德认为语言有三种功能：概念功能、人际功能和语篇功能。概念功能指语言对人们在现实世界（包括内心世界）中的各种经历的表达。概念功能包括及物性、语态和归一度三个系统。其中及物性系统的作用是把人们在现实世界中的所见所闻、所作所为分为若干种过程，并指明与各种过程有关的参加者和环境成分。韩礼德分出了物质过程、心理过程、关系过程、行为过程、言语过程和存在过程

系统功能语言学创始人韩礼德将及物性概念提升到小句层次，及物性系统是表达概念功能的语义系统，概念功能主要由小句所代表的经验类型所体现，可以说小句的"内容"是体现经验类型的载体。语言使人类能够建立一种和现实有关的心理画面，使人们理解他们周围发生了什么，他们内部发生了什么。所以小句在及物性系统中占据了关键地位，因为小句为构建经验提供了总的原则，即现实是由过程所构成的原则。

我们对经验的直观印象是它由一系列事件或者"正在发生的事"构成，这些事件连续体可以通过小句被分成变化的量集，其中每一个变化的量被定义为一个图形，一个图形可表示发生的、进行的、感知的、意义的、状态的和拥有的事件。（韩礼德和马西森，1999）。所有图形都由两部分组成，一个是通过时间而展开的过程，另一个是在某种程度

上和过程直接相关的参与者。另外，还有时间、空间、原因、方式、等环境成分。这些环境成分和过程并非直接相关，它们只是伴随过程存在。所有这些图形可通过小句进行梳理，因此，小句不仅是一种行为模式，一种给予和命令、商品和服务的模式，一种信息模式，而且可以是一种反映模式，它使事件的连续体和无穷的变化变得有据可循。在语法系统，及物性使这一切变得规则化了（韩礼德，1967/8）。及物性系统把世界的经验构建为一套可控制的过程类型，每一种过程都提供了自身的模型和图示以便把一个特定的经验领域通过一个特定的图形建构起来。

那么语法中的及物性系统所构建的过程类型是什么样的？这涉及外部经验和内部经验的区别。外部经验的典型形式是行为和事件：发生的事，事件中的参与者以及事件如何发生。内部经验很难罗列，但它是外部经验的部分重现，对外部经验的重新记录、重新反应、重新思考，部分涉及人类自身状态的独立意识。及物性系统建立起外部经验和内部经验的间断性。它区分开外部经验、外部世界的过程和内部经验、人的意识过程二者的关系。外部经验和内部经验反映在语法类别上，就是物质过程小句和心理过程小句。例如："the machine is producing money"就是物质过程小句，它体现了创造商品的外部经验；而"people love money"是心理过程小句，它建立了情绪的内部经验。第三种小句类型是把经验的部分和心理的部分连接起来的关系类型，即关系过程小句，它涉及识别和分类过程。

物质过程、心理过程和关系过程是及物性系统的三种主要过程类型。介于这三种过程类型之间，我们可以找到其他的过程类型：在物质和心理过程之间的是行为过程，它们反映了内部运转在外部的显现，意识过程和心理状态的行为化；在心理过程和关系过程之间的是言语过程，它体现了构建于人类意识、以语言形式展现的符号关系；介于关系过程和物质过程之间的和存在状态有关的过程类型是存在过程,在此种过程类型中,所有的现象被简单归结为静止的、存在的和发生的类型。

我们对及物性系统的了解总是从物质过程开始,一部分是因为它是我们意识反应所最能触及的一个类型,而且纵观语言学的历史,它一直是语法研究的核心,是传统语法中及物动词和不及物动词的分界线的理论来源。但各个过程类型之间不存在地位高低之分,我们的经验模式,正如及物性语法系统所揭示的,属于一个持续空间的某一个区域;但它的持续性不在区域的两极之间,而是分布在一个圆形之中。这不是以人工的方式来描述这个系统,这是及物性系统存在的重要原则——系统的不确定性原则。我们的经验世界是高度不确定的,这也准确说明了语法如何通过过程类型来构建自身的系统(韩礼德和马西森,1999:547-562)。因此,一个语篇里会有属于同一领域的经验模式交替出现的情况发生,这样就构建了一种情绪类型,它同时具备了两种过程类型的特点。如例1所示:在第一句中,"pleased"充当了过程动词,使句子具有了心理过程的特点;而第三句中的"sad"一词使句子显现出关系过程的特点,因为它充当了参与者的功能。

例1:Now Noah was a good man and this pleased God. But all around him, Noah's neighbors were lying and fighting and cheating and stealing. This made God sad.

及物性系统有六个术语:物质、行为、心理、言语、关系和存在。每一种术语都是进入网络中更精密部分的准入条件,这个网络象征着某一特定过程类型的语法。韩礼德描述了六种过程类型的基本语义配置结构。物质过程=行为者+过程+目标;心理过程=感知者+过程+现象;关系过程=载体+过程+属性/被识别者+过程+识别者;行为过程=行为者+过程;言语过程=讲话者+过程+讲话内容+受话者;存在过程=there+过程+存在物。

4.3 过程、参与者和环境

之前讨论过，图像可以代表一个具体的事件，亦可以理解为一个具体的经验过程，那么图像的地位如何？实际上它的框架很简单，主要包括三部分：

1. 随时间展开的过程；
2. 和过程有关系的参与者；
3. 和过程有关的环境因素。

三者组成配置，来构建人类对有关事件经验的图示模型。对于同一种经验类型，当我们谈论的时候，我们总是用语义配置来解释这一现象。不同的语言对现象的描述方式不尽相同，英语把每一种经验都构建为一个语义配置，这个配置由一个过程，参与者和环境因素构成。环境因素总是成为小句的选择性增补成分，而不是专属成分。相对而言，参与者在过程中是固有的：每一种经验类型的小句有至少一个参与者，特定的类型有多达三个参与者。那么我们如何界定参与者和环境因素在配置中的地位差异呢？首先，过程在配置中居于中心地位，参与者在过程周围，参与者和过程是直接相关的，会带来自身的作用或被过程因素所影响。而环境因素会从时间上、空间上、原因上等方面增大配置的范围。

4.4 物质过程

4.4.1 及物性和不及物性物质过程小句

物质过程是描写人们正在做的和世界正在发生的状态小句，物质过程只有一个参与者——行动者。参与人使过程随时间而展开，最终引起一个和过程的最初阶段所不同的结果。这个结果可能局限在行动者本身，情况是这个过程本质上只有一个参与人。这样的物质过程代表了正在发生的事，使用传统的术语就是不及物过程。另一种情况是，展开的过程会延伸到另一个参与人——目标，并在一定程度上影响它：结果首先在目标上体现出来，而不是体现在行动者上。这样的物质过程代表了正在做的事，所以称作及物过程。如表4-1所反映的：

表4-1 及物性过程小句和不及物性过程小句

The lion	sprang	
Actor	process	
Nominal group	Verbal group	
The lion	caught	The tourist
actor	process	Goal
Nominal group	Verbal group	Nominal group

在两种小句中，动作发出者狮子是一个内在的参与者，在两种小句中都有具体的动作，但在第二句中，狮子的动作被疏导或延伸到了游客身上，这就是目标。目标的相关概念更类似于"过程所延伸指向的客体"。这种延伸概念实际上包含在传统的及物性和不及物性概念之中，同样也是及物性系统的概念来源。在此概念之下，spring一词属于不及物性而catch一词则属于及物性范畴，即行为后果延伸到另一个实体上。这就是及物和不及物的根本区别，及物性系统是有关小句的系统，不仅影响过程中的动词，而且影响参与者和环境因素。

可以发现，行动者（actor）在分析两种小句时均有提及，这似乎包含了一个假设——lion一词在两种小句中的功能是一致的。在印欧语系中，名词以格作为一种标记，在这两句中"狮子"处在主格的位置，而"游客"处于宾格的位置，这意味着主语"狮子"的功能贯穿于两种小句之间了。这也进一步解释了英语中代词主格和宾格的分布规律。一方面，并不是所有的过程类型都具备相同的语法，另外，即使它们语法相同，也有各自的词汇语法体现形式。物质过程构建了正在做的和正在发生的画面，这些画面描述了一些实体所做的事，以及对其他实体的影响。因此，如果一个过程带有目标，那么这种小句类型就存在两种形式：主动的形式（施事）和被动的形式（受事）。这两种形式都属于及物性物质过程小句的范畴。如表1中的第二句属于施事型物质小句，它的受事型应该是 the tourist was caught by the lion。这两种类型的小句从经验的角度看是一样的，它们具备了相同的语义配置结构：行动者＋过程＋目标。但二者的区别体现在这些参与过程的角色是如何映射到语气结构的人际功能当中的。在施事型物质过程小句中，行动者映射到主语的位置，所以它具备了情态责任，同时在陈述句中，它也充当了主位。而目标则映射到附加成分中，所以在非标记的情况下，目标归属于述位。然而，在受事型小句中，情况和施事型物质过程小句正好相反，目标映射到主语位置，具备了情态责任，同样在非标记的情况下，目标成了主位；而行动者充当了附加语，属于述的范围，作为附加语，行动者事实上可以被忽略，如 the tourist was caught.

4.4.2 物质过程的类型

物质过程的范围涵盖了事件、活动和行为，参与者既是有生命的行动者也可以是无生命的行动者。我们把客观世界的经验看作一系列变化的量集，由物质过程所代表的每一个变化的量通过其特定的阶段的呈现而构建起来，时间间隔也是很短的，至少有一个初始的呈现阶段和一个分离的终止阶段。终止阶段的呈现就是过程的结果：它代表了物质过程中的某一个参与者的变化特征。物质过程的本质会影响不及物过程小句的行动者和及物过程小句的目标,并最终成为判断物质过程子类型的基本标准。这种判断标准主要应用在创造型小句和转换型小句的区别中。物质过程小句按动作的影响分为及物性和不及物性两种,从动作的类型分为转换型和创作型两种,从表1可知,创造型和转换型同时具备及物和不及物两种情况。

4.4.2.1 创造型小句

创造型小句的特点是行动者(及物)或目标(不及物)随着过程的展开而呈现出自身的状态。如表4-2中,Icicles formed,(冰柱成形了),体现了行动者自身的形成过程。They built a house,此句体现了目标的形成过程。创造型小句的结果是由不及物小句中的行动者 icicles 和及物小句中的目标 house 体现的。小句的结果就是参与者本身,没有其他独立的成分可以指代过程的结果。过程是通过一个动词实现的,例如:form, emerge, make, produce, construct, build, design, write, compose, draw, paint, bake。动词从语义上体现出小句的结果时引起行动者或目标本质的改变。

表4-2 物质过程类型

	Intransitive	Transitive
Creative	Icicles formed.	They built a house.
Transformative	They melted.	The sun melted them.

动词 do 也可以用在创造型小句中,如 I did a book called Sand Rivers。小句如果涉及剧本、电影或书籍的创作,并作为一个成果,那么就可看作创造型小句。创造型小句的创造过程可以体现出阶段性,如 then I started my first novel,句中 started 一词可被解释为开始写作的状态。而破坏的过程通常被看作转换型过程,如 the wild places were being destroyed in many parts of the world,不及物的创造型小句包含了"开始

存在"的意义,并形成了存在过程小句。

4.4.2.2 转换型小句

在转换型小句中,行动者(不及物)或目标(及物)是预先存在的,它们随着过程的展开而发生转化。小句的结果由不及物小句中现存的行动者和及物小句中现存的目标某些层面的变化决定。如表4-2中的不及物转换小句:They melted(冰柱融化了),冰柱的融化体现了冰的状态的改变,由行动者they体现;而及物转换小句The sun melted them(太阳融化了冰柱)一句中,冰柱状态的改变由目标them体现,但不是冰柱质的变化,所以这两句都属于转换型物质过程小句。

不同于创造型小句,转换型小句通常有一个独立的成分可以指代结果。例如,在she painted the house red一句中,red作为一个附加语指示了目标的结果状态。即使小句的结果是过程中固有的,过程还是通过动词词组指示出来,例如:shut down, turn on, start up, tie up, cut off, rub out, throw away, use up 和 fill up。及物转换小句的目标在过程开始呈现前已存在,并在结果呈现的过程中发生转换。它可通过do to, do with等特定结构来判断,例如,可以用what happened to goal? 和what did they do to goal? 这样的问句来判断及物转换型小句的目标是什么。而不及物转换型小句的行动者可通过happen to找出,例如,what happened to the actor? What did actor do? 来判断小句的行动者是什么。但是Happen to 和 do to、do with 都不能在创造型小句中出现。

转换型小句和创造型小句相比在物质过程小句中占有很大比重。转换型小句意味着不及物的行动者和及物的目标都是先于过程的出现而存在的。转换型小句的结果分为三类:解释性、扩展性和提高性(不及物的行动者和及物的目标)。

4.4.3 不同类型的物质过程类型小句和附加参与者

之前提到物质过程小句主要有两个参与者——行动者和目标。行动者不管在及物的物质过程小句，还是在不及物的物质过程小句中都是一个固有的参与者，而目标只在及物小句中是固有的。除此之外，物质过程小句还存在其他的参与者：范围（scope）、领受者（recipient）、委托者（client）和附加语（attribute）。目标普遍存在于各种类型的物质过程小句中，韩礼德认为"目标和范围之间的界限并不泾渭分明，最好把范围作为及物系统的单独特征"。韩礼德（1985，1994，2004）把目标和范围作为小句表征功能中的独立现象加以讨论。虽然范围与目标在传统语法中都被视为宾语，但二者与过程的语义关系却大相径庭。目标是受过程影响的实体，而范围不受过程影响，这是基本区别。韩礼德将范围定义为间接参与者（oblique or indirect participant）（Haliday，1994：144）。范围独立于过程而存在，没有范围的限定，过程的意义是不完整的。

领受者和委托者的功能很类似，都体现出受益体的特点。它们代表了从过程的实施中受益的参与者。领受者是接受商品的客体，而委托者是接受服务的对象。两者均可与介词同时出现，这取决于它们在小句中的位置。通常，介词 to 和领受者同时出现，而介词 for 与委托者同时出现。如何区别带 to 和 for 的介词短语到底是领受者还是委托者，主要看在去掉介词的情况下，是否影响小句的表征功能。例如：she sent her best wishes to John，句中 to john 是领受者，因为去掉介词 to，小句的意义没有改变，如：she sent John her best wishes。而委托者比领受者受限制更多，例如：Fred bought a present for his wife. Fred bought his wife a present. 这两句中的 his wife 是委托者。领受者和委托者都出现在及物性小句中，都涉及 goal。

领受者和委托者出现在不同的环境中，领受者只出现在及物转换型小句中的扩展型小句中。在此类小句中，领受者出现在能指示持有商品的转移的小句中，目标就是被转移的商品。例如，I gave my love a ring, 此句中，my love 就是领受者，等于间接宾语，a ring 是目标——被转移的产品，目标由原来的持有者"我"转移到我的爱人。需要注意的是，原来的所有者在所有物转移的过程中要么被构建为商品的来源，如 John takes/steals/borrows money from a friend 一句，friend 就是原来的所有者，代表了商品的来源；要么被构建为目标，被转移的商品代表了事件，如 The woman robs/deprives him of his money，him 是目标，也是原来的所有者，of his money 代表了事件。所以，原来的所有者和领受者之间是商品交换的关系，原来的所有者的位置在小句中不是固定的，相应的领受者在小句的位置也不是固定的。对比上面出现的三句，领受者的位置依次为间接宾语（my love），主语（John），主语（the woman）。所以领受者的语法成分要么是间接宾语，要么是主语。

而委托者出现在及物创造型小句中。委托者提供的服务可以构建为小句的目标，这个目标和转换型小句不同，它是由过程决定的。例如：He painted John a picture. He built Mary a house. 这两句中的 John 和 Mary 都是委托者（client），a picture 和 the house 都是目标，也是服务。但由于服务或目标是由过程决定的，所以委托者也可出现在不及物小句中——可能有过程和范围或者只有过程本身。基本上领受者和委托者都由指示人的名词词组构成，尤其是人称代词。和目标一样，领受者和委托者都受过程的影响，但是当目标是参与者，而且被过程影响时，领受者或委托者是从目标受益的一方。与之相反，物质过程小句的范围并不受过程表现的影响。相反，范围有两种情况：（1）它构建了过程作用的范围；（2）它构建了过程本身，由泛指的或特定的术语体现。二者之间没有明确的界限，不管哪种情况，范围都局限在不及物物质过程小句中。一个物质过程小句,只要由名词词语＋动词词组＋名词词组构成,就可以看作行为者＋过程＋目标或行为者＋过程＋范围两种类型。

两种范围的区别需要进行讨论,第一种,范围构建了一个实体,它独立的存在于过程之外,但它指明了过程产生的范畴。例如:you will be crossing some lonely mountains, so make sure you have enough petrol. 这里,山可以作为参与者参与到任何种类的过程中,some lonely mountains 指明了游客穿越的范围,所以是范围。需要指出的是,这个小句不是有关行动的关系,因为山是独立于人的行为之外而存在的,除了 cross(跨越)山,还可以 level(铲平)山。同理,play the piano 这个小句,piano 也是范围,而不是目标,因为钢琴参与的过程还可以是 polish、tune 和 move。所以,小句中的名词短语如果是范围,它就可以对应多个种类的行为过程,所以 mountains 只能是范围。

第二种,范围可能不是一个实体,但它是过程的另一种表达。例如,play tennis, tennis 是范围,因为网球不是实体,只代表打网球这种活动。这些过程本身就带有参与者的功能,诸如此类的表达还有:play games, sing songs 这样的结构能让我们进一步明确过程发生的种类或数量。这类"过程范围"的句子还包括:they played games, they played five games, they played tennis, they played a good game。这些类型可集中为:they played five good games of tennis. 这种结构导致了英语中一种常见的表达方式,如:have a bath, do some work, make a mistake, take a rest 等。这些小句的过程只有在名词充当范围的情况下才能表述自身。充当范围的名词词组既可以作为主位,也可以作为参与者出现在小句中,这点有助于划分物质过程小句的范围,范围要么作为实体,要么作为过程本身出现在小句中。范围基本出现在不及物小句中,句子只有一个直接参与者,因此,只有一个行动者,没有目标。

要区分目标和范围不是那么容易,它们两者都跟在过程动词之后,范围从语义上说，不是一个过程的参与者——它不是直接参与到过程之中，受其影响，或者从之收益，只是从语法上看，它被当作参与者看待。

范围和目标的语法区别体现在：范围不可以通过 do to 或 do with 进行分析，而目标可以。范围永远不可能有结果附加语出现在小句中，目标可以。同理，范围成分永远不可以和表示角色的环境成分配置在一起。范围也不能是一个人称代词，也不能被所有式修饰。

附加语属于关系过程小句的范畴，但在特定情况下会出现在物质过程小句中。例如在带有解释性结果的小句中，在过程完成之后，附加语被用作构建行动者和目标的定性的结果状态。例如：they stripped her clean of every bit of jewellery she ever had. 此句中，clean 作为附加语指示了目标 jewellery 的结果状态，所以此类附加语叫结果附加语。它们在小句中是边缘化的参与者。

4.4.4 物质过程小句的衔接功能

But as her Firebird splashed through a puddle, she felt the wheels lose their grip on the road—and her heart lurched. A utility pole in front of her car was getting bigger and bigger. I'm headed straight for it. Rena gasped as the car hurtled forward.

此语段共有七个小句，第一句是不及物物质过程句，through a puddle 是环境成分，指明轿车经过水坑溅起水花后的周边环境，第二句是微观心理过程句，描写了感知者（我）的内心状态，心理过程句的现象由一个物质过程句组成，这个物质过程句表示了一个事实，跟在心理过程句后突出了我在轿车出现状况后最直接的内心感受，用及物物质过程句表示现象，更体现了轿车由于路滑而导致轮胎的抓地力变弱的真实情景，这是符合现实情景和人的感知意识的。第四句是不及物物质过程句，它体现了正在发生的过程，更突出了我对车祸整个过程的经历和感受，而汽车失控瞬间带来的后果也作用在我的身上——我感到心猛地一跳。所以，不及物物质过程句最能表现事件对参与者的影响，因为整个过程只有一个参与者"我"。第五句是转换型不及物物质过程句，并用了进行时态，该句体现了由于车的失控而快要撞上电线杆时，电线杆在我的视线范围内的变化过程，所以用进行时可以突出电线杆在我眼前越来越大的变化过程，而这个变化过程的后果是电线杆引起的，所以这里电线杆也成了引发车祸的主要原因。第六句是及物物质过程句，由于前一句的信息中心是电线杆，信息焦点由电线杆的变化自然进入车祸的过程描写中。此句中，"我"作为驾驶者，在车撞向电线杆的过程中，没有用进行时进行描写，而用了 be headed for 这样的结构，则是突出了车祸出现瞬间人无法掌控的被动局面。最后一句是不及物物质过程句，描写了车发着碰撞声冲向电线杆的一瞬间，唯一的参与者"我"的直接反应，就是倒抽一口冷气。

可见，这个语篇七个小句中，有六次用到了物质过程句，而这里有四句是不及物物质过程句，这种类型小句的高频出现，反映了语篇的叙述特点，就是车祸发生的整个过程中，人对事件的发展是起主导作用的，反复使用此类型小句，可以突出表现事件发展过程中人的心理状态。

4.5 心理过程

心理过程小句是反映人的意识世界的经验的小句类型，是有关感官的小句。心理过程小句是为了构建说话人自身的意识过程。心理过程小句中，主语就是说话人，它们可以构建说话人自身的意识过程，这是一类典型的心理过程句，即主语是名词词组，指示了一种意识的状态（如 many experts believe... investigators found evidence... he had heard...）。而补语通常由名词词组体现，代表了任何一种实体，包括动物、物体、物质和抽象事物。

心理过程小句可以构建情绪，表达情绪的小句具有词汇和语法的可分级性特征，这是心理小句构建情绪的典型特征，（如动词作为过程体现了分级性：detest, loathe – hate – dislike – like – love）。

另外，由 member 和 remind 引导的心理过程句，体现了认知的过程。认知类心理句所具备的普遍特征是：它们能建立另外有关思考内容的小句或小句集合。心理过程句和认知过程句的关系体现在投射：心理过程句投射另外一个或一组小句，给予它们思想和意识内容的地位。

4.5.1 感知者的本质

心理过程句中，只有一个参与者，也就是感知者。他可以感知、感觉、思考、意识，即赋予了意识的能力。从语法层面讲，心理过程中的参与者通常是人称代词。我们选择什么物种作为参与者的标准主要由我们的身份、我们所做的事情和我们的感受决定。

有意识的生物通常意味着某个人或某些人，但有时也可以是人的集体。有时也可以是人类意识的产物或者人体的一部分。

4.5.2 现象

考虑到心理过程句中另一个重要成分——现象，它通常是被感知、被思考、被需要、被意识的事物，位置相较于感知者也发生了反转。这意味着能够充当现象的事物不仅不会局限在任何特殊的语义和语法范畴，而且它们要比物质过程句中的参与者的范围要宽泛得多。它不仅是一个事物，而且可以是一个行为和事实。另外，被构建为现象的事物也可能是一个隐喻的事物，如一个名词词组指示了一个具体化为某个事物的过程或品质。

除此之外，心理过程句的范围进一步扩大，宏观现象小句和元现象小句也被包含在心理过程句之中了。前者的标志是现象是一个行为，而后者的标志是现象是一个事实。在宏观现象心理过程句中，现象是通过一个非限定性从句来表现，指示一种行为。宏观现象心理过程句基本上属于意识过程句的范畴。在此类小句中，行为可以通过某种方式被看到、听到、品尝到、意识到，但不是通过一般的思考或情绪感受和渴望所得到的。体现行为的非限定性从句要么由现在分词表示，要么由不带to的动词不定式表示。这两者之间的区别体现在现在分词从句代表了动作的过程不受时间的限制，而不定式从句体现了动作和时间的关联性。

在元现象心理过程句中，现象是通过一个限定性从句来表示的，指示了一个事实。这个事实通常具有抽象性，不是一般的事物或行为。宏观心理过程句中的行为虽然也比普通事物复杂，但它仍属于物质领域，而这里提到的事实不是物质的现象，而是符号的现象。它是一个命题或提议，它的构建如同它本身就存在于符号的领域。最典型的元心理过程句的现象就是情绪小句，它会影响感知者的意识而被构建起来。情绪小句的标记是由 fact 这个词引导，或者其他表示事实的词，如：notion, idea, possibility。另外还有主语从句、宾语从句、表语从句和补语从句均可表示元心理过程句的现象这一成分。

4.5.3 投射

元心理过程句由事实来表示现象这一成分，但这类从句还有另外一种选择既可以把它同物质过程句区分开，也可以把它同关系过程句区别开。就是在心理过程句外部建立另外一个从句，来表示意识的内容，即心理过程句投射了另一个小句，作为为感知者思考、相信和假设的内容。被投射的小句叫做思想小句（idea clause），之前的动作小句和事实小句都属于心理过程句的一部分，而思想小句不从属于心理过程句，而是同心理过程句组合在一起成为小句投射集合。

4.5.4 过程：时态系统

物质过程句是用一般现在时表示通常的习惯性的过程，而心理过程句用现在进行时意味着高度的标记性，表示一种动作初始的意思。另外，心理过程句和物质过程句在时态方面的另一区别是替代性动词 do 的使用。前者使用 do 表示正在进行的过程，可以用 do 来代替；而心理过程句是感知、需要、思考和观看的过程，它们不表示进行的过程，也不能用 do 来代替。

4.6 关系过程小句

4.6.1 关系过程的本质

关系过程小句是用来指示特征和识别的概念。它们共同的特点是过程通过系动词 be 的一般现在时和一般过去时体现。另外，它们似乎有两个内在的参与者，第二个参与者可以是非特指的名词词组，也可以是特指的名词词组，或者还可能是介词词组。那么，关系过程小句构建了什么样的经验呢？物质过程和物质世界有关，心理过程和人们的意识世界有关，而这些外部的经验和内部的经验都可能通过关系过程构建起来，但它们通过 being 而不是 doing 和 sensing 来构建经验的模型。

（1）展开的本质。不同于物质过程，关系过程句随着缓慢地展开而构建变化，因此，空间中的静态位置通过关系过程而构建起来，但空间中的动态位置则通过物质关系构建。同理，静态的支配关系通过关系过程得以构建，但动态的支配转移通过物质过程体现出来；静态的质量通过关系过程构建，而动态的质量的变化则通过物质过程体现。在关系过程中，现在进行时是高标记的，而且这种时态主要被局限在表示行为偏向性的关系过程句中。

（2）构建的本质。心理过程句中的参与者总是具备意识的能力，而关系过程句的参与者则不一定。另外，关系过程句中的参与者可以是实体，也可以是行为和事实。在关系过程句中，这些实体、行为和事实不是用来构建意识的现象，相反，而是用来构建关系状态的一个要素。因此，关系过程句中被用来构建参与者的实体、动作和事实，要与另一个关系参与者进行配置，而这个参与者必须来自相同的关系状态。另外，关系过程句和心理过程句的另一个区别体现在：心理过程句子中，表示意识现象的成分可以是独立的从句，但在关系过程句中，这是不可能的。

关系过程句的最主要特征来源于存在的本质。关系过程句中的存在并不表示空间上的存在状态。而是由两个关键成分体现存在的意义，换言之，这种存在关系由两个独立的实体所建立，即关系过程句中总有两个内在的参与者。例如：she was in the room. 存在的典型模式是通过两个参与者的经验所构建，关系成分仅仅是连接两个参与者的纽带。关系过程句中出现频率最高的动词是 be 和 have。关系过程句中的动词基本上是非突出的。这种动词在音系上的弱化现象代表了此类型小句形式上高度概括、语法化的特点。关系过程句的结构模式为：be – er 1 + be – er 2，这个结构奠定了所有经验类型中构建等级关系和识别关系的可能性。等级关系通过归属类小句构建，识别关系通过识别类小句构建。

4.6.2 关系过程小句的类型

英语中的关系过程包括三种类型：内包式、所有式和环境式。而每一种类型都对应两种不同的关系模式：归属类和识别类。这两种模式被划分为及物性系统中的两个同时的系统，这两个系统贯穿了关系过程的六个类别。

归属类和识别类小句的区别之一是识别类小句是可逆的，所以小句中的两个内在参与者 x 和 a 可以互换位置，如 "Sarah is the leader, leader is Sarah."。而归属类小句是不可逆的。

内包式小句属于支配地位，而所有式小句把部分和整体联系在一起，环境式小句构建了更小的部分和整体之间在空间上的延伸关系。内包式关系过程小句中，最常见的动词是 be，两个内在参与者通常是名词词组。归属类和识别类的小句的动词属于两个不同的类别。另外，这两种小句的名词成分也有所区别。

4.6.3 内包式小句：归属类

4.6.3.1 内包式归属类小句的特点

在归属类小句中，一个实体有一些从属于它的类别，从结构上看，我们把这些类别叫作属性，是它所依托的实体叫作载体。归属类小句具有和识别类小句不同的四个特征：

1. 作为属性的名词词组构建了一系列的事物，并且通常是非确指的。这个名词词组要么是形容词，要么是普通名词或一个不定冠词。它不可能是专有名词或者代词，因为这些不能够见类别。

2. 作为过程的动词词组中的实意动词是归属性类别之一。如果作为属性的名词是由名词词组中的普通名词实现，并且这个普通名词是中心词,也没有前置的形容词,那么通常这样的属性看作是环境成分。此类型句的过程动词后通常带有介词,例如:he grew into an old man。

3. 归属类小句的疑问代词是 what、how 或者 what…like。

4. 归属类小句是不可逆的。

4.6.3.2　内包式属性的种类

(1) 从属关系的标准:实体和性质。

这种类别可以通过两种方式指明:第一种是通过参考构建类别的实体来命名类别本身,如 he was an architect;第二种是通过参照实体的性质来为从属关系命名一种标准,如 "The new Yorker is very generous."。这两种属性实现的方式有所不同:实体属性通过名词词组来实现,而且词组以实物作为中心词;而性质属性通过名词词组中的描述词得以实现,并且描述词是中心词。性质属性的标准取决于语境。当名词词组中的事物是一个泛指的意义时,实体属性可以接近性质属性。

质量属性通过名词词组来实现,而且词组中的描述词市中心词。中心词通过一个形容词或(分词结构)来完成,并且它总是被表示程度的副词所修饰。例如:very、extremely、greatly,以及比较级副词 as、more、most、less、least、too。这些比较级的副词范围可以通过 as、than、for 得以扩大。扩大后的可以是短语或小句,并且置于事物或中心词的后面,作为后置修饰语,如 "I think he's more upset than she is."。

(2) 属性的阶段:中立和分阶段的。

类似于其他的过程,属性的过程随时间而展开。在非标记的情况下,展开的阶段是中立的(非指明的)。相反,鉴于时间、外表或感官意识,展开的阶段就是特指的。当指代时间时,小句的时态类似于物质过程句。

表示属性的小句从属于过程＋属性的搭配模式:形容词 go＋mad。

这种搭配模式还涉及名词词组中的中心词作为载体，载体一般是 well、lake、river、sea、water、supply 等名词。

（3）属性的范围。

关系过程句既可以构建外部经验，也可以构建内部经验。在归属类小句中两种经验都可以得到体现。尤其是，内部经验不仅可以包括主观感受，而且还包括构建客观特征的属性。附加在载体上的属性要么是物质方面的，要么是符号方面的，而作为载体的事物必须具备和属性同样的规律。例如，在 it is true 一句中，true 代表属性，那么载体必须是原物质——通常是由表示事实的从句体现，也可以是由代词 it、this、that 指代一个事实。

在属性的符号领域，有一系列的归属类小句，其中的属性指代了一种感知的质量，这和心理过程句的过程对等。另外，属性也可能以分词的形式出现，这种形式通常来源于心理过程动词，例如：it is amazing。

带有感知质量的关系过程句可以分为两类：一类是那些和心理过程句中的 like 类型相匹配的，载体和感知者对等，如 Mary liked the gift 一句中，Mary 既可以是载体也可以是感知者；另一类是那些和 please 类型相匹配的，载体和现象对等，如 the gift pleased Mary 一句中，gift 是载体，同样也可以做现象。前者，典型的载体是陈述句中的人称代词 I 和疑问句中的人称代词 you。后者，载体通常是 this，that，或者 it 附带后置关系小句，属性可能是形容词或分词或名词作为中心词，例如：that's encouraging, it is a pity that…。

心理过程句和关系过程句有交叉之处，如何找出这些交叉点，主要看四个方面：次修饰、标记阶段、时态和小句结构。第一方面，名词词组后面的 so、very、too 等修饰词，但不跟在动词词组后面。所有做属性的形容词和分词都可以用这些词修饰。第二方面，属性动词除了系动词 be，那些标记阶段的动词都出现在归属类小句中，如 Seems、look 等。

第三方面，提及时态，由于质量通常是之前事件的结果，如果这个现象可以代表属性，那么这个现象通常由现在时态引出；如果这个现象代表了心理关系句中的过程，那么这个现象通常由过去时态引出。第四方面，在小句结构中，一个心理过程小句通常既有感知者又有现象，然而在归属类小句中，这些作为现象的实体只能以原因环境、事实环境和角度环境的形式出现。原因环境在关系过程小句中通常在属性词后用介词of、at、with引出，而事实环境通常在属性词后以介词about引出，角度环境以介词to引出，如"He is afraid of snakes.""That report is puzzling to me.""Are you pleased about what happened?"

另外，在心理过程句后面会带有一个表示事实的从句来表示心理状态的来源，而关系过程句后会带有表示原因的从句，如"I regret that you failed."（心理），"I am very distressed because you failed."（关系）。但在关系过程句中，属性有时也可充当"事实"的功能，如"I am very distressed that you failed."（关系）。

4.6.4 内包式小句：识别类

4.6.4.1 基本特征

在内包式识别类小句中，事物是有与之相对应的特征的。也就是说，一个实体是被用来识别另一个实体的，或者说某一实体的身份通过另一实体得到确定，或两个实体在时间、地点、状态等环境意义上具有一定联系，或某一实体拥有另一实体。识别类小句中的参与者之间是一对一的关系，两实体指向同一事物。x被a所证明，或者说a可以证明x的身份。从结构上说，我们把x所代表的成分，即需要被证明的因素，看作是被识别者，而a所代表的成分看作是识别者，即它充当了识别体。

识别类小句区别于归属类小句的特征有：第一，作为识别者的名词词组通常是明确的，即它通常由一个普通名词作为中心词，且带有定冠词 the 或者其他限定词，或者也由专有名词和代词充当；第二，过程中的动词通常来自同级别的，如 become、remain、grow into、turn into 等；第三，疑问句中的疑问词通常是 which、who、which/who…as；第四，这类小句是可逆的，所有动词除了 be、become、remain，都有被动形式，带有系动词 be 的识别类小句可以前后互换，动词的形式不发生改变，而且非主语的参与者也不需标记。

那么以"Alice is the clever one."一句为例，这个句子的可逆性通过两个问题来体现：which is Alice? Which is the clever one? 这两个问题都可以用上一句来回答，但识别者和被识别者位置正好互换。可见两个实体（Alice 和 the clever one）可以按任意顺序出现，任何一个实体都能承担识别者和被识别者的功能。

目前为止，我们可以看出识别者体现出音调突出的特点，但需要注意的是识别者和被识别者很难界定谁是新信息，谁是已知信息，因为被识别者是经验功能，而识别者是语篇功能。

4.6.4.2 标记和价值

在识别类小句中，两个部分指代了同一个事物，但这并不是同义反复，它们二者还是有区别的。我们在判别两个事物时，无外乎从两方面进行，一是从外形上进行判别，二是从功能和性质上进行判别。韩礼德把前者称为标记，把后者称为价值，认为两者之间的差别是形式与功能的差别。概括抽象的内容是价值，具体体现是标记。标记是看得见的，价值是抽象、看不见的。何伟在《英语识别小句中的"标记价值"结构配置之研究》一文指出，对标记和价值进行分析可以使我们领会说话者所关心的事情或其价值观。韩礼德把标记价值结构做了详细解释，归纳如下：

1. 如果是主动语态，则小句主语就是标记，反之，如果是被动语态，则主语就是价值。

The daughter resembles her mother. （T^V）

The mother is resembled by her daughter. （V^T）

2. 在主位等式中，名词短语总是价值。

What it tells you is the strength of the signal. （V^T）

This is what we are going to do. （T^V）

3. 具体的、看得见的为标记，抽象的、看不见的为价值。换言之，凡"符号、名称、形式、执行者、所有者"都是标记，凡"意义、指称、功能、职能、身份"都是价值。

Fred is the tall one. （V^T）

Fred is the treasurer. （T^V）

由于识别类小句中的动词 be 没有被动态，所以韩礼德指出用其他动词如 represent、play 来替换 be，倘若小句呈现主动语态，则主语为标记，反之，则为价值。

This offer represents your best choice to win a price. （T^V）

One criterion is represented by genetic diversity. （V^T）

在一定语境下，标记和价值都是很明确的，即使发生误解，最后也能得到纠正。

4.6.4.3 归属类小句和识别类小句

在归属类小句中，一些实体具备了某一属性。这意味着这个属性被划分到一个类别中，告诉我们某个实体具有哪些属性，或归于哪种类型。归属类小句中的两个参与者是一与多的关系。实体和实体所具有的属性是包含与被包含的关系。归属类小句只说明实体所属的类别，但不能证实实体的身份。通过划分类别的方式来鉴别一个实体的唯一方式是让这个类别只有一个实体。例如：

My brother is the tallest in the picture. （V^T）

My brother is the tallest in thefamily. （T^V）

此两句只有一字之差，但标记和价值的位置恰恰相反。我们既可以用价值来证实标记，也可以用标记来证实价值。原因是，第一句中，哥哥在照片中是看得见的，所以"the tallest in the picture"只能看作实体的标记；此句中，抽象度较低的成分成为识别者，此句还可以用被动态表达：My brother is represented by the tallest in the picture。而第二句中，由于家人不在现场，哥哥的特征无法直观地看到，所以"the tallest in the family"表示了哥哥抽象的特征，只能看作价值了。

识别者作为价值的识别类小句，实体被赋予了功能；而识别者作为标记的小句，实体被赋予了形式。

4.6.5 环境式小句

4.6.5.1 环境式和所有式小句

归属类和识别类小句的差异在其他两种关系过程小句中同样成立。

Intensive	Emily is a poet.	Attributive
	Emily is the poet.	Identifying
Possessive	Emily has a piano.	attributive
	The piano is Emily's.	identifying
Circumstantial	The meeting is on Friday.	attributive
	The time of the meeting is Friday.	Identifying

从以上句子可以看出，三种关系过程小句都对应了归属类和识别类两种模式。而且动词 be 可以用在关系过程小句中的所有类型中，尽管

have 在所有式的归属类小句中是非标记的。所有式和环境式的动词 be 和 have 可以看作是内包式小句的同义变体。如 Emily has a piano 可以改写为 Emily is a member of the class of piano – owners。同理，the piano is Emily's 也可以改写为 the piano is identified as the one belonging to Emily。如果所有式和环境式都把内包式的动词 be 作为过程动词，那么就可以把这两种小句看作是内包式小句的次类。这体现了把所有和环境的关系通过过程来体现的特点。如上述第一句还可改写为 the piano is owed by Emily。动词 own 等于 be + possession。不管用任何一种形式表达所有关系，它们之间的对比只在语法层面上，在内包式小句中同样存在这种情况。

4.6.5.2 归属类环境式小句

环境式小句的两个成分属于时间、地点、方式、原因、伴随、角色、措辞、角度的关系，它们还被叫作环境成分。

在归属类模式下，环境成分是一个属性，同样附着在一个实体上。例如：My story is about a boy, my story concerns a boy。在第一句中，环境关系是通过一个次要的过程——介词来构建的。而第二句中，环境关系则通过一个动词来构建。所以我们可以把这样的属性分为两类：一是小句的属性通过介词短语来实现，二是小句的属性通过副词短语来实现。环境属性总是带有确指的名词词组，例如：On your right is the historic Pump House。

在归属类模式下，环境成分还可以是过程。属性通过名词词组来实现，环境关系通过动词词组中的动词来表达，充当了过程动词。

4.6.5.3 识别类环境式小句

在识别类情况下，环境成分通过两种实体的关系体现出来，即一个实体是通过时间、地点和方式的特征和另一个实体产生联系。和归属类小句类似，环境成分从语义的角度构建为两种类型：一种是参与者的特征，另一种是过程特征。

1. 环境作为参与者。此类型下，参与者成了表示时间、地点等成分的环境因素。在小句中，识别体和被识别体可能都是时间成分，也可能都是方式成分，或者都是原因成分。小句中的标记成分可以是名词词组、副词短短、介词短语和小句；而价值通常是一类表示环境名称的名词词组。

2. 环境成分作为过程。此类型中不是参与者作为时间、地点和其他环境属性，而是过程本身。例如，动词 take up、span、cross 和 cause 属于"环境动词"，环境动词使表示时间、地点、伴随和方式等的环境因素和参与者建立起关系。这类小句都属于隐喻。

4.6.6 所有式小句

在所有式小句中，两个实体之间的关系是所有关系，即一个实体持有另一个实体。另外，二者之间还存在更大的一层关系身体部位的所有和整体部分之间的所有关系及包含关系等。所有式小句类似于环境式小句，同样有归属类和识别类两种。在归属类中，所有关系可以被构建为属性或者过程。

所有可以是属性，通常以名词短语的形式出现，所有物是载体，所有者是属性，例如：the piano is Peter's。

所有可以是过程，要么是所有者作为载体，被所有物是属性，如 Peter has a piano；要么是被所有物作为载体，而所有者是属性，如 the piano belongs to Peter。

在识别类中，所有关系通过两个实体的关系体现出来。所有既可以体现参与者的特征，也可以体现过程的特征。

所有作为参与者，一是实体知识所有者的性质，另一是指示所有物的性质。

所有作为过程，这里所有关系通过过程动词体现，最常见的是动词 own。除了体现所有关系，这类小句还包括包含和参与关系。这类动词包括 include、involve、contain、comprise、consist of 和 provide。这类小句还有被动形式，例如：the piano is owned by Peter。

4.7 行为过程小句

这类小句是有关人的生理和心理的行为过程，如呼吸、咳嗽、微笑、做梦和眨眼，这类小句在六种过程类型中是最难区分的，兼具物质过程和心理过程的特点。通常行为过程的非标记性的时态是现在进行时。行为过程的界限是不确定性的，动词 cry、laugh、smile、frown、sigh、sob、snarl、hiss、whine、nod、breathe、sneeze、cough、hiccup、burp、faint、shit、yawn 和 sleep 等都是行为过程的动词。行为过程小句最典型的类型是只包含行为者和过程动词两部分，如 don't breathe。

另外，还有几种类型的环境成分和行为过程密切相关，一类是表示原因的状语，如 dreaming of you；另一类带有剩余部分的方式状语，如 breathe deeply、sit up straight。体现意识过程、言语过程和心理过程的动词通常都带有一个介词短语，如 to、at、和 on 等，例如：I'm talking to you，这类环境成分在行为过程语境下表达了取向。然而行为过程小句不会投射间接的语言和思想，这类小句通常出现在虚构叙事的直接引语中，作为给言语过程附带一种行为特征的方式而存在。

4.8 言语过程

这类小句是表示说话的小句，它是一种重要的语篇资源，使得叙事语篇的构建成为可能。言语过程小句总是用来发展对话的描述内容。动词 say 是言语过程中的非标记动词，这类词还包括 told 和 talk、reply 和 counter，代表了对话交流中的特征。这类小句总有一个参与者，代表说话人，另外还有一个额外的参与者，代表了受话人。

在新闻报道中，言语过程句指明了报道人信息的来源，如官员、专家和目击证人的现场言论。另外，言语过程句的使用范围十分宽泛，如在学术语篇中，言语过程句使得引用和报告其他学者的学术观点，以及指明作者自身的学术立场成为可能。

Saying 一词在言语过程句中的功能应从多方面进行讨论，它涵盖了所有象征交换的含义，如在 he said he was hungry 这句中，'he'一词体现了说话人的交际功能，其中"he was hungry"这一部分承担了什么样的功能呢？从正式的语法角度看，动词 say 后面的从句整体作为动词 say 的宾语，相当于一个名词性从句，但从功能语法的角度看，它属于小句复合体中的二级小句，要么被直接引用，要么被间接引用。这样的序列有两个小句构成，其中主要小句体现了言语的过程，而二级小句可以是任何类型。引语小句的地位和心理过程句中的思想小句相类似。

投射小句可能是一个命题，通过一个限定分句来实现。例如：he said that some dissidents had met him and asked him whether they should vote。此句中，限定的从句就是 said 和 asked 两个动词后面的分句，said 和 asked 对后面的命题起到限制作用，让命题和交际的话题相关联。投射小句还可能是一个提议，通过一个非限定性从句实现。例如：Bush urges China to release crew。此句中，提议是通过一个意态化的限定小句所表达的，意态化通过动词 urge 体现，突出了讲话人主观上对听话人提出了要求。言语过程句不需要有意识的参与者，讲话人可以是任何发出信号的人。

考虑到说话人的本质，言语过程可能更适合于叫作"信号"过程。言语过程句的过程是通过动词词组来实现的，主要由实义动词体现，且和话语有关。当说话人通过名词词组来表示时，指明了说话人是有意识的，时态的选择类似于心理过程，一般现在时指示了习惯和概括，现在进行时代表了更窄的时间范围，而过去式通常指明同时性。

言语过程在特定情形下类似于行为过程，展现了其他过程类型的特征，兼具了物质过程和关系过程时态的特点，也有心理过程的投射功能。但言语过程具有自身特定的模式。除了可以投射，言语过程包含了三个额外的参与者的功能：接收者、冗词和目标，其中前两个是"倾斜"参与者。

接受者是言语指向的对象，可能是小句的主语，通过名词词组来实现，指明了潜在的讲话人是有意识的，名词词组要么单独出现，要么搭配一个介词。

冗词是和讲话内容对应的功能，代表冗词是一类事物，而不是一个报告或引言。具体来说，冗词首先可以是讲话的内容，他构建了讲话的话题，这类冗词在意义上接近于一个环境成分。另外，冗词还可能是讲话的名称，分为两类：一类是演讲功能类别，如 question、statement、order、command 等；另一类是通用类别，如 story、fable、joke、report、summary 等。

4.9 存在过程

这类小句代表了存在和发生的事物,然而存在过程句在语篇中并不常见,通常只有3%—4%的小句是存在过程句,但是它对于语篇的多样性发挥了重要作用。例如,在记叙文体中,它们在语篇开端起到引出中心参与者的作用。

在语篇中,主位体现了存在的特点,使得受话人对于即将出现的信息有所准备,这就是所谓的新信息。在定位阶段后,存在过程句可以把现象引入到叙述流中。There 一词在这类句子中既不是参与者,也不是现象——它指明了存在的特征,从情态角度而言它可以是主语。

存在过程句通常有动词 be,而且它含有一个明显的和时间、地点有关的环境成分。如果这个环境成分是主位,主语 there 可以省略掉,但在反义疑问句中,there 是可以再次出现的,例如:On the wall was a Picasso painting, wasn't there? 另外,要确定这类小句的过程动词就是在句末加一个非限定性从句,例如:there was an old woman waiting at the door。

其次,存在过程句中谈论的实体和事件被标注为存在物。存在物可以是任何现象,如人类、物体、机构、抽象概念、行为和事件等。存在过程和物质过程之间有一种特殊的过程类型,它和天气有关,叫气象过程。在这个类型中,有一些可以构建为存在过程,如 there was a storm;有一些可以构建为物质事件,如 the sun is shining;有一部分可以构建为关系过程,如 it's foggy;还有一些可构建为 it + a verb 形式,时态为现在进行时,如 it is raining。

4.10 环境成分

在小句的经验结构中，过程和参与者处在中心位置，而环境成分在一定程度上增强了过程和参与者的中心地位，从时间、空间、原因等方面。但它们的地位在经验的构建中属于外围层面的，不是直接参与到过程中的。它们可以存在于任何类型的小句中，且作用基本相同。

对环境的理解可从三方面展开。第一，从意义的角度说，我们通常用环境成分来指代事件的位置、时间、空间、方式、和原因，这些表达事件发生的时间、地点、方式和原因的概念，通过把环境成分和四种疑问形式连接起来，为我们提供了传统的理解小句意义的解释方式。第二，从小句本身看，参与者的功能在语气系统中属于主语或补语，环境成分属于附加语，即他们还没有成为主语的潜能，也不能承担小句人际沟通的情态责任。第三，环境成分的形式要么是副词短语或介词短语，多数情况下是后者，因为副词短语大部分情况下属于方式状语。但介词短语属于一种混合结构，内部含有名词短语，所以它的结构通常比短语大。

内含名词短语的介词短语的功能无异于参与者的作用，如 the mighty ocean 这一名词短语，在 little drops of water makes the mighty ocean 一句中可以看作是参与者，而在 I'll sail across the mighty ocean 一句中则作为环境成分出现。

这就引出了直接参与者和间接参与者的概念，使用间接参与者是为了指代名词短语在介词短语中的地位；我们用作环境的成分通常是那些间接参与者，并通过介词和其他成分和过程动词连接在一起。

解释环境成分在小句中的功能，可以把他们和过程类型结合起来。

一个环境成分和另外的过程类型属于寄生关系。它不能独立存在,而是其他成分的扩展,多数环境成分都来源于关系过程小句的三种形式:环境式小句、所有式小句和内包式小句。

	类　　别	具体范畴(次类)
1	Extent	Distance, duration
2	Location	Place, time
3	Manner	Means, quality, comparison
4	Cause	Reason, purpose, behalf
5	Contingency	Condition, concession, default
6	Accompaniment	Comitation, addition
7	Role	Guise, product
8	Matter	
9	Angle	

4.10.1　环境因素的类型

环境因素首先可分为程度和位置因素,二者构建了过程在时间和空间上的展开,而且它们分别对应了空间和时间两个层面。

(1) 程度

程度构建了过程在时空上的展开程度。例如,过程在空间上展开的距离或过程在时间上体现的延续性。程度包含了间隔这一类型,通常用 how often 来提问。在时间层面,频率属于一个附加的类型,频率和情态类型当中的经常性有一定关联,但并不完全相同。经常性是一种情态评价,代表了肯定和否定之间区域中的某个位置,而频率是过程重复发生的程度。

(2) 位置

位置构建了过程在时空上的展开位置:展开的位置或展开的时间。

有关位置的疑问句通常用 where 和 when 来提问。位置不仅包括静态位置，也包括源头、路径和移动的目的地。同理，时间不仅包括静态位置的时间，也包括和源头、路径以及目的地的相关时间表达。

从时间和空间层面看，程度和位置都存在确指和不确指两种情况。另外，从时间位置和空间位置上，位置可以是绝对的，也可以是相对的，而相对性又分为临近和遥远两种情况；位置还可分为静止和运动两种情况，而运动又分为靠近和远离两种情况。

(3) 方式

方式环境因素构建了过程现实化的方式。方式包括了四种次类：方法、质量、比较和等级。方法和参与者的性质相类似，而比较则像相同类型小句中的一个参与者，然而质量和等级和过程本身的特征相似。它们的实现方式是：方法和比较倾向于通过几次短语来实现，而质量和比较则通过副词短语来实现。

(a) 方法。方法指的是凭借过程发生的方式，通常由一个介词短语体现，介词通常是 by 或 with。方式包含两个重要概念：施事性和工具性。工具（instrument）在小句中通常以介词短语形式存在，而施事者（agent）在小句中通常是施动者或参与者，二者的区别在于：工具在主动态和被动态的句子中功能不变，而施事者的功能则发生了改变。例如：she beat the pig with the stick, the pig was beaten with the stick. 一句中，不管在主动态还是被动态的句子中，with the stick 都充当了方式成分的功能。

(b) 质量。通常由副词短语表达，以副词为中心词。有时也会出现用介词短语来表达的现象，这类表达通常介词是 in 或 with，中心词是表示方式的词本身，通常是 manner 或 way，也可以是表达质量维度的词，如 speed、tone、skill、ease、difficulty 和 term 等词。

(c) 比较。比较通常是由一个介词短语来表达，并带有 like 或 unlike 等词，或由一个表示近似或差异的副词短语表示。

（d）等级。等级通常由一个副词短语表达，并伴有一个程度指示词，如 much、a good deal、a lot 等，或带一个具有搭配关系的限定副词，如 deeply、profoundly、completely、heavily 等。搭配关系的限定副词和动词搭配共同构成过程。等级因素描绘了过程现实化的程度，它们通常紧跟在过程之后或之前。

（4）起因

起因这个环境因素构建了过程可以实现的原因。它不仅包括狭义上现存条件引起过程现实化的原因，还包括在预期条件下过程现实化的意图。起因和意图都趋向于是事件性的，但是还有另外一种起因可以指示人——代表因素。可见，起因可分为三个次类：原因、意图和代表。

（a）原因这种环境因素代表了过程发生的原因。通常由一个介词短语表达，短语总是带有介词 through、from、for 或一个复杂的介词 because of、as a result of、thanks to、due to 和表达否定的短语 for want of。

（b）意图这个因素代表了行为产生的意图——行为背后的用意。通常由一个带 for 的介词短语构成或者由一个复杂的介词短语来充当，如 in the hope of、for the purpose of、for the sake of 等。由表达意图的介词所引出的名词短语的中心，可以是一个名词，指示了实体，而这个实体将通过过程的现实化而获得；还可以是一个名词化的词，代表了一个具体化的过程。

（c）代表这类因素体现了实体，尤其是人称，即行为的实施是建立在谁的利益之上的。代表通常由一个带有 for 的介词短语表示，或者是一个复杂的介词，如 for the sake of、in favor of、on behalf of 等。代表包含了委托者这一概念，即接受服务的人。委托者通常不跟介词，除了当它处在突出的位置。例如：she gave up her job for her children。此句中"for her children"就是代表，可以用 for the sake of 来替换；而 she built

97

a house for her children 一句中，"for her children" 就属于委托者了，因为它的位置可以发生变化，即不跟介词，就变成了 she built her children a house。所以从语义上说，代表本质上不是一个服务，而委托者是零售服务的人，这类小句的过程也带有受益体的含义。

（5）偶然性（contingency）

偶然性因素详细说明到了过程现实化所依赖的因素。它包括三个词类：条件、让步和缺席。

（a）条件（condition），条件因素构建了过程现实化所需要的环境因素。通常由介词短语表达，如 in case of、in the event of、on condition of 等。介词所引出的名词词组的中心趋向于一个名词，它指示了一个实体，而实体的存在是有条件的。

（b）让步（concession），让步因素构建了挫折的原因，和 'although' 意义相同。通常由介词短语表达，介词通常有 despite, notwithstanding 等，或者是复杂介词：in spite of、regardless of。

（c）缺席（default），这类因素带有否定的意义，通常由介词短语表达，介词通常是复杂介词：in the absence of、in default of。

鉴于偶然性因素所涉及的语义关系总是过程之间的关系，所以偶然性因素通常是在小句层面得以实现。表达偶然性的最常见的关联词是：if、although 和 unless。

（6）伴随

伴随因素是以一种连接的参与者形式存在于过程中，代表了并列、选择、否定的关系。通常由介词短语表达，介词包括 with、without、besides 和 instead of。它包括两个次类：伴随和附加，而每个此类都有一个肯定和一个否定方面。

（a）伴随因素代表了过程是作为一个单独事例存在的，尽管在这个过程中涉及两个实体。它的范围既包括两个实体可以作为一个单独的因素共同存在，也包括两个实体各自分开。

（b）附加因素代表了过程作为两个事例而存在。两个实体具有的参与者功能是相同的，只是其中一个实体是为了突出对比的意图。

（7）角色

角色从环境上构建了状态的意义。角色和内包式关系过程小句中的属性或价值相对应。角色包括两个次类：伪装和产品。

（a）伪装。伪装和疑问句"what as?"相对应，以环境的形式构建了状态的意义。常用的介词是 as 以及复杂介词 by way of、in the role/shape/guise/form of。另外，角色因素还可以和小句中的参与者产生关联，确切说是和媒介有关系。

（b）产品。产品和疑问句"what into?"相对应，具有渐变的过程的意义，类似于属性和识别体。通常的表达形式是 act as、turn into，且介词 as 和 into 和动词联系很紧密，所以这些介词可以看作过程的一部分。产品因素通常出现在关系过程句中，等同于属性和识别体的概念。

还有一种环境成分在小句中可以被视为角色成分，但他不能带有介词。这种结构通常凭借一个属性加到了物质过程句中，表示功能：一个是描述性，对应于伪装功能；另一个是协商性，对应于产品功能。如 he came back rich，此句中形容词 rich 是属性，表示解释功能，但也可以用名词词组来充当属性功能，如 he came back a rich man/ a millionaire。另外，这个名词属性通常和介词 as 同时构成环境成分，即 he came back as a millionaire。

尽管扩展这个环境成分和关系小句有关，投射成分和突出的心理过程句和言语过程句有关。投射成分既可以是感受者和说话人，也可以是冗词。

（8）事件

事件和言语过程有关，它可以作为冗词的环境等同物，即所描写的，指代的和叙述的内容的对等物。事件通过介词 about、concerning、with reference to 和 of 来表达。事件出现频率最高的是言语过程句和心理过程句，尤其是认知类型的小句。

要突出一个主位的方式之一就是把主位构建成一个环境事件。例如：As for the ghost, it hasn't been seen since。此句通过环境因素提前导入话题的中心，the ghost 就成了凸显的主位。

（9）角度

角度或者和言语过程句的说话人相关联，表示正如某人所说；或者和心理过程句的感受者相联系，表示正如某人所想。通常把第一种情况称为"来源"，因为它指代了信息的来源。来源通常由复杂的介词短语引出，如 according to、in the words of 等。第二种情况通常称为"视角"，因为它通常表示小句中他人的观点的信息，视角的表达方式通常是介词 to 和介词短语 in the view/opinion/of、from the standpoint of 等。

4.10.2 环境因素的地位

（1）环境因素作为微型过程

多数环境因素都由介词短语表示。有时一个介词短语可以表示一个微型的小句，相应的把其中的介词解释为一种微型动词。这个介词用作一种媒介，凭借一个名词成分可以看作是主要过程的间接参与者。在环境式和所有式关系小句中，be + 介词和一个动词经常视作平行结构。如 a carpet was over the floor 和 a carpet covered the floor，这两句中，"was over" 和 "covered" 属于这种平行结构。

这种平行结构还出现在一个介词短语和一个非限定性小句之间。因此，有些介词本身是从非谓语动词演变而来的，如 concerning、according to、given 和 excepting 等。所以，在一些及物性关系中，名词短语是服从介词的。同时，在很多情况下，一个名词短语不管是其直接出现在小句中,还是间接出现,它和介词的服从关系都多多少少体现出同样的功能。这里名词和介词的服从关系应该是参与者的功能,而不是环境因素。但是,参与者和环境因素的关系的确不是很明晰,介词和一些高度概括性的过程功能类似,通过参照介词,与之附着在一起的名词短语建立起一种参与者的地位。

例如:the bridge was built by the army。通过介词 by 和名词短语 the army 的结合,使得介词短语起到了行为者和参与者的功能。

(2) 确定环境成分的难处

在证实环境因素方面主要存在五种困难:一是介词短语作为参与者,二是介词和动词的粘连,三是名词词组内部的介词短语,四是介词短语作为情态和连接附加语,五是抽象和隐喻的环境因素表达。

首先,介词短语作为参与者,一些介词短语可以实现参与者的功能,根据功能不同可以分为代理人、受益人和范畴三种。其次,介词和动词的粘连,这也涉及介词短语行使参与者的功能,但是介词短语和名词短语之间没有转换。相反,介词和动词紧密联系,所以它们可以看作过程的一部分。再者,名词词组内部的介词短语通常作为修饰语跟在名词后面。最后,介词短语作为情态或连接附加语,虽然情态附加语、连接附加语和环境附加语都有副词短语或介词短语构成,但功能不同。情态和连接附加语是及物性系统之外的,所以它们不可能成为话题主位,也不具备主位突显的地位,更不能是小句中的话题中心。也就是说,环境附加语可以引出话题主位,而情态和连接附加语则不能。

但很多介词短语可以既作为环境附加语,又具备了其他附加语的功能。比如,带有名词词组的介词短语,且这个名词词组以 that 开头或包含 that,那么这个介词短语就成了连接或环境附加语了。例如,"at that moment"可能是表示事件的环境附加语,也可以是连接附加语出现个人叙述文体中。所以,介词短语作为附加语的功能,它构建了经验时

101

间、人际时间和语篇时间。经验时间是作为过程特征的时间,代表了现实和虚拟历史中的过程的位置、持续性和重复频率;人际时间指代了出现在讲话人和听话人之间的时间,和当下的讲话者相关的时间性,或者代表肯定和否定之间的协商空间的范围,即经常性;语篇时间是和语篇当前的状态相联系的时间,then 参与语篇的外部现实的构建,或语篇自身内部顺序的体现。但只有外界的语境才会暗示三种时间中的哪一个在一个特殊的介词结构中被前景化了。

4.11 及物性系统的衔接性

韩礼德从社会学的角度研究语言,他始终把意义研究看作是语言学的一个十分重要、必不可少的组成部分。他从一开始就认为语义决定语法,语法描写应从意义入手,把语言看作是一种可供选择、用于表达意义的源泉。语言本质上就是一个语义系统。人们在不同的语境中使用语言,语言的各种社会功能在使用中得以实现;语言系统中的每一个语言现象都可以从功能的角度解释,即语言是如何使用的,以及语言使用的基本原理。韩礼德在 20 世纪六七十年代潜心研究语言的功能主义解释,最后总结出三种含义丰富且高度抽象的功能,可称为宏观功能(macro-function)或纯理功能(meta-function),具体为:概念元功能(ideational meta-function),语言是对存在于主客观世界的事物和过程的反映,是所说的内容在语言范畴中表现为及物性(transitivity)、归一性(polarity)和语态(voice);人际元功能(interpersonal meta-function),语言是社会中人与人之间有意义的活动和做事的手段,必然反映人与人之间的关系,它在语言中由语气(mood)、情态(modality)、语调(key)等范畴体现;语篇元功能(textual meta-function),概念元功能和人际元功能最后要由语言使用者把它们组织成语篇才能实现。语篇功能使语言与语境发生联系，从而使语言使用者只能生成与语境相匹配的语篇。韩礼德明确指出，他建构功能语法的目的是为语篇分析提供一个理论框架，这个框架可用来分析英语中的任何口头语篇和书面语篇。语篇分析有两个目的，其一是理解话语，其二是评价话语。理解话语可以是人们明白话语表达什么，为何表达那些，与此同时帮助人们揭示话语中的多重意义、歧义、比喻等，这是语篇分析的低层次目的；评价话语可以使人们指出话语为何成功、成功在哪里。通过研究语言的语义系统可以探寻：语言在不断发展进化中是如何满足交际需要、不同的交际需要如何通过不同的语言风格实现，以及语言使用者以什么为依据来确定使用哪种语言风格来满足不同的交际的需要。本文选取丘吉尔的就职演说词作为语料，运用韩礼德的与概念功能相对应的语义系统进行观察，尝试分析及物性系统中六大过程的选择倾向及特征，探求丘吉尔就职演说词中存在的概念功能是如何依靠具体的语义系统得以实现。

纯理功能作为功能语法的核心思想之一，在韩礼德功能语言学理论中占有重要地位。它包括三个方面：概念功能、人际功能和语篇功能。概念功能指的是语言对人们在现实世界（包括内心世界）中的各种经历的表达。换言之，就是反映客观和主观世界中所发生的事、所牵涉的人和物以及与之有关的时间地点等因素。概念功能主要由及物性（transitivity）系统来实现，它是实现概念功能的一个语义系统，是概念功能的核心，。及物性系统可分为六个过程，即：物质过程（material process）、心理过程（mental process）、关系过程（relational process）、行为过程（behavioral process）、言语过程（verbal process）、存在过程（existential process）。韩礼德的及物性系统用小句过程的形式表现语言的概念功能，其作用在于把人们在现实生活中的所见所闻，所作所为分成若干'过程'，即将经验通过语法范畴化，并说明与各种过程有关的

"参加者"（participant）和"环境成分"（circumstantial element）。（胡壮麟，朱永生，张德禄，1989：71）一个小句的及物性是由参与者（participant）、过程（process）和环境（circumstance）等功能成分构成的。"过程"通过小句中的动词体现，参与者由人或物来表现，环境成分在小句中由时间、地点和方式状语来实现。在语言交流中，作者要对及物性系统做连续的选择，用以表达人的外部经历和内心世界，而这一选择通常受到语篇类型和主题的影响。因此，通过及物性的分析，可以探查出语篇的特征，人物性格大的塑造和主题意义的揭示。本文以小句为主要分析单位，从概念功能出发，分析小句中及物性系统中的动词过程类型和措辞类型，观察政治演讲语篇在概念功能的实现方面的特点，揭示语篇的社会意义。

（一）具体分析

《热血、汗水和眼泪》（Blood, Sweat and Tears）二战期间，英法联军惨败，在德国纳粹跨过比利时、丹麦，直逼英国的危急关头，他临危受命，出任英国首相一职，组建新内阁而发表的演讲。

本文按照演说的内容将其分为三部分，即组建内阁、战前地位和重塑信心。以下对于语篇及物性系统的分析也都在这三部分内进行。此语料属于政治演讲，既有社会性又有政治意义，且发生在正式的就职宣誓的场合，所以有别于完全的口头话语。根据韩礼德的观点，功能语法的研究对象以口语为主，这是因为语言系统在口语中发展得更丰富，表现得更充分。首先，讲话时的环境、言语以及非言语的细小变化都会在口语中出现相应的反应，这种反应同时也是语义乃至语法模式的变化，而这一点不可能在书面语中体现出来。其次，虽然口语和书面语都和复杂，但它们的复杂方式不一样：书面语的复杂方式在于它的紧凑性，把词语内容压缩在简洁的语法结构中；口语的复杂性充分利用了语法系统，意义主要由语法而不是词汇表达出来。因为政治演讲属于口语篇的

<<< 第2部分 显性衔接机制研究

一种,所以以小句为单位分析语篇的语义系统既有功能语法的理论基础做支撑,又为探索政治演讲语篇中的及物性系统实现方式和语篇功能的社会意义提供了新的实践方式。可见,位于语法词汇层面的表概念功能的小句及物性系统与位于文化语境层面的演讲语篇体裁应该有直接联系,不同过程句的选择是语言使用者为了实现某种交流目的所做的有意义的选择。本演说共有75个小句,其中共有35处表示物质过程的句子,而又有8句是以丘吉尔本人作为参与者,而且带有明确动作目标的物质过程的句子(物质过程一般由动态动词表示,参与者是逻辑主语,动作目标是逻辑上的直接宾语)。

表4-3 演说第一部分(组建内阁)过程分析

过程类型	数量	第一部分句子总数	百分比
物质过程	16	28	57%
心理过程	3	28	11%
关系过程	8	28	29%
行为过程	0	28	0%
言语过程	0	28	0%
存在过程	0	28	0%

从表4-3看,物质过程最多,关系过程次之,心理过程出现第三,而言语过程、行为过程和存在过程均未出现。物质过程表示做某件事的过程,由客观的动作过程来体现。物质过程表达的是参与者的外部经历,由他在语篇中所占的比例可看出物质过程最能体现人对外部世界的改造,人所从事的社会活动及人的能动性的特点。在16个表示物质过程的句子中,有6个是以丘吉尔本人作为参与者并带有明确动作目标的物质过程句子。具体动词有 receive、complete、submit、complete、suggest、invite,从这些词的分布可看出丘吉尔在组建新内阁的过程中,敢于担当,办事果断,且成效显著,体现了他作为一名伟大政治家的政治

105

才能和领袖风范。其次，有三个关系过程的句子出现在演说开头，为体现丘吉尔的新内阁获得最广泛的群众基础和政党支持做了铺垫，侧面反映了丘吉尔作为新首相的威望和地位。另外，三处心理过程的描写所占比重较小，hope、trust、consider 三个词体现了丘吉尔在组建新内阁中的果断和自信，以及对英国必定战胜德国纳粹统治的坚定信念。

表 4–4　演说第二部分（战前地位）过程分析

过程类型	数量	第二部分句子总数	百分比
物质过程	6	12	50%
心理过程	2	12	17%
关系过程	4	12	33%
行为过程	0	12	0%
言语过程	0	12	0%
存在过程	0	12	0%

此部分虽然篇幅较小，但在语篇中起着承上启下的作用。这个作用由占比重较大的关系过程来体现。关系过程描写对于表现事物所处状态有突出作用。关系过程亦被称为"是"的过程，在句中最能体现关系过程的标志就是系动词"be"。语篇中依次次出现了 is、are、are、is 等系动词表现了丘吉尔对英国在二战前在国际上所处的不利局势做出了精确的分析，并阐明了自己的立场，那就是只有通过战争才能扭转英国被动挨打的局面。此外，两处心理过程描写体现在 think 和 hope 两个动词上，凸显了丘吉尔作为一名政治家在同僚面前人能保持谦虚低调的作风实属不易。

表4-5 演说第三部分（重塑信心）过程分析

过程类型	数量	第三部分句子总数	百分比
物质过程	11	35	31%
心理过程	2	35	6%
关系过程	7	35	20%
行为过程	2	35	6%
言语过程	8	35	23%
存在过程	1	35	3%

首先，据表4-5可知，此部分物质过程仍占较大比重，出现频率最高，分布广泛。物质过程句的使用体现了丘吉尔要直截了当地告诉英国民众英国在战前所面临的严峻局势和在世界反法西斯战争中应有的姿态。这里，wage、war、wage三个行为动词的依次出现再次体现了丘吉尔满怀热情地倡议全英国集中一切人力物力同德国法西斯决战到底，决绝之情溢于言表。其次，言语过程描写与这一部分的主旨最为贴切，比例之大在前两部分是没有出现过的。say、said、ask、answer、claim这些言语动词集中体现了丘吉尔通过正面回答英国民众所关心的问题从而拉近与民众的距离，重新鼓舞了英国人民的士气，对唤起民众的共鸣起到推波助澜的作用。关系过程句的使用也占有一定比例，集中体现在what、is的两次出现，丘吉尔客观讲述了以他为首的新内阁对这场战争所采取的政策和英国必定战胜德国法西斯的必胜信念。最后，心理过程和行为过程分别出现了两次，数量虽少但作用明显，它们的作用体现在feel sure、feel entitle、come、go forward这些动词及动词短语中，且均出现在演讲的结尾。心理过程句是为了再一次表明丘吉尔的坚定立场和必胜信念。行为过程描写是为了把演讲的气氛推向最高潮，真正赢得英国民众的拥护和支持。

表 4-6 演说三个部分六个过程分析总汇

过程类型	物质过程	心理过程	关系过程	行为过程	言语过程	存在过程
第一部分	16	3	8	0	0	0
第二部分	6	2	4	0	0	0
第三部分	11	2	7	2	8	1
过程总计	33	7	19	2	8	1
比例总数	44%	9%	25%	3%	11%	1%

从表 4-6 可以发现，丘吉尔就职演说语篇中过程选择取向为：物质过程和关系过程相对占优势，言语过程和心理过程呈弱化取向，行为过程和言语过程呈重弱化取向。物质过程集中分布在第一部分组建内阁和第三部分重塑信心这两部分，具体的动作过程再现了丘吉尔组建新内阁的果断刚毅的作风和务实高效的工作态度。在论述对德作战的问题时，物质过程句突出了丘吉尔用慷慨激昂的文字激发全英国人民的斗志。关系过程在整个语篇三部分都有涉及，第一部分是为了衬托战时内阁是历史所需人心所向的政府，第二部分用来体现英国在战前内忧外困、形势严峻的局面，第三部分用关系过程阐述了丘吉尔的执政目标和策略。言语过程尤其突出了演讲类语篇的特点，就是用典型的言语类动词激发听众的热情，唤起英国民众的民族忧患意识，一致对外。心理过程的使用最能体现演讲者本人的观点和看法，更容易拉近演讲者和听众的距离，获得听众的信任。行为过程和存在过程由于演讲类语篇的特点所以涉及较少。

通过对及物性系统中六大过程在演讲类语篇中的运用探讨了概念功能的实现过程。以丘吉尔的演讲为例，首先，物质过程动词和关系过程动词使用极多，其他类动词也有使用，但相对来说比较少，这样的使用模式传递了某些特定的意义和信息，并使这些信息前景化，这是出于演讲技巧的安排；其次，丘吉尔严密的逻辑推理和精湛的文学造诣是他成为伟大演讲者的关键因素，本文研究概念功能在演讲语篇中的实现过程就是为了探究及物性作为一个语义系统是如何为语义所服务，从而使语篇更好地契合演讲的主题，实现演讲语篇的社会交际功能。通过语篇分析，可以揭示人们是怎样在特定的社会文化环境中通过语言使用来做事情。因为语言是做事的一种方式。通过分析语言使用，我们也能够看到语言与社会中人与人之间的关系，以及语言与社会体系之间的相互关系和作用。

第 5 章　主位结构的衔接性

　　语篇连贯性在语篇分析中是一个核心问题，语篇衔接和连贯在语篇分析中又是紧密相连的。自从韩礼德和哈桑在 1976 年发表了《衔接》一书，对于衔接和连贯的关系在语篇生成和认知中的重要作用引起了国内外学者的广泛关注。之后，韩礼德和哈桑把衔接概念进行扩展，在《语言、语境和语篇》一书中进一步划分为非结构性衔接和结构性衔接。前者包括指示、替代、省略、连接词和词汇衔接，后者包括信息结构、主位结构和平行结构。他们主要讨论情景语境和文化语境作为非语言因素在构建篇章连贯性中的重要作用，而且也支持连贯是通过语域一致性实现的这一观点。韩礼德在《衔接》中说："语篇是一个在两个方面都连贯的语言片段。在情景语境方面是连贯的，所以具有语域一致性；它自身是连贯的，所以是衔接的。两个条件中的任何一种自身都是不充分的，一种也没有必要蕴含另一种。"（1976：23）可见，一个语篇如果是连贯的，必须同时满足以上两个条件。研究衔接机制只是研究语篇语义连贯的一个方面，语篇连贯性可以从多角度进行分析，如语篇和语境的相互作用，语境中交际者之间的心理互动，还有主述位结构方面。

5.1 主位概念

主述位概念最早追溯到 1844 年，亨利·维尔在《古代说话与现代说话的词序比较》一书中提出，他给出的定义是："信息的出发点，即在说话人和听话人之间传递的最初信息，最终形成了交际双方的共有认识，而会话的另一部分形成了陈述。这个区分在所有的会话中都存在。"（Weil，1879：29）

在众多语言学家中，布拉格学派的代表人马太休斯对主述位理论的贡献最大。他在功能句子观一文中把维尔的观点发展为功能句子观的理论，提出主位的概念。在他看来，一个句子可被划分位主位、述位和连位三部分，其中主位包含两方面内容：第一，主位是信息的出发点，是说话人和听话人已知的，是交际双方信息发展的基础；第二，主位被看作是"话语的基础"，是正在被谈论的内容。述位是说话人所谈论的，与信息出发点相关的部分。连位事实上属于述位，而且发生于边缘位置，位于主位和述位之间的语言成分。他这样定义主位和述位：每个简单句有一个作为话题的开端的主位和由句子其他成分组成的述位，述位体现了作者观点，或者是和话语的开端有关的论述（Mathesius 1942）。之后，大多数学者提出这三个术语可以合并为两个部分，即主位和述位，他们把连位看作是述位的一部分。戴恩斯（1974：24）指出，连位是用来连接主位和述位的成分。

主位通常被放在句子开头，充当了语篇话题的出发点；而述位和语篇的内容有关，是语篇的目标，把作者要传达给读者的特定信息呈现出来。主位指示了已知信息，而数位指示了新信息。从句子成分的声明价值看，述位具有重要作用，因为它交流了新信息；但从篇章结构看，主位更重要,因为在连贯的语篇中,主位暗示的信息表明了篇章的组织架构和逻辑结构。

韩礼德继承了布拉格学派的理论体系,接受了布拉格学派的主述位切分法理论,但他对主述位的划分标准给出了不同解释。他提出信息由两部分构成,一部分是主位,另一部分是述位。主位是信息的出发点,剩余部分是述位,非标记性主位结构是:主位+述位。例如,在 Henry kissed Helen in the park 一句中,信息出发点是小句的开头——henry,所以 Henry 是主位。如果把句子变为:In the park Henry kissed Helen,可以成为主位的成分就是副词短语——in the park。

总之,主位作为信息出发点,被看作是已知信息,而述位是信息的延展和主题,是新信息。因此,在主位结构中,主位位于述位之前;而在信息结构中,如果没有特殊情况,我们可以说处于小句开头的成分就是已知信息,而位于句子后面的成分是新信息。

5.2 主位的确立

5.2.1 短语复合体作为主位

小句中的主位总是被语调所标记,通过一个独立的语调群表达出来。这样的主位出现在以下情况中:第一,副词短语和介词短语;第二,不做主语的名词词组。

如果一个小句的主位由一个结构成分组成,且这个成分是一个名词词组,副词词组或介词词组构成,那么这个名词词组或介词词组就代表主位了。此类主位的常见变体是,如果主位由两个或者多个词组或短语构成,它们构建成一个单独的结构成分,这样的词组复合体或短语复合体就视为名词化的主位。例如：from house to house, I went my way。这句中，from house to house 就是小句的主位。这类主位仍归为简单主位的类别，任何词组复合体或短语复合体构成小句的一个单独结构成分，例如，两个名词词组构成一个名词词组复合体，两个介词短语构成一个介词短语复合体。它们都可以代表小句的主位。

另外，还有一种特殊的主位结构，即两个或多个独立的成分被聚集在一起，它们共同构成小句的主位+述位结构的单独成分。例如：what the duke gave to my aunt was that teapot。这句中，主位是 what the duke gave to my aunt，这种主位仍属于简单主位。这类小句被称为主位对等（cf. Halliday, 1967/8），因为它以等式的方式建立了主位+述位结构，即 theme = rheme。这类能形成主位对等的小句通常是识别类关系过程小句，在一个主位对等小句中，小句的所有要素都被组织为两个成分，这两个成分通过识别关系进行连接，即等号，通常由动词 be 表示。例如：the way she washed her children's faces was this。这句的主位是 the way she washed her children's faces。这类小句中，was 和其他形式的动词 be 作为连接主位和述位的等号，但动词 be 本身被视为述语的一部分。

在主位对等小句中，主位的结构特点被看作是一种名词化，即小句中任何要素都被看作具有名词词组的功能。主位对等模式允许小句的任何部分的分布成为主述位结构。典型例子是名词化充当了主位，因为在主述位结构中，主位是突出的成分。

与名词化结构相反，有一种突出的、标记性的替代结构，这种结构中的主述位关系发生了逆转，名词化变成了述位。例如：that is the one I like。此句中，主位成了代词 that，名词化 the one I like 成了述位。这种结构称作标记的主位对等小句，主要特点是名词化成了述位。

主位对等是识别类关系小句，内部具有主位名词化的特点。这类小句的功能是以一种特定的方式表达主述位结构，即考虑到主位由任何元素的子集构成。主位对等结构事实上实现了两种不同的语义特征：一方面，它识别了主位是什么；另一方面，它识别了主位和述位是等同的。第二种特征附带了一种语义补充——排他性。排他性指的是主位所蕴含的语义具有排他性，即述位代表的成分就满足了主位的语义范围。因此，即使当主位没有延伸至超出一个要素的范围，这种识别结构仍然给信息的意义构筑了一些信息。非标记主位的名词化形式具有排他性，这也同样解释了标记形式，即名词化充当了述位。主位对等通过暗示一种排他性关系给小句的语义进行了补充。一些常见的表达方式都有标记性主位对等结构，包括以 that's what、that's why 开头的所有表达。

5.2.2 主位和语气

小句中能充当主位的要素是什么，答案取决于语气的选择。

主位对等小句中，名词化做主位、名词化做述位和非主位对等的形式（主语做主位）。一个自由主句要么是祈使句，要么是直陈句。如果是直陈句，要么是陈述句，要么是疑问句；如果是疑问句，要么是一般疑问句，要么是特殊疑问句。韩礼德根据句子的语气结构确立了主位和述位，给出了在陈述句、疑问句、感叹句和祈使句中确认主位和述位的具体标准。

在陈述句中，主位的典型类型就是和主语重合，这样的主位被看作是非标记主位，即主位映射在主语上。之前的主位对等小句中，也存在主语和主位重合的情况，如 you are the one I blame for。

在日常交际中，陈述句中最典型的充当非标记主位的成分是第一人称代词。除此之外，其他人称代词，非人称代词、名词词组（以普通名词或专有名词为中心词）和名词化形式，只要它们充当主语，而且可以做主位，就是非标记主位。非标记主位通常是名词短语或代词位于小句的句首，如以 as for、with regard to、about 等开头的短语。其次，普通名词和专有名词最终是名词化成分。

另外一种主位类型，即主语之外的句子成分做主位，被看作是标记主位。标记主位的典型形式是副词短语，如 today、suddenly、somewhat、distractedly 等或介词短语，如 at night、in the corner、without any warning 作为小句的附加语。还有一种情况是：小句中的补语做主位，这种现象不太常见。例如：this responsibility we accept wholly。此句中，主位是 this responsibility，这个名词词组具备成为主语的潜势，但还没有被选做主语，却已经成为主位。

所以，非标记主位包括：人称代词、名词词组和名词化。非标记主位包括副词短语、介词短语和补语。

在感叹句中，主位通常是特殊疑问词加感叹成分或 how 加感叹成分。例如：what a self-opinionated egomaniac that guy is。句中的主位是 what a self-opinionated egomaniac。

在一般疑问句中，这类句子的功能是去提问，从说话人的角度看，提出问题是一种暗示，说明他想被告知答案。事实上，人们基于各种各样的原因去提问并不一定会引发对某种现象的争执，即一个问题的基本意义是要求回答问题。

问题主要有两种类型，一种是说话人想知道的答案属于归一性中肯定和否定的判断。另一种是说话人想知道的是对语境中的一些要素的确认。在归一性疑问句中，句中充当主位的要素是包含归一性表达的要素，主要是限定操作词。在问句中，限定操作词处于主语之前。

在特殊疑问句中，句子的功能是寻找缺失部分的信息，充当主位的要素正是要求这部分信息的要素，即特殊疑问词。特殊疑问词指代的正是缺失信息的本质，如 who、what、when 和 how 等。所以，特殊疑问词总是处于句首，不管在小句的语气结构中它具有什么样的功能，是主语、附加语抑或补语。此外，还涉及一种特殊情况是如果特殊疑问词是名词词组的一部分，主位应该包含整个名词词组。在否定疑问句中，主位不能包含谓语；在肯定疑问句中，主位应该包含谓语。

因此，疑问句在自身的结构构成中包含了主位原则。英语中疑问句中的一个典型特点是一个特定的要素放在句首，归因于问题的本质，因为这个要素具备主位的地位。这个要素的前置是疑问句表达的常规方式。疑问句语气的实现需要选择一个能指示所需要答案的要素，并把它放在句首。

在祈使句中，句子的基本信息要么是命令别人做某事，要么是要求双方一起做某事。一类祈使句的主位可以是主语，但这是标记性的。更常用的是非标记型，即谓语动词做主位。在否定祈使句中，如 don't argue with me，句子的主位是 don't + 其他要素，要么是主语，要么是谓语。在肯定祈使句中，主位是标记性的，如 do take care，句中的主位是 do take，即 do + 谓语。

祈使句是唯一一类频繁使用谓语做主位的小句类型。这在其他类型小句中不是绝对没有的，如把动词放句首使其具备主位的地位。例如：forget it I never shall，此句中主位是 forget。

所以，小句中的哪个要素作为主位取决于语气的选择。如陈述句的非标记主位是做主语的名词词组；一般疑问句的非标记主位是动词词组中的第一个词，即谓语 + 做主语的名词词组；特殊疑问句中，非标记主位是做特殊疑问词的名词词组、副词短语、介词短语；一类祈使句的非标记主位是做谓语的动词词组，否定形式是之前加 don't；二类祈使句的非标记主位是 let's，否定形式是之前加 don't；感叹句的非标记主位是做感叹成分的名词组或副词短语。

另外，陈述句中的标记主位有两种情况，第一种是名词词组或补语做主位，例如：Talent Mr. Micawber has, Capital Mr. Micawber has not，这两句中的主位都是句首第一个词；第二种情况是附加语和介词短语做主位，例如：Until the arrival of that remittance, I am cut off from my home，这两句中的主位是附加语或介词短语。

5.2.3 话题主位、人际主位和语篇主位

概念功能构建了人类经验的集合。过程被构建为三种类型的成分的配置：一是过程本身，二是过程中的参与者，三是任何的环境因素如事件、方式和原因等。

主位结构的指导原则是：主位只包含这些经验要素中的一个，这意味着小句的主位以第一个成分结束，如参与者、环境或过程。我们把这个成分叫作话题主位。小句中还有其他的要素可能处于话题主位之前，这些要素就是语篇主位或人际主位。

语篇主位是连续词、连词和连接附加语按顺序组合成的整体。首先，连续词是一组语篇信号词，如yes、no、well、oh、now等，这些词可以暗示一个新的语步已经开始。其次，连词是把它出现的小句和另一个小句从结构上连接起来的词或短语。从语义上讲，它建立了延展和投射之间的关系。另外，连词和连接附加语有所区别，连接附加语表示和之前的部分建立了语义联系，而连词表示与之前的部分不仅建立了语义关联，而且还有语法联系，连词在语法中构成了一个单独的类别。关系词是把两个小句连接起来的词汇，关系词要么是名词，要么是副词。所以，连词充当了主语、附加语或补语。连词和关系词总结如下（见表5-1与表5-2）。

表5-1 连词

并列的	and, or, nor, either, neither, but, yet, so, then
从属的	When, while, before, after, until, because, if, although, unless, since, that, whether, in order to Even if, in case, supposing, assuming, seeing, given, provided in spite of, in the event that, so that

表 5-2　关系词

限定	Which, who, that, whose, when, where, why, how
非限定	Whatever, whichever, whoever, whosever, whenever, wherever, however

最后，连接附加语包括副词短语或介词短语，作用是把小句和之前的语篇连接起来，连接附加语总是出现在话题主位之前。连接附加语包含的语义空间和连词基本相同。

人际主位是呼格、情态附加语和限定谓语的结合体。首先，呼格泛指任何指代人称的词汇，可能出现在小句的任何位置，如果出于话题主位之前，它就是人际主位。其次，情态附加语是用来表达说话人或作者判断和态度的词汇，不管什么时候，它总出现在话题主位之前。最后，限定谓语是一系列助动词，构建了主要时态和情态。人际主位通常处于话题主位之前，通常是一般疑问句的非标记主位。虽然，人际主位的类型有三种，但多数情况下，在一个小句中只会出现一到两种主位类型，但这三种主位类型都是按照以上的排列顺序构成主位的，它们可以组成一个多项主位，把六种非标记要素按照主位的排列规则罗列在内。

在人际主位和语篇主位的六种构成要素中，连续词和连词属于内在主位化。如果它们出现在小句中，它们会处于句首的位置。从常规意义上说，这些要素都是自然主位：如果说话人或作者在具体解释小句和话语周围的联系方式，或者在小句意义的价值上凸显自身的观点，那么很自然就把这些要素设立为信息出发点。

那些属于内在主位化的要素是连续词和连词。它们从根本上为小句构建了一个背景，或者它们把小句和其他小句定位在一个特定的逻辑语义关系上。

同样的，因为这些要素被默认为主位化的，当其中之一出现在句中，它并不能涵盖它所在小句全部的主位潜势。我们可以参照标记主位的概念来阐明这一点。如在一个连续词或连词之后，仍然有可能引出一个标记话题主位，但当小句中出现内在主位化的要素时，标记主位就显得相对不那么频繁出现了。

而那些具有特征主位化的词汇主要包括连接附加语、呼格、情态附加语和限定谓语。首先，连接附加语，正如之前提及的，和连词包含的语义空间基本相同。但是连词把它所在的小句和另外的小句建立了一种语法关系，另外的小句可能在它之前或之后。而连接附加语所构建的关系尽管语义衔接，但不是结构性的，它只能和它之前的信息产生联系。这些语义附加语通常是主位化的，但也不尽然。例如，在 therefore the plan was abandoned 一句中，therefore 是语篇主位，但在 the plan was therefore abandoned 一句中，therefore 却成了述位。因此，主述位分析有助于我们解释同族小句之间的意义差异现象。

同样的现象也会出现在人际要素中。如果小句中有一个呼格或情态附加语，它们可能是主位化的。也就是说，这些词汇是具有对话特征的，指示了说话人可能在引起听者的注意，或者根据手头的事情表达自身的观点，不管是可能性还是可取性。因此，这些词汇倾向于被用作针对对话中特定语步的关键指示词。但如果其中一个要素转换为述位中的某一个位置，那么小句意义的区别就显而易见了。当特征主位词汇中的任何一个词出现在主位上，那么这个词的后面仍有可能出现一个标记话题主位。unfortunately protein you can't store 一句中，unfortunately 是人际主位，而 protein 是标记话题主位。这说明了概念成分更在人际附加语后仍然带有主位地位。可见，一个常见的非标记主位在同等条件下就是非标记话题主位。

通过分析这些主位类型的不同变体，我们可以总结出：（1）英语小句的初始位置在构建小句信息的过程中是有意义的，尤其是它就有主位的功能；（2）特定的语篇成分把小句定位在语篇内，不管是修辞的还是逻辑的，都是内在主位化的；（3）特定的其他成分，如语篇的和人际的，只要和它之前的部分建立起语义联系，或者表达了说话人的视角，就是特征主位化，这包括限定谓语；（4）这些内在的或特征的主位成分处于小句的概念结构之外，它们没有像参与者、环境或过程的地位，（5）直到这些成分出现之后，小句在经验领域中缺乏根基，这就完成了信息的主位基础。我们可以更准确地确认主位：小句的主位从句子开始延伸到并且包括具有经验功能的第一个成分——参与者、环境或过程，之后的成分都构成述位。

另外，还有一类特征主位成分就是特殊疑问词。特殊疑问词被当作非标记主位存在于特殊疑问句中。现在，我们把特殊疑问词看作具有一个双重的主位价值：它们同时具有人际和话题主位的潜势。具有人际功能是因为它们构建了语气，具有话题功能是因为它们代表了参与者和环境。需要注意的是，是特殊疑问词所在的词组或短语具备这样的地位，而不是特殊疑问词本身。例如：to what extent is The Snow Leopard a shaped creation？此句中，to what extent 是人际主位。

特殊疑问词还可充当关系词，标记一个关系从句。特殊关系词也属于特征主位化的词汇，它们所在的短语或词组是关系从句的非标记主位，它们把话题和非话题功能结合起来，如 the book is faithful to the time in which it took place 一句中，in which 作为它引导的定语从句的语篇主位。

因此，所有的特殊疑问短语或词组具有这样的双重职能：一方面，作为经验结构的一个成分；另一方面，作为小句特殊身份的标记，疑问和关联的标记。疑问和关联这两种价值本身联系紧密，非限定性关联词阐明了二者之间的过渡状态。

特殊疑问词被包含在一类"WH"和"TH"形式的词当中，这类词共同实现了一种指示的或者指明功能。例如：i saw the one, the one which I saw。前一句表达一种"TH"指示类别,即说话人可以明确指出看到的事物,用this that 等"TH"类代词表示。后一句是一个不规则类型,即说话人本身并不能确认看到的事物,而是通过另一个事实进行确认,所以用到了一个替代的关系从句:the one that I saw。

我们可以总结为所有指示性的成分都是特征主位词汇。这个原理也适用于词组类,如动词和名词词组。我们建议主述位结构与其说是捆绑在一起的句子成分的配置,不如说是贯穿小句的一个语步。同时,在主述位之间有一个显著的特征,它倾向于给主述位划分一个清晰的界限,即信息结构。

5.2.4 信息单位:已知信息+新信息

语篇内部组织在一起,同时和情景语境相联系就是连贯的语篇。构建语篇的资源分为两类:一是结构,二是衔接。前者意味着语法在小句复合体的层面构建了结构单位,然后语法终结于此。尽管语法在这结束,但语义没有结束:语篇是基本的语义单位,语篇可以是小说、史诗或者专著。所以语法为组织连贯的语篇提供了其他非结构性资源,包括创造句子之间的语义关联,甚至句子内部之间连接良好的语义关联。

在小句复合体之下,语法通过结构手段组织了语篇的语流。这里有两种相关的系统在运作。一种是小句系统,即主位。主位系统在信息的掩盖下构建了小句,形式是主位+述位。另一种是信息系统,这不是小句的系统,而是独立的语法单位——信息单位。信息单位是一个和小句平行的单位,其他单位归属于同一级别的小句。

因为信息单位和小句是平行关系,所以它根据和小句关联度的不同而产生不同的变化,而且可能延伸出一个小句的界限,也可能小于小句的范围;但是在非标记的情况下,它和小句是同延关系。

语调群被看作英语音系学中的一个单位,它的功能是实现量子信

121

息，语篇中的量子信息叫作信息单位。口语展开而成为一系列的信息单位，并前后相连，不会间断。

一个信息单位不是和语法中的任何单位完全相一致。最近的语法单位是小句，我们可以把小句看作非标记的缺省条件。其他成分均等的情况下，一个信息单位和一个小句将是同延关系。但其他成分通常并不是均等的，原因是这个信息单位将会在下一个部分出现。因此，一个单独的小句可能会投射到两到三个信息单位上，或者一个信息单位投射到两到三个小句中。此外，信息单位和小句的界限可能重合，一个信息单位可能覆盖1.5个小句。所以信息单位作为一个成分必须建立起来。同时，信息单位和小句成分的关系绝不是随意的，那些交叉的界限可以清楚地标记出来。所以这两个成分的结构，即信息的和小句的，是紧密相连的。

信息单位顾名思义就是一个单位的信息。信息是已知的或可预测和新信息或不可预测之间的冲突。这是新信息和已知信息之间的相互作用生成了语言学意义上的信息。因此，信息单位是一个由两个功能，即新信息和已知信息组成的结构。

在理想形式中，每个信息单位由一个已知要素和一个新要素构成。但这里有两个信息出发的条件：一个是语篇必须从某一点开始，所以就有了语篇启动的单位，它们由一个新要素组成；另一个是已知要素本质上很可能是前后照应的，指代一些已经在动词或非动词语境中出现的事物，而且实现照应的方法之一是通过省略，即一个语法形式其内部的特征没有在结构中得以实现。从结构上我们可以说，一个信息单位由一个强制的新要素和一个可选的已知要素构成。

这种结构的实现方式本质上是自然的，从两个层面看：第一，新信息是通过突出进行标记；第二，已知信息总是位于新信息之前。这两个特征可以分别讨论：

首先,每个信息单位作为一个音高曲线或音调得以实现,音调可以是下降、上升或价差进行的。这个音高曲线延伸出整个语调群。在语调群内部,一个步调(语调群第一个音节)控制了主要的音高变化或音高的变化方向。这个特征被看作是音调突出,而具有这个突出的要素是语调音节。我们用一种平面突出的形式来指明音调突出,如用印刷黑体或给手稿和打印稿加波浪下划线。具有这种音调突出的成分具有了信息焦点。

其次,语调音节规定了新信息的顶点:它标记了新信息结束的位置。在典型的例子中,新信息的顶点将会是小句中信息单位的最后一个功能成分。正如前文所指出的,这种典型的信息要素序列就是已知信息,新信息跟在其后。但是鉴于新信息的结尾被音调突出标记了,它的开头就无法标记了,所以在信息单位中就存在了不确定性。如果从语境中取一个例子,我们可以说语调音节在新信息达到了顶点。但我们无法从音系的角度找出在信息要素序列中是否有第一已知要素,以及知道新信息和已知信息的界限在哪。

I will tell you about silver. It **needs** to have love.

I will tell you what silver **needs**. It **needs** to have love.

在第一个例句中,needs 一词在音调上是突出的,说明这个词是新信息的开端;而在第二个例句中,needs 一词是后接发音语步的一部分,反映了在这个情况下它是已知信息,这在前一个小句中已经提及过。但并不是说没有音调的突出就可以判断所有的要素都是已知信息。

If you suggest	It is beautiful	they see	it as beautiful.
New	Given		

此句中,suggest 和 see 都是新信息,you 和 they 也是新信息,并不是因为它们之前没有被提及,而是因为它们之间是对比的关系。但 It is beautiful 这句是已知信息。句中两次出现的 beautiful 都是重读音节，这就说明到了一个事实，这两个词回指了前一句出现的问题：isn't that beautiful。这个例子就是标记性的信息焦点。

现在我们对新信息和已知信息的含义就更清楚了，有一个重要变量是：由说话人提出的信息对听话人而言是可收回的，就是已知信息；如果是不可收回的，就是新信息。之说以被看作可收回信息，是因为它在之前被提及过，但这也不是唯一的可能性。如情景中的事物、空气中的事物，或者是说话人出于修辞目的有意要陈述为已知信息的事物。同理，被称作不可收回的信息可能是还没有提到的，或者可能是出乎意料的事物，不管之前是否提过。对话中频繁出现的新信息形式是对比强调，如上一句中的 you 和 they。

还有一些语言成分它们属于内在的已知信息，从某种意义上说它们是不可解释的，除了参照一些之前提及的信息或情境中的某些特征：后照应信息和指示信息。通常这两类信息不具备信息焦点的功能，如果具备了，它们是对比性的。所以当我们说对于任何信息单位，非标记结构都是把信息焦点放在了句子的最后一个要素上，当然排除掉那些内在的已知信息。

5.2.5 已知信息和新信息

信息系统和主位系统之间有着密切的语义联系：信息结构和主谓结构之间。这一点可以从二者之间的非标记关系反映出来。其他情况均等，一个信息单位和一个小句是同延关系，在这种情况下，已知信息和新信息的顺序意味着主位划入到已知信息，而新信息划入到述位行列。

尽管二者相联系，但已知信息 + 新信息和主位 + 述位不是完全相同的。主位是说话人选择信息的出发点。已知信息是听者已经知道的，或者听者能够了解到的。主位 + 述位是说话人主导的，而已知信息 + 新信息是听者主导的。

但二者都是说话人选择的,是说话人分配了两种结构,把一方映射到另一方来给语篇带来一种复合的语篇性,从而把语篇和环境联系起来。在语篇过程中的任何一点,都会建立起丰富的动词和非动词环境来引起下文,说话人的选择是和语篇所表达的背景以及已经发生的情节相悖的。环境通常会创造适宜的情况把非标记主位模式并入已知信息,把新信息并入述位。

在既定的情境中或在一组语境条件下,说话人可以探索场合所规定的潜势,使用主位和信息结构去制造一系列显著的修辞效果。可以说,说话人可以操控主位系统。语言学中一个常见的游戏类型是使用这两个系统来实现一种复杂的特效,如贬低某人、让人感到内疚等。

A: Are you coming back into circulation?

B: I didn't know I was out.

A: I haven't seen you for ages.

说话人 A 开启了话题。第一句中主位是 are you,主位是信息出发点,说明说话人 A 通过疑问句想知道对方的情况,希望对方叙述一下自己,并做出肯定或否定回答;into circulation 是已知信息,新信息落在 back 一词上,暗示了说话人 B 已经淡出交际圈子很久了,说话人 A 希望对方做出解释。

说话人 B 意识到说话人 A 在攻击自己,所以用一种轻微的讽刺来防卫自己。第二句中主位是 I didn't know,它是 in my estimation + 否定的人际隐喻形式;out 一词和 back 形成对比,是新信息,说话人 B 反驳说话人 A:"我并没有离开很远,你是错的。"

说话人 A 继续反驳说话人 B。第三句的主位是 I,表示我坚持我的观点;信息结构中 seen 是新信息,haven't seen 和第一句中的 you were out of circulation 是照应关系;for ages 作为已知信息,回指了 into circu-

125

lation，暗示了时间的周期性。

因此，分析对话的主述位结构和信息结构，可以清楚看到主位和信息结构是如何互相影响的，并生成了小句的修辞要点。

5.3 主位的分类

韩礼德从功能语法的角度把主位划分为单项主位、多重主位、句项主位和谓语主位。单项主位指那些仅包含概念成分，而没有人际成分和语篇成分的主位。基本上，名词短语、介词短语和动词词组都可看作主位的成分，它们的数量可以是一个或多个。句项主位通常仅由概念成分构成，属于单项主位的范畴。尽管把它划分为独立的一类主位，它仍属于概念成分的范畴，只不过主位是由一个句子构成的（复合句或主从句），而且做主位的句子本身还包括一个主位结构。复项主位由多重语义成分组成，这些成分体现了概念关系、人际关系和语篇关系。这些语义成分可以按照语篇主位、人际主位和话题主位的顺序体现出来，但如果只有一种出现在多项主位中也是可以的。小句的成分以主位化的趋势呈现出来，如连接附加语、情态附加语、连词和关系词。谓语主位是一种以"it + be + ..."为主要形式的主位结构，通常叫作分裂句。这类结构的出现和语调群有直接关系，语调群对信息结构的划分有重要作用。主位和述位的确定和新信息和已知信息是一致的，使用这种结构目的是为了反映说话人的交际意图，把一些重要信息投射到小句的开头。尽管位于开头的成分对于听者是陌生的，而且也不是小句的真正主位。

除了以上基于成分结构对主位结构的划分，主位还可划分位非标记性主位和标记性主位。非标记性主位指的是主位投射到句子的主语上，而标记性主位指的是主语之外的成分做了主位。没有特殊原因，非标记性主位通常作为话语的起点,但如果为了强调某一特定成分,交际者很可能选择标记性主位。

5.3.1 多重主位

之前我们讨论了小句的主位可以由一个以及以上的词组或短语构成,如主位对等结构,这些都属于单项主位,因为它们在小句中形成了一个单独的成分。

其次,有些成分趋向于主位化,如连接附加语和情态附加语,以及连词和关系词。因为这些成分的主位地位是内化的,也可以说一定程度上是变弱的,它们不会完全占据小句的主位潜势。只要没有完全占据,这意味着小句中的下一个成分也是主位的一部分。这样,复项主位就产生了。

为了阐明这一点,我们需要进一步分析小句的主位。为了在例句中准确找出非标记主位,我们必须参照主语、补语和修饰语的结构功能,参照语气系统实现的数字,因为语气系统使小句成了人际交流的工具。论及如何明确主位结束的位置,关键是参照及物性系统。及物性系统使得小句具有了描写功能。

在及物性系统中,小句作为描写的角色,根据发生在人类内部和外部的过程,构建了人类经验的模型。现在,过程依据三个成分被语法构建起来,三个成分是:过程本身、过程的参与者和任何环境因素。和主位结构相关的原则是:主位总是包含唯一一个经验成分。这意味着小句的主位以第一个经验成分结束,可以是参与者、环境或过程。鉴于主位功能中的参与者和话题密切相关,我们把主位中的经验成分叫作话题主位,可见,话题主位是从及物性角度划分的。

现在我们知道为什么一个主语、修饰语或补语跟在特征主位后仍然是主位的一部分,因为连接附加语和情态附加语属于经验结构之外的成分，它们没有参与者、环境和过程的地位。

  小句作为信息的导向，由主位和述位两部分构成。主位总是第一个出现，它可以作为一个标签告诉我们小句的首要位置所附带的意义。但是把小句第一个成分看做主位的方法应该进一步改进，主位从小句的开头延伸到具有及物性功能的第一个成分。这个成分之前提到过，叫话题主位，所以小句的主位由话题主位和它之前的任何成分构成。

  那么我们需要进一步讨论话题主位之前可以有些什么。我们已经指明了连词和连接附加语、情态附加语以及动词词组中表达限定关系的限定谓语，特殊疑问词不属于这一类，因为带有特殊疑问词的成分总是作为参与和或环境成分出现，因此，它只能作为话题主位。因此我们可以总结为：主位总是包含一个也是唯一一个经验成分。话题主位之前的成分叫作语篇主位和人际主位。所以复项主位的顺序为语篇主位、人际主位和话题主位。在任何情况下，话题主位都处于最后，它之后的都是述位。

5.3.2 句项主位

  目前为止，我们把主述位单纯的看作是小句内部的一个结构，这个结构的成分因此是小句的组成部分，这一点基本上没有问题。但同时我们发现，主位结构出现在语言系统中不同的结构中，通过小句之上和小句之下的情况体现出来。

  在小句之下的，动词词组和名词词组把主位原则并入它们自身的结构中，这一点尤其以疑问句最为明显，疑问句中的特殊疑问词或限定动词的起始位置是在主位基础上进行解释的。小句之上的，同样的原理可以解释书面语篇中的段落组织情况。一个段落的主题句只不过是它的主位。

  为了标记小句复合体的主位组织情况，我们可以简要分析一个比小句稍复杂的结构。鉴于目前的研究目的，我们只需研究一种类型的复杂结构，即支配小句+加修饰小句。在这一类型的小句复合体中，句子成分的常规顺序是支配小句后面接修饰小句。但这个顺序颠倒过来也是成立的，把修饰小句放在前面，如果采用这种顺序，那么动机就是主位。例如：if you don't like that teapot, give it away。这个小句复合体就是把修饰小句放在了前面，这样做的目的是为了把对茶壶的厌恶主位化或前置化。为了突出这种厌恶的情绪，我们可以把这种小句复合体和一个关系过程小句连接在一起就成了：what the duke gives to my aunt will be that teapot，它是"if the duke gives anything to my aunt, it will be that teapot"这一规则表达的变体，也是前面讲过的主位对等小句。这个小句复合体的主位就是主从关系小句主位，即 what the duke gives to my aunt，也就是小句的主语部分。而规则表达的小句复合体的主位就是以标点符号为界限，把主述位分开，所以这句的主位就是从句部分 if the duke gives anything to my aunt。

　　另外还需要注意的是，在这两个构成小句中，它们分别有自己的主位结构，如下有所示：

If	winter	Comes,	Can	Spring	Be far behind？
	Theme 1		Rheme 1		
Textual	Topical		finite	Topical	
Theme 2		Rehme 2		Themes 3	Rheme 3

　　还有一种特殊的情况：小句本身就是主位，这种现象就是语法隐喻。它指的是一种类型的小句通过隐喻化的方式表述为另一个小句，或者更准确地说，一个语义配置，它可以通过一种小句合适地表达出来，但现在通过另一个小句隐喻性地表达出来了。之前出现的主位对等小句就属于这一类型。例如，what the duke gave my aunt was that teapot 就是

the duke gave my aunt that teapot 这一句的语法隐喻形式。语法隐喻是一种关系过程小句，这种小句成为语法隐喻形式的原因是：小句的功能可以使主述位结构按照说话人的要求存在。语法隐喻形式事实上和非语法隐喻形式并不是近义关系，有一些语义特征可以把二者区别开来。

  关系过程小句表达的是经验类的语法隐喻，隐喻过程发生在概念成分中。语法隐喻也可以发生在人际成分中，这个过程有时和主位的选择有关系。例如：I don't believe that pudding ever will be cooked。此句说话人要表达"在我看来……不可能"的情态，以支配小句 I don't believe 开头，而命题 that pudding ever will be cooked 以修饰性的从属小句表达。如何区别一个小句是否是情态隐喻形式，可以通过给小句加标签的方式进行判断。如上面的例句可以改为：I don't believe that pudding ever will be cooked, will it? 标签就是给小句加一个反义疑问句，动词应该和命题部分的谓语保持一致，而不是和前面的支配小句一致，支配小句是作为人际主位存在的。带有语法隐喻的小句主位划分情况如下：

I	don't believe	that pudding	ever will be cooked
Theme 2	Rheme 2	Theme 3	Rheme 3
Interpersonal themed		Topical theme	
Theme1		Rheme1	

  从表格可以看出，带有语法隐喻的小句复合体主位的划分也存在两种情况：第一，根据语法隐喻划分，把人际主位和话题主卧找出，从而确定整个小句的主位 theme 1；第二，以人际隐喻为界，把小句复合体分成支配主位和修饰从句两个部分，在给两个小句分别划分各自的主位。

5.3.3 述位性主位

  有一类语法资源作为信息，突出地体现在小句的组织结构中。这个系统就是述位性主位，它涉及了一种特殊的主位和信息选择的结合。如 it was Jane that started it，句子的主位是动词 was 后面的成分。小句中的任何带有概念功能的成分都可以用谓词标记出来。例如，之前举到的句项主位中的句子：the duke gave my aunt that teapot，此句可以改写为：It was the duke who gave my aunt that teapot，或 it was my aunt the duke gave the teapot，或 it was the teapot the duke gave my aunt。这三个句子都属于规则表达的述位性主位形式，原句的主位是 the duke，但在后面三个句子中，主位分别为 the duke、my aunt 和 the teapot 三个不同的成分。述位性主位系统类似于主位的识别系统，因为它真正确认了一个成分在小句中是无法替代的。主位的述位系统和主位识别系统都是对等结构。二者的区别体现在：

It wasn't the job that was getting me down.（述位类）

The job wasn't getting me down.（识别类）

The job wasn't what was getting me down.（识别类）

What was getting me down wasn't the job.（识别类）

其中，第一个小句的三个变体缺乏对等特征：没有任何成分可以成为角色的独特替代者。识别类和述位类形式具有对等的特征，但它们在主位的选择，在主述位结构和已知信息与新信息的投射关系上存在差异。

在识别类中，the job 要么是主述位，要么是主位，如果是主位，具有标记的信息地位。换句话说，选择 the job 做主位的代价是这个词变成了明显的前景化信息，正如它在第二句的规则表达中的作用是一样的，它具有"引起听者注意，或者和预期相反"之意。

在述位类中，the job 保留了它的主位地位，但是这个词同样在不带有附加前景化的前提下保留了信息焦点：主位和新信息的融合是它的常规特征。从意义上讲是对比性的，因为这种唯一的对等。正是这种新信息和主位的投射让述位性主位就有了独特的风格。

It is Sweden that they come from.

Sweden is wherethey come from.

这组句子中，第一句是述位化主位表达，即强调句。两句是对比关系：第一句主位是 It is Sweden，第二句主位是 Sweden。但作者使用述位性主位可以暗示读者他要表达的真正意图。因为话题突出在书面语中并没有进行标记，所以述位性主位具有一种引导读者按照作者的意图来解释信息结构的附加功能。

如果一个结构表面上像述位性主位，但事实上不是，这就涉及后置问题，即作为主语的名词词组可能被后置了，放到了句末，而相应的代词插入到它的位置作为一个替代。例如：they don't make sense, these instructions。此句中，真正的主语是 these instructions，但现在被后置了，它被代词 they 替代。现在句子的主位是位于主语位置的词 they，而后置的名词词组作为事后的想法，通过一个微语调得以实现。

这类小句有一个常见类型是后置的主语是一个嵌入式的事实小句，那么替代它的代词通常是 it。例如：It helps a lot to be able to speak the language, I don't like it that you always look so tired。第一句中真正的主语是 to be able to speak the language，替代词是 it；第二句中真正的主语是 you always look so tired，替代词是 it。

另外，如果这类句子中，后置的事实小句是由 that 引出的，而且主句有动词 be 和名词词组，那么这个句子就类似于述位性主位，如 it was a mistake that the school was closed down，但这种句子并不是述位性主位小句。

5.3.4 限制句、微型句和省略句中的主位

尽管把连词和关系词看作结构性主位，我们建议这些小句具有明显

的主谓结构。

几乎所有的主要小句类别都有主位结构，因为所有的小句都表达语气和及物性，不管是从属的还是独立的。但正如我们所看到的，主位的自由度是有等级的：在自由陈述句中，说话人可以自由选择主位，在其他成分均等的情况下，他可以把主位投射到主语上，但这只是非标记性选择。而另一种主位将会远离这种最开放式的小句形式，主位的选择越是收到语法其他成分的结构限制，这种压力本身就是主位的起源。

在一般疑问和祈使句中，受限制的小句明显地体现出主位原则决定了小句的主位是什么，只留下一个高度标记性的备选项。

然而，我们已经看到一个补偿性原则在起作用了。如果小句的开头成分是固定的，那么之后的成分将保留主位特征。如果小句开头的成分不是主位表达，而是语法其他层面的表达，那么之后出现的成分仍然是主位的一部分。

在一个宏观的语篇当中，每一个小句的主位的选择看起来似乎是偶然的，实际上不是。小句主位的选择在语篇的组织构建当中扮演了重要角色。是主位结构组成了语篇发展模式，在这个过程中，独立句的主位结构起到了重要作用。

其一，限定性从句。如果从句是限定性的，通常由连词和特殊疑问词引导，这类句子通常有一个连词作为结构主位，如 because、that、whether 等连词之后跟话题主位。如果从句以特殊疑问词开头，同时疑问词所在的部分构成了话题主位。例如：I asked why no one was around。此句中，why 做话题主位，之后的部分是述位。这样划分的原因是特殊疑问词在小句的及物性结构中有一定的功能。如果是非限制性的，就可能有一个连词或介词做为结构主位，之后跟了主语做话题主位；但很多非限定性从句既没有结构主位也没有话题主位，它们本身只能做述位。例如：with all the doors being locked。此句中，介词 with 做结构主位，后面的 all the doors 是话题主位。

其二，嵌入式从句。有些从句是在一个名词词组内部发生作用，如限定性定语从句：the man who came to dinner，all personnel requiring travel permits。这些句子的主位结构和那些从属分句相同，但由于它们的等级较低，它们不算做句子的成分，它们对语篇的主位贡献也微乎其微，甚至可以被忽略。

其三，微型句。有些句子既没有语气和及物性结构，也没有主位结构，通常只作为问候、感叹、警告而存在，同样也不算小句，因为它们没有独立语言的功能。

其四，省略句。省略句有两种类型：一种是回指省略，即句子中的一些成分已在前文中进行了预设，如表达对问题回应方式的句子，表达方式是多样的，有一些和微型句很难区分，而另一些只是预设前文部分的内容，因此有自己的主位结构；另一种是外指省略，这种类型的句子，小句并没有预设之前出现的任何成分，只是利用了情景中的修辞结构，尤其是说话人和听话人的角色关系。因此，小句的主语和谓语动词通过语境可以被理解。这类小句事实上有主位结构，但它本身只能构成述位，因为主位是被省略掉的部分。

5.3.5　主位结构衔接性分析

Apart from a need to create his own identity (T1), having been well and truly trained and educated, and indeed, used by his father for so long, emotionally and practically, Robert (T2) felt that at twenty the last thing he wanted to do (T3) was to join a family firm up in Newcastle, in however important a position. He (T4) must felt that he (T5) was being forced into a corner. This (T6) was it, forever, a lifetime's occupation. And he'd (T7) better be duly grateful for what his father and his father's friends were doing for him.

For allhis integrity and high principles (T8), Robert pulled a slightly fast one over his father and business partners. He (T9) did eventually get permission, however reluctantly (T10) it was given, from his father and partner to have leave of absence from the Newcastle locomotive works, telling them that he (T11)'d designed a contract for only one year. It was only after his departure (T12) that they discovered that in fact he'd (T13) signed on for three years. It was no doubt fear (T14) that he'd never get away (T15), rather than deceit, which made him mislead them.

A slight felling of fear of his father, mixed with awe (T16), comes through many of his letters. George (T17) finally realized that his son (T18) wanted to go off and stretch his wings in a new country and there (T19) was nothing more than he could do about it, no further inducements he could offer. As it (T20) was only for a year, so he (T21) thought, he (T22) might as well make the best of it, though it (T23) couldn't have come at a worse time, with the Darlington and Liverpool lines now both under way and though he (T24) had personally been very hurt and saddened by his son's decision.

In a letter written to Longridge on 7 June, eleven days before Robert's departure, George (T25) sounds distinctly miserable, even bitter, though trying hard to hide it, at the prospect of travelling to Liverpool in time to see Robert off. "I (T26) am a little more cheerful tonight as I (T27) have quite come to a conclusion that there (T28) is nothing for me but hard work in this world, therefore (T29) I may as well be cheerful as not."

After he (T30) arrived in Liverpool and met up with Robert to bid him farewell, George (T31) wrote to Longridge, this time on 15 June, saying what a pleasure （T32） it had been to see Robert again. He （T33） describes the smart dinner parties that he and Robert have been to together.

在这个语篇中，有五个段落，前两段都是 Robert 作为支配主位，所以两个段落中的中心话题就是围绕 Robert 展开。第一段中 T2、T4、T5、T7 都是由 he 做小句主位，引出了 Robert 在 20 年的时间里被父亲支配他的生活，引出了一系列的经历：被迫到家族企业工作，按照父亲的意愿担任一个在别人看来很理想的职位。他感觉自己被逼到了极限，但他还要对父亲心怀感激，所以他的需要和原则自然而然作为主位开始了第二段的新信息。在第二段中，主要内容围绕罗伯特的原则和需要开始，T8、T9、T11、T12、T13 仍然是 Robert 做小句主位，引出了罗伯特为实现自己理想而做出的努力。他欺骗了父亲，假借请假的名义偷偷离开了公司，并告知他们他和另一个公司签订了一年的合同，但在他离开后，父亲乔治才发现儿子签订的是三年的合同。这里出现了唯一的一个人际主位：no doubt，这个主位引出了一个重要信息点，即父亲明白了他不是出于逃避而离开，而是去实现自己的梦想，同时父亲体会到罗伯特被束缚的恐惧和压力，这为之后父亲理解儿子的梦想埋下伏笔。前两段基本大量出现了人称代词做主位的特点，这体现了语篇信息构成的一些特点，使得话题集中在一个人身上，一个段落完全围绕一个人展开，使段落的主题明确突出，情节的衔接性增强。

该语篇的后三段是 Geogre 做支配主位，可知后三段的情节围绕乔治的感受而展开。第三段的第一个主位 A slight felling of fear of his father, mixed with awe 和上一段的 no doubt fear 形成了衔接，这里再次以儿子对父亲的害怕和敬畏作为信息的开头，使信息发展自然进入父亲的内心活动的描写。父亲理解了儿子去国外的原因，儿子已羽翼丰满，可以到外面打拼了，他没有任何可以阻拦的理由了。T20 和 T23 是衔接关系，it 都指代了 son's departure，这两句的述位都描写了儿子的离开对父亲心理产生的影响，也使信息发展进入一个关键的节点：父亲同样没有逃避和儿子之间存在的问题，而是希望利用这一年的时间修复和儿子的关系。同时，儿子离开的也让父亲很为难，因为他的公司正在为达灵顿和利物浦之间的铁路线修建机车，所以父亲内心十分矛盾。T21、T22、T24 都是 he 做主位，形同的主位引出了父亲一系列的内心感受和行为。

第四段开头，主位是 In a letter written to Longridge，这里提及了一些新信息，就是父亲写的信和一个人的名字，所以后面的主位都是围绕信而展开。T25、T26、T27、T29 都是以 he 开始，述位描写了父亲信中写道的内容：自己盼望为儿子送行，并且提到了自身的工作问题。

第五段，主位仍然集中在父亲身上，T30、T31 和 T33 都是 he，所以此段的信息表述仍以父亲为观察点，这一段和上一段都出现了 Liverpool 一词，二者形成衔接链，信息上也前后连贯，之前讲到父亲盼望去利物浦为儿子送行，这一段父亲去了利物浦，真正见到了儿子并和他告别。之后父亲又写信叙述了见到儿子后，他们之间发生的事情。

小句或小句复合体的主位结构在语篇的发展中是最有影响力的因素。主位为述位信息的表达营造了一个环境，述位通过多种多样的小句把主人公的心理活动和行为经历连贯性的叙述出来。

5.4 主位推进理论的发展

韩礼德所设想的语篇功能是在语义层中，把语言成分组织成为语篇的功能，通过主位结构、信息结构和衔接这三种方式得以体现。主位结构理论是韩礼德系统功能语法中对语篇的微观分析的核心部分。小句被看成是一个信息点，主位则是谈论的对象，是小句信息的出发点，是出现在小句句首的成分，而述位是围绕主位说的话。在《功能语法导论》

中，主位结构被看作是小句的语义结构，因此，韩礼德总是在小句的层面上讨论主位和述位的切分及其与信息结构的关系。但这种做法在语篇层面是有局限性的。在一个独立的句子中，主述位是已确定的，不再变化。但语篇是若干个句子的集合，其前后句子的主述位间则存在着变化，在形式和意义上相互联系。这种主述位间的联系和变化就是推进。随着各句主位的向前推进，整个语篇逐步展开，形成一个表达完整的意义整体。

从语篇分析的角度，只关注小句的主位结构是远远不够的，真正重要的是理解整个语篇的主位是如何发展推进的，进而影响信息的流通的（杨斐翡，2001）。当一个小句是独立句，其主位和述位是不变的，然而在由多个小句构成的语篇中，每个小句的主位都是向前推进的，因此整个语篇同样向前发展。在语篇的整个推进过程中，相邻小句的主位和述位、主位和主位、述位和述位之间会产生一定的联系和变化，这种联系和变化被称作主位推进（Thompson, 1996）。这种动态的变化和发展对语篇的信息推进产生影响，即已知信息引出新信息，这个新信息又会成为下一个小句的已知信息，如此循环往复，这样的过程就是连续的推进过程。这种基于信息排列价值的动态的推进会导致信息流的发展，从而推进语篇意义的连贯表达（杨斐翡，2001）。作为语篇谋篇功能的一个重要方面，主位推进模式影响着行文的结构和整体的衔接和连贯方式。研究主位推进关系，有利于对语言本身进行科学的描写。

主位推进的模式最早由布拉格学派的戴恩斯提出，他认为篇章的主位结构指的是主位的连接和排列，相互的关联和层次，以及跟段落、整个语篇和情景的关系。戴恩斯（1974）在大量语篇分析的基础上，总结了五种主位推进模式：简单线性推进、主位同一型、派生主位型、分裂主位型和跳跃型。前三种是最常见的推进模式，而且给之后的语篇分析带来巨大影响。他把语篇中所有这些复杂的主位关系称作主位推进。如果说主位体现了说话人或语篇作者意欲传达的特定信息，那么主位推进模式则揭示了说话人表达这些相关信息的方式和途径，或者说揭示了语篇作者的写作思路和表达意图。

他给主位推进理论是这样下定义的："……话语主位的选择和排列，它们相互的并置和等级，以及它们和更大语篇单位中的超级主位之间的关系，和整个语篇、语言情景之间的关系。主位推进可被看作语篇情节的框架。"（戴恩斯，1974：114）所以，戴恩斯最早提出了主位推进理论。根据他的观点，主位推进指的是语篇中主位和述位的复杂关系。此理论涉及主位从那开始的，它是如何与同一语篇中的其他主位和述位联系起来的。

从语篇分析的角度看，只关注小句中的主位结构是远远不够的，更重要的是找出整个语篇中的主位是如何推进的，以及它们之间的关系是如何影响信息的发展的。当一个小句单独存在时，主位和述位是不变的，然而当一个语篇由两个或两个以上的小句组成时，每个小句中的主位都有前置的趋势，同时整个语篇是推进的。在这个过程中，相邻句子间的主位和述位、主位和主位、述位和述位之间会由一定的关联和变化，这种关联和变化叫作主位推进（Thompson，1996）。

继戴恩斯之后，国内外学者都对主位推进模式进行了较深入的研究，但由于语料、逻辑思维方式的不同，学者对基本主位推进模式的划分以不尽相同。朱永生和闫世清（2000）提出了四种主位推进模式：主位同一型、延续型、述位同一型、交叉型。胡壮麟（2005）在《系统功能语言学概论》中也提出了四种主位推进模式：放射型、集中型、阶梯型和交叉型。徐盛环提出了四种推进模式，分别是：平行型、延续型、集中型和交叉型。黄国文给出一个更复杂的推进模式，这个模式包括六种类型，分别如下：

1. 平行型（Constant theme pattern）：以第一句的主位为出发点，后面各句均以此句的主位为主位，并引出不同的述位。

<u>My brother</u> is in Australia. <u>He</u> has been there for six months. <u>He</u> is an engineer. <u>He</u> is working for a big firm.

2. 延续型（Linear theme pattern）：第一句的述位或述位的一部分作为第二句的主位，再由这个主位引出新的述位，这个述位又作为下一句的主位。

An English teacher usually divides her time among <u>three subjects</u>: language, composition, and literature. <u>Mrs. Cox's favorite subject</u> is literature, and her most exciting literature classes are those on the <u>literature of Black Americans</u>.

3. 集中型（Constant rheme pattern）：第一句主位、述位做了基本陈述后，第二、第三句分别以新的主位开始，但述位都集中归结为同一述位或述位的一部分。

A Chinese is <u>an Asian</u>. A Japanese is <u>an Asian</u>. And an Indian is <u>an Asian</u>.

4. 交叉型（Inverted-Z-form theme pattern）：第一句的主位是第二句的述位，第二句的主位又是第三句的述位，以此交叉延续下去。

<u>The play</u> was interesting, but <u>I</u> didn't enjoy <u>it</u>. A young man and a young woman troubled <u>me</u>. I turned round and looked at them, but they didn't pay any attention to me.

5. 并列型（Parallel pattern）：第一、三句主位相同，第二、四句主位相同。

<u>Americans</u> eat with knives and forks; <u>Japanese</u> eat with chopsticks. <u>Americans</u> say "Hi" when they meet; <u>Japanese</u> bow. <u>Many American</u> men open door for women; <u>Japanese</u> men do not.

6. 派生型（Derived pattern）：第一句的述位派生出后面所有句子的

主位。

  Mary likes living in a private house better than in a dormitory for a number of <u>reasons</u>. <u>The first reason</u> is that she has more privacy in a home. <u>The second</u> is that it is easy to study in a private home. <u>The third</u> is that she can keep her car at a house…

  值得注意的是，在语言的实际运用中，我们通常看到的是多种模式混合的情形。按照单一模式向前推进的语篇虽然有，但为数不多。大多数语篇的主位推进都比较复杂，一方面是由于思想表达本身的复杂性，另一方面也有出于修辞和表达目的方面的考虑，为了照顾信息和合理安排，并避免形式的单调都不会自始至终都使用一种模式，往往是几种模式互相搭配、交替使用。

5.5　主位推进与语篇连贯

  经过韩礼德和哈桑之后的许多学者的研究，人们在解释一个语篇时不是依赖于语篇的形式标记，而是依赖于一种假设，即假设语篇是连贯的（Brown& Yule, 1983）。语篇的连贯不是外在的语篇连贯，而是在于内在语篇的心理连贯，是交际双方在一定的认知语境中心理互动的结果。

  戴恩斯（1970）指出，每个语篇及其段落都可以被看成是主位的序列。语篇主位结构指主位间的连贯、衔接、相互指代关系、领属关系以及主位与整个情景或上下文的关系（王慧芳，1993）。而主位推进是人脑思维特征和一般规律的反映，主位和述位的分析揭示了一系列句子是如何相连，如何从主位出发将信息层层推进，形成一个连锁的语义链，说明一种完整连贯的认识。主位推进的过程肯定以连贯为基础。

既然主位推进反映了人脑正常的连贯思维,而连贯是读者理解后的一种感觉,那么,主位推进模式的运用就有助于构造连贯的语篇。因为作者必须根据对所针对的读者群的了解选择适当的主位推进模式,以便使他们更好地理解其信息。换句话说,建构连贯的语篇应具有作者、读者双方面的兼顾,除了考虑能准确表达作者的意图外,还应注意这一推进模式所承载的信息能否同时被所针对的读者群所理解并接受。

首先,主位推进模式的正确使用有利于构建连贯的语篇。主位的推进必须考虑句子间主位和述位的相互联系、照应、衔接和过渡。因此,主位推进模式的选择应从语篇内外多个方面考虑,涉及读者的知识、作者的意图、情景变化等,但要使主位推进模式的选择符合连贯的需要就必须以读者的理解为前提。如作者与读者间有一些共有知识,从主位结构的角度来看,共有知识的多少决定了信息的传达方式,作者不必总是运用易于理解的、循序渐进式的延续型从前一个述位引出新信息,而是也可以从他与读者之间的共有的知识背景出发来选择信息的出发点。这种已知信息的成分在连续几个命题中保持不变,就可选用平行型主位推进模式。像记叙、描写等文学语篇类型就可以采用这种模式。此外,当科技类语篇集中探讨某个专业命题时,也常采用到连续型推进模式。

但是如果某个语篇的读者与作者的共有知识量比较少,以读者的知识不足以理解其语篇,那么,作者应尽力将其信息表述清楚,在组建语篇时最好选用延续型发展模式,将前一个述位的信息作为下一个主位的已知信息,从旧信息带出新信息,从而逐渐增加和积累作者与读者逐渐的共有知识,使语篇清晰、易懂。这种模式可见于科普文体、说明文等语篇中。当然,人的思维及语言表达的复杂性不可能用一种模式就能说明。语篇中往往呈现出多种模式的额交叉混合使用,只是某种发展模式的表现更为突出。

其次,不遵循主位推进模式造成语篇的不连贯。根据作者、读者双方的需要，前挡的使用主位推进模式有助于语篇的连贯。但是，也有不合理的主位述位迁移现象。不遵循主位推进模式会造成信息流中断，是理解发生困难，交际因而受阻。原因大致有三点。

第一，作者写作思路导致不连贯。作者思维的跳跃或逻辑混乱造成信息流中断，使读者无法理解作者的意图而产生不连贯。

第二，不恰当的信息分布导致不连贯。一般来说，主位是表达已知信息的，述位承载着要讲述的新信息。旧信息＋新信息的组合有利于读者对以后要了解的信息有了心理上的准备。如果作者违反了这一常规将新信息置于句首，使信息理解发生困难，就使语篇的连贯受到破坏。

第三，缺乏读者意识导致不连贯。这是作者没有充分考虑读者的需要而产生的在作者何读者缺乏必备的共有知识的前提下，没有选择从读者的已知信息出发去解释较为复杂的未知信息，造成了语篇解读的难度，破坏了语篇的连贯（杨斐翡，2004）。

其实，导致不连贯的原因有很多，以上仅从主位推进的角度出发，从反面说明主位推进模式的运用对连贯的积极作用。

5.6 以主位推进为例分析结构性衔接在罗斯福演讲中的应用

5.6.1 主位结构类型

罗斯福的演讲由33个小句构成，单向主位、句项主位和复项主位都出现在这些小句中。其中单向主位使用了14次，句项主位使用了8次，多项主位出现了6次，分布情况如下：

表 5-3 主位结构类型统计表

主位结构类型	出现频率	所占比例
单项主位	14	42%
句项主位	8	24%
多项主位	6	18%

例 1：The united States (T) was at peace with that nation. (R)

这是一个单项主位结构，专有名词做主位，同时主位成分又属于话题主位。

例 2：Yesterday, Dec. 7, 1941 – a date which will live in infamy – the United States of America (T) was suddenly and deliberately attacked by naval and air forces of the Empire of Japan. (R)

这个句子是多项主位结构，定语从句充当人际主位，时间副词短语做语篇主位，专有名词做话题主位。

表 5-4 多项主位结构分析表

主位			述位
Yesterday, Dec. 7, 1941 – a date	which will live in infamy	The United States of America	Was suddenly…
Textual theme	Interpersonal theme	Topical theme	Rheme

例 3：And while this reply (T) \ \ stated that it seemed useless to continue the existing diplomatic negotiations (R), (T) \ \ \ \ it contained no threat or hint of war or of armed attack. (R)

这是一个句项主位结构，其中让步状语从句作为整个句子的主位，是整个句子的信息出发点，它的作用是体现出已知信息和新信息的强烈对比，也对前文起到承上启下的作用，体现了日本政府在外交事务上截然矛盾的态度。因为前文提到日本政府一直热衷于和美国维持和平局面，但在轰炸瓦胡岛之后，在外交电函中却只字不提轰炸之事，所以让步状语从句做主位可以明显体现出日本政府在外交策略方面的改变。另外，让步状语从句本身也包含着主述位结构，并且属于多项主位，具体结构如下：

表5-5 复项主位结构分析表

主位			述位
And	while	This reply	Stated that …
Textual theme	Interpersonal theme	Topical theme	Rheme

例4：no matter how long it may take us（T）\ \ to overcome this premeditated invasion（R），（T）\ \ \ \ the American people in their righteous might will win through to absolute victory.（R）

这也是一个句项主位结构，其中让步状语从句做整个句子的主位，在这个从句中又包含着一个复项主位结构，分析如下：

表5-6 复项主位结构分析表

主位			述位
No matter how long	It may take	us	To overcome this premeditated invasion
Textual theme	Interpersonal theme	Topical theme	Rheme

5.6.2 标记主位和非标记主位结构

在这个语篇中，非标记主位使用了13次，标记主位使用了14次。

Last night, Japanese forces attacked Hong Kong.

Last night, Japanese forces attacked Guam.

Last night, Japanese forces attacked the Philippine Islands.

Last night, Japanese forces attacked Wake Island.

This morning, Japanese forces attacked Midway Island.

从这些句子可看出标记主位的使用是为了突出说话人或作者要着重强调的部分，这里，last night 重复出现很多次就是为了表明日本军方在一夜之间轰炸如此多的国家，可见其惨无人道的本性。

5.6.3 语篇中的主位推进模式

从这篇演讲的主位推进模式可看出平行型主位推进模式共出现了 5 次，延续型主位推进模式共出现了 6 次，集中型推进模式共出现了 4 次，交叉型出现了 1 次。

第1—2段：T1 由一个时间副词、一个定语从句和专有名词（the United States）构成。这个主位作为信息的出发点直接宣告了日本空军轰炸美国珍珠港军事基地的骇人听闻的消息。这个多重主位结构也体现了演讲语言的时效性和准确性，提醒美国人记住这个特殊的日子——美国的国耻日。T2 同样是"the United States"，且 T1 = T2，从这点我们可看出这一部分信息的重点集中体现美国的外交立场，即轰炸前美国与日本的关系。另外，R2："that nation" = T3："Japan"，延续性模式的使用指明了"that nation"在第二句中作为新信息，在第三句中又作为已知信息出现，体现出延续型模式在信息衔接方面的独特优势，使得相邻句子间的语义连贯，信息发展流畅自然。这种模式使得读者的认知视角从美国很自然地转入对日本政府的关注。其次，R2 = R3，（at peace with，maintenance of peace），这个集中型模式的使用使得新信息都集中在了对两国政府外交立场的描述上，两个"peace"的出现证明了美国为维护和平所做的努力和日本政府利用和平假象混淆视听的卑劣行径。

第 3 段：T4 是"Japanese air squadrons"，T5 是"Japanese ambassador"，且 T4 = T5，这个平行型推进模式表明这部分的信息中心转移到日本军方和外交部门的描述上。R5 是 "reply"，T6 是 "this reply"，且 R5 = T6，这个延续型模式表明日本大使馆给美国政府的外交电函从第五句的新信息变为第六句的已知信息，并进一步围绕这份电函展开话题，对电函做详细的描述。可见电函对揭示日本政府的外交立场有重要作用，这与第二段中的日本极力与美国维持和平关系形成了鲜明对比。从电函的内容可看出日本政府虚伪善变的外交策略，轰炸前恳求美国与之和平相处，轰炸开始的一小时后官方提出要终止与美国的外交谈判，且未表现出采取军事行动的意向。如是，日本政府在外交上的狡诈和虚伪可见一斑。这从 R3 and T6 的对比中可看出。

第 4 段：R7 = T8，R7 是 "many days and even weeks ago"，T8 是 "during the intervening time"，这是延续型推进模式，信息中心集中在轰炸夏威夷的过程描写上以及轰炸对美国人民造成的严重影响。R7 在第七句中作为新信息出现，在下一句则作为已知信息引出在轰炸前的准备时间内日本政府是如何密谋这次袭击的。一方面，为轰炸做军事上的准备，另一方面，日本政府故意用爱好和平的外交言辞欺骗美国政府和人民以此为他们的恶劣行径做掩护。R7 是 "attack"，T9 也是 "attack"，这个延续型模式是信息的发展从轰炸前的准备进入到对轰炸后果的描写上，使相邻三句在语义上构成紧密连贯性。另外，R9 = R10 = R11（damage，lost，ship torpedo），这个集中型模式使得对轰炸后果的描写更具体化，同时，R9 = T11（naval and military forces，American ships），这个延续型模式使得对美国军事力量的削弱具体体现在对美国民用船只的损毁上。

第 5—10 段：这一部分的主要推进模式是平行型和集中型。首先，T12 = T13 = T14 = T15 = T16 = T17（形式标记体现在 yesterday 和 last night），R12 = R13 = R14 = R15 = R16 = R17（形式标记是 Malaya，Hong

Kong, Guam, Philippine, Wake Island, Midway Island)。平行型模式中时间状语重复出现了多次,多个句子的主位是"last night",这样的推进方式是为了体现信息的连贯性,由同一时间很自然地引出日本军方在一夜之间轰炸了太平洋众多岛屿和地区的罪恶行径,使得演讲的语言在时间上形成了高度的连贯性。集中型推进模式的使用把信息的焦点集中在太平洋地区,侧面反映了日本军方不仅轰炸美国的军事基地,而且在亚太地区的野心也急剧膨胀。这样的推进模式在演讲语言中很常见,目的是为了加强事实的真实性和说服力,号召美国人民团结一致,体现了罗斯福向日本宣战的坚定信念。这使得罗斯福的演讲进入一个高潮,也体现出他演讲最终意图。

第11段:R18 = T19(offensive extending, facts of yesterday and today),这个延续型模式中再次提及了日军在太平洋地区的侵略过程,并把它作为新信息,这是对前文的总的概括。后一句从"facts of yesterday and today"出发引出了罗斯福对日本军方的评论,告诫美国人民要正视现实,认识到日本军方对美国人民的安全所构成的严重威胁。

从12段开始,语篇进入第二部分,即罗斯福用语言鼓舞美国民众重拾信心,顽强对抗日本侵略者。这部分也是对罗斯福政治主张的最好体现。

第13—14段:T22 = T23(we and us),这个平行型推进模式是为了强调罗斯福的语气系统是随着信息的发展而改变的。为了鼓舞美国民众的士气,罗斯福把人称代词统一化了,即第一人称代词复数宾格"us"和主格"we"充当了相邻两句的主位,既可以表明他与民众站在一条战线上,也体现了他在危急关头所表现的镇定自若。R22 = T23(onslaught and invasion),这个延续型推进模式从"invasion"为信息出发点,既和前文相衔接,又引出罗斯福在遭遇侵略时不断鼓励美国人民铭记耻辱,战胜日法西斯的必胜信念。T24 = T25 = T26(I, I, and I),

这个平行型推进模式用三个第一人称代词作为信息出发点,是为了表明罗斯福对抗日侵略者的所采取的措施和部署。以第一人称代词做主位说明了罗斯福作为领导者对掌控当前局势的自信心和对对个人主张势必会引导美国人民战胜日本侵略者的必胜信念。R24 = R25 = R26（believe, interpret and assert）,这个集中型推进模式使用三个动词来强调罗斯福在演讲中的语气逐渐加强,且这三个动词在语义上有很多共性,都可以反映出罗斯福作为美国总统所掌握的绝对决策权和在国会中的领导地位,这三个述位递进地传递出罗斯福对民众的号召力和美国作为超级大国战胜日本侵略者的绝对优势和必然趋势。

15—17段：T27 = R28（hostilities and grave danger）,这个交叉型推进模式把"hostilities"作为信息出发点,下一句又把"grave danger"作为新信息使得相邻句子间的语义联系更密切,且话题始终集中在同一主题上使得前后内容更连贯。所以从这里可看出,罗斯福一再强调美国所面临的威胁是为了激发美国民众的抗敌热情。

5.6.4 结论

从全篇的主位结构类型可看出,单项主位结构是出现频率最高的,这体现了演讲语篇语言的特点是表达精准凝练,强调信息传达的准确性和公信力。而从主位推进模式可看出,延续型主位推进模式所占比例最大,其次是平行型和集中型。延续型的高频率出现说明此类型的结构特点更能体现语篇信息的连贯性和动态发展。这使得读者能够掌握新旧信息的动态发展过程,理解信息是如何在交际者之间得以传递和交流的。主位推进模式作为一种衔接机制可以使语篇的信息结构呈现更多的层次性和动态性,使语篇语义的表达更能集中在同一话题框架内,增强语篇语义表达的连贯性。

5.7 主位结构的衔接纽带

  本节分析的内容节选自卡梅伦演讲的第二部分,话题围绕中国给世界带来的机遇和中英两国在当下共同面对的挑战。可以被肯定的是主位结构可以展现语篇的衔接关系,但总的来说,衔接主要通过小句或句子层面的语义联系体现出来,句际间的衔接是反映衔接关系的主要单位。然而,很多衔接关系却是包含在衔接链中,衔接链和其他衔接成分的区别体现在两个衔接项目之间的距离。如果衔接链的两个端点分别分布在相邻的两个小句或句子之间,则属于长度最短、两个端点最近的衔接链,我们称之为直接衔接链;如果衔接链的两个端点分别分布在相隔一个及一个以上的句子之间,则衔接链出现了跨越句子的联系,但还不足以远得使听话者几乎忘记前一个纽带端点的存在,这种衔接链称之为中程衔接链;如果衔接链的两个端点相距甚远,如在十个句子及其以上,或者相隔两个及以上的自然段路,那么我们说它们形成了远程衔接链。另外,衔接链的衔接力和两个衔接项目的距离直接有关。总的来说,衔接项目之间的距离越短,衔接链的衔接力就越强,反之亦然。

  从衔接管辖的区域来讲,衔接可以分为区域纽带和整体纽带。有些衔接纽带是把语篇的局部内句子与句子之间,或部分与部分之间联系起来。前者可称为"区域纽带",后者可称为"整体纽带"。区域纽带的作用是把区域内部分与部分之间联系起来,使小部分组成较大一点的语义板块。但所组成的较大语义板块仍然是整体的一小部分,其与整体的关系无法通过这些衔接纽带表示。整体纽带的作用是把这些小部分与整体相联系,使其成为整体的一个部分,或者是把整体的"直接成分"联系起来,组成整体,或组成整体的主要部分。

区域衔接纽带与整体衔接纽带不仅所管辖的范围不同，其在相同距离和空间之内的衔接力也是不同的。区域纽带和整体纽带与近程纽带和远程纽带也具有相互重叠之处，其中，远程纽带通常也是整体纽带，近程纽带通常也是局部纽带，但两者是从不同的角度来定义的，所以显然也具有不同之处。远程纽带如果不在语篇整体结构中起衔接作用，也是区域衔接纽带；相反，如果近程纽带是把两个语篇整体的直接成分联系起来，也是整体衔接纽带。

例1：There T（18）// has been a change of Government in Britain and a change of Prime Minister. R（18）

And I（T25）// repeat it as Prime Minister here in China's capital today in the argument about how to react to the rise of China.

依据韩礼德的结构衔接理论，尽管例1中的两个句子不是出现在同一段落，而且它们之间间隔了几个段落，它们之间通过 R18 和 R25 的照应关系构成了衔接链，这个衔接链属于中程衔接链，衔接链的端点就是 R18 和 R25。这个衔接纽带也起到了区域衔接链的作用，因为这个衔接链在演讲的第二部起到起承转合的作用，影响着演讲信息的交流方向。卡梅伦两次重申英国政府和他作为英国首相的身份，目的是为了感召听众、表明英国政府的立场，把中国的崛起看作是机遇，而非威胁。所以这个衔接链和第二部分的话题直接关联，对此部分的意义连贯起到重要作用。

从主位推进的角度看，述位18和述位24的关系属于集中型模式，这种模式意味着这一部分中所有处于这两个句子之前和之后的信息都围绕同一个话题展开，这种模式确保了此部分的结构很紧凑，这两个句子体现的中程衔接链有利于维持此部分的结构衔接。

例2：Now people（T14）//can react to this in one of two ways.（R14）

衔接理论视角下英语政治演讲语篇的连贯性研究　>>>

And I (T25) // repeat it as Prime Minister here in china's capital today, in the argument about how to react to the rise of china. (R25)

这两个句子同样不属于同一段落,且间隔距离较远,它们构成了远程衔接链。衔接关系通过 R25 和 R14 的照应关系体现出来。衔接链的端点在 react to this 和 react to the rise of china 两个成分上,很明显这个衔接链体现了第二部分演讲论述的中心议题:如何看待中国的崛起。所以,这个和篇章主题直接相关的成分在此部分多次被卡梅伦提及。从衔接链的距离来看,R14 作为此部分第一个出现的新信息直接影响了其后信息的发展,R25 处于此部分的中间区域,它的再次出现使得演讲的主题再一次得到重申,表明了英国政府把中国的崛起看作是一次机遇,对英国经济发展带来的机遇。

这两个句子之间形成的主位推进模式同样是集中型。这种模式保证了此部分的主题围绕卡梅伦如何看待中国的崛起,R25 的出现不仅使话题前后一致,而且有加强语气,进一步表明立场的效果,就是卡梅伦和英国前首相的态度是始终如一的,即把中国的崛起看作是巨大的机遇,英国政府愿与中国保持积极关系。

例3：I (T26) // say it is an opportunity. (T26)

So I (T47) // want to make the positive case for the world to see China's rise as an opportunity not a threat. (R47)

这两个句子同样构成了远程衔接链,衔接端点是 R26 和 R47,直接成分是 it is an opportunity. 和 see China's rise as an opportunity not a threat。这个衔接链体现了卡梅伦在第二部分的核心观点,即中国的崛起是机遇。这两个句子之所以构成衔接链,还体现在两个句子的主位是一致的,都用了第一人称代词,这在第二部分是唯一一次出现在衔接链中,可以高度体现卡梅伦的个人观点和劝说听众的意图。从两个端点的距离来看,R26 处于中间位置,R47 处于末尾位置,所以两个端点给之后的

152

<<< 第 2 部分　显性衔接机制研究

话题发展保留了足够的语义空间，中国的崛起不仅给英国经济发展带来机遇，而且给全球合作提供了机会。卡梅伦列举了多哈多边贸易谈判的成果，在全球环境治理、解决贫困问题、国际医疗合方面中国做出了显著贡献，因此他再次重申英国和世界应正确看待中国的崛起。这为第三部分提出中国和英国承担的经济和政治责任铺垫了话题空间。

远程衔接链可以从宏观上反映演讲的话题框架和信息发展方向，适用于在某些存在分歧的场合下，通过劝说启发和举例论证方式，最后使大家的意见达成一致。从这个例子可以看出，远程衔接链表明了卡梅伦的辩论焦点始终围绕中国的崛起这一话题，而且他一再强调中国的崛起对英国和其他欧洲国家来说只能是机遇而非威胁。

例4：But China（T48）// needs to help us to make that argument to demonstrate that as your economy grows, so do our shared interests, and our shared responsibilities.（R48）

These interests, those responsibilities（T54）// are both economic and political.（R54）

这两个句子构成的中程衔接链位于第二部分的末尾，衔接链的端点体现在 R48 和 T54 上，直接指示成分是"shared interests, and our shared responsibilities"和"These interests, those responsibilities"。这个衔接链紧随第三个衔接链之后，在卡梅伦再次重申中国崛起是世界的机遇后，他开启了全篇演讲最重要的议题就是中英两国的经济和政治责任及利益。所以这个中程衔接链是整体衔接链，虽然通常整体衔接链由远程衔接链充当，但这个衔接链影响到全篇演讲的语义发展和话题结构，所以它是一个重要的衔接链。卡梅伦在第二部分的演讲是一个铺垫部分，从这个衔接链开始，他表明了英国的立场：中国在经济崛起的同时，应加强同英国的政治、经济合作，承担责任、扩大开放、共享利益。所以在衔接链的末端开始，话题自然进入到利益和责任两方面的论

153

述中,第二部分的论述使得演讲的语义发展过渡自然、前后连贯、话题过度循序渐进。

延续型模式充当中程衔接链可以使此部分的信息发展循序渐进、衔接紧凑。这体现在 R48 作为新信息引出了卡梅伦要表达的一个重要观点,即中国经济在增长的同时,中英两国之间共同的利益和共同的责任也应有所增强。因此,之后他用了几乎相同的述位"share an interest in"来重申英国在同中国合作方面可获得的切实经济利益。最后 T54 又和之前的 R48 形成了延续型模式,使得此部分话题顺利收尾,自然进入到下一个问题的讨论中。

5.8　主位推进模式在卡梅伦演讲中的衔接功能

此部分是对演讲中的第三部分——经济责任的主位推进情况的分析,这部分话题有关中国在世界经济发展过程中所承担的经济责任,此部分也是演讲中最核心的部分,也是最集中反映中英两国关系的部分。

通过分析第三部分的主位推进模式,共有四种推进模式出现在演讲中,其中,平行型模式出现了 7 次,集中型模式出现了 11 次,延续型模式出现了 13 次,派生型模式出现了 4 次,交叉型模式出现了 3 次。

此部分的主位推进模式如下:

T56	R56
T57	R57 = T58
T58	R58
T59	R59
T60	R60
T61	R61 = R60

T62	R62
T63 = R62	R63
T64 = R63	R64
T65	R65
T66 = T65	R66 = R65
T67 = R63	R67
T68	R68 = R70
T69 = R68	R69
T70	R70 = R73
T71	R71 = T72
T72	R72
T73	R73
T74	R74 = T75 = T76 = T77 = T78
T75	R75
T76	R76
T77	R77
T78	R78
T79	R79
T80 = T81	R80
T81	R81
T82	R82
T83 = T84 = T85	R83
T84	R84
T85	R85
T86	R86
T87	R87 = T88

T88	R88 = R87
T89 = R88	R89
T90	R90
T91 = T92	R91
T92	R92 = R93
T93	R93
T94	R94
T95 = T96	R95
T96	R96 = R97
T97	R97
T98	R98 = T99
T100 = T99	R100
T101	R101
T102 = R103 = R104	R102 = T103
T103 = T104	R103
T104	R104
T105	R105
T106	R106 = R104
T107 = R106	R107
T108	R108
T109 = R111	R109 = T110
T110	R110 = T111
T111	R111
T112	R112 = R113
T113	R113
T114	R114 = T115 = T116

T115 = R117　　　　　　　R115

T116 = R117　　　　　　　R116

T117　　　　　　　　　　R117 = T118

T118　　　　　　　　　　R118

T119　　　　　　　　　　R119 = R120

T120　　　　　　　　　　R120

此部分的主位推进模式使用了11次，它们在推进信息的发展中发挥了重要作用。

第一种主位推进模式是延续型模式，公式是 R57 = T58，R57 指代了"has begun to grow"，而 T58 指代了"that growth"。这个模式是最能体现篇章已知信息和新信息之间的过渡关系的模式，使得话题的发展自然进入世界经济的增长这个问题的讨论上。

第二种模式是集中型模式，公式是 R60 = R61，其中 R60 代表了"growth is slow and fragile"，而 R61 指代了"should not be surprised at this"。集中型模式可以确保新信息的发展始终围绕同一话题，而且 R60 提及的西方国家发展缓慢也属于 R58 提到的发展不均衡的一部分，所以 R58 = R59 = R60 = R61，可以看出这几句的推进模式使得演讲的主题跃然纸上，话题的发展都体现在不均衡的论述上。

第三种推进模式是延续型模式，公式是 R62 = T63，R63 = T64，其中 R62 指代了"advanced economies"，而 T63 指代了"they"。可以明显看到这两句的话题深入一个更具体的层面，就是从经济危机对金融机构的破坏到金融机构所面临的财政和结构上的调整，论述层次分明。R63 代表了"fiscal adjustments to rebalance their economies"，T64 代表了"this"，这两句的信息推进和前两句是循序渐进、前后铺垫的，上一句的新信息在这句又成了已知信息，通过 this 一词体现出来。至此，卡梅伦把英国目前所面临的经济困难精炼地总结出来。

157

第四种推进模式是平行型模式，公式是 T65 = T66，鉴于此部分的话题围绕英国的经济状况，所以之后的主位均由第一人称代词"we"指代，这样是为了保证信息出发点的一致性，暗示了卡梅伦从不同角度对经济政策进行阐述。

第五种推进模式是集中型模型，公式是 R65 = R66，R65 指代"what steps we need to take"，R66 指代"have begun to take them"。两个述位形成了照应关系，体现了英国政府既意识到经济改革的重要性，也已开始着手进行经济改革了。

第六种推进模式是集中型模式，公式是 R63 = R67，R63 指代"fiscal adjustments"，而 R67 指代"we need more than just adjustments"。这两个述位形成的衔接关系，既体现了篇章话题的连贯，又反映了集中型模式的特点，虽然两个述位相同，但不是完全没有差别，因为语篇的信息是不断发展的，所以 R67 还包含了卡梅伦对经济改革的另外一层思想。另外，这个模式还属于远程衔接链，它既和前一个话题相照应，又开启了一个新的话题中心。

第七种推进模式是延续型模式，公式是 R68 = T69，其中 R68 指代"some surpluses countries have been saving too much and deficit countries have been saving too little"，而 T69 指代"the result"。之前提到英国经济改革不能仅靠财政调控，R68 给出了改革的另一个原因是世界经济的供需不平衡。接着，T69 承接 R68 给出的原因，使话题进入对结果的论述，即世界的资本会从衰落的发达国家流入发展中国家。

第八种推进模式是集中型模式，公式是 R65 = R70，其中 R65 指代"rebalance our economy towards greater saving and investment"，R70 指代"a more balanced pattern of global saving and investment"。这个模式也是远程衔接链，体现了卡梅伦针对不同的经济问题能制定适当的经济对策应对问题，而且政策之间也体现了明显的连贯和衔接性。如在 R65 和

R70 均提到了重建公共财政、扩大出口和投资等举措。

第九种推进模式是延续型模式，公式是 R71 = T72，其中 R71 指代 "countries that are successful are being blamed for their success"，T72 指代"that"。这个模式体现了信息发展由对世界经济供需的不平衡和投资储蓄的不平衡的讨论进入对这种现象的进一步分析之中，即人们不应该对贸易顺差的国家进行抨击，认为是这些国家造成了现在的局面。T72 体现了卡梅伦在极力纠正这种错误的认识。

第十种推进模式是派生型模式，公式是 R74 = T75 = T76 = T77 = T78，其中 R74 指代 "western banking system collapsed"，T75 指代 "Chinese exports"，T76 指代 "growth"，T77 指代 "and some 20 million jobs"，T78 指代 "changes in the structure of our economies"。这个模式是第一次出现在此部分中，使用这种模式是为了体现子标题和标题之间的从属关系，即 T75、T76、T77 和 T78 都是从 R74 这个述位中派生出来的。R74 提及了西方金融系统的崩塌对中国经济的巨大影响。T75、T76、T77 和 T78 从中国的出口、经济增长、失业率和经济结构方面举例说明国际环境对中国经济带来的负面影响。卡梅伦列举的目的是为了说服中国重视两国的合作，中英连两国应该为世界经济的稳定和增长承担起共同的责任和利益。

第一部分的推进模式可以宏观地反映此部分信息的发展结构，演讲的思路：

①第一个主位推进模式是延续型模式：卡梅伦单刀直入地提出世界经济增长不平衡的问题。

②第二种模式是集中型模式：卡梅伦把话题引入到发达国家包括英国在内，经济发展存在诸多问题。

③第三种推进模式是延续型模式：使信息从英国经济的衰退进入到经济改革措施的论述中，现象—举措，信息铺垫扎实、发展循序渐进。

④第四种推进模式是平行型模式：承接上文，提出改革措施

⑤第五种推进模式是集中型：话题集中在经济改革上，既论述了改革的方法，也付诸了实践。

⑥第六中推进模式是集中型：是话题的信息既保持高度统一，又体现出演讲的层次性，论述的逻辑性。改革不仅包括国内的改革，还涉及中英两国的合作。

⑦第七种推进模式是延续型模式：由英国的问题—改革的措施—根本原因的论述，话题结构层层推进、思路清晰、意图明确。

⑧第八种推进模式是集中型：改革的措施前后连贯，层次分明。

⑨第九种推进模式是延续型，根本原因（供求不平衡）——英国的改革方向——扭转错误认识

⑩第十种推进模式是派生型：列举中国的事例——中英合作的重要性——承担共有的责任和利益。

语篇的推进模式可以清晰勾勒出演讲语篇的话题结构、信息发展框架、演讲者思路特点。

结论

此部分我们主要分析了主位结构的衔接链和主位推进模式的衔接功能。主位结构的衔接链主要结合演讲的第二部分，通过对语篇中出现的不同类型的衔接链进行功能分析。分析发现语篇中的衔接链以中程和远程居多，且衔接链的衔接力和衔接端点的距离并不是绝对的，有时远程衔接链只能作为区域衔接链对区域内部分之间的语义连贯进行控制，而中程衔接链虽然出现在第二部分，可以对此部分的话题发展起到框架作用，但它同时也是全篇演讲的整体衔接链，影响着全篇话题的发展和语义的连贯。另外，衔接链两个端点的距离越远，相对来说衔接力是减弱的。

提及主位推进模式，经研究表明集中型和延续型推进模式在第三个标题的第一部分出现频率明显高于其他推进模式。这和这两种模式的结构特点有关系，集中型模式有利于话题从不同角度展开论述，但信息的话题中心始终集中在一点上，更能体现出信息发展之间的关联度，因此它的出现频率相对较高，也有利于听众把握演讲者的中心意图。延续型模式更能体现信息发展的推进过程和推进的连续性和动态性，使得读者可以根据信息的前后铺垫理解演讲者的思想路线和表达思路，这种模式使得信息的发展呈现出连贯和衔接的特征。

第6章 语气结构的衔接性

6.1 人际连贯的内涵

　　一段连贯的话语构成一个语篇,韩礼德和哈桑认为语篇的连贯性体现在两个方面:第一,语篇与它的情景语境是连贯的,就是语域的一致性;第二,语篇自身是连贯的,及时衔接的。二者缺一都不是充分的,一方也不能包括另一方。也就是说,语篇连贯从内意义关联性看,表现为语篇内意义的衔接性;从外部实现上看,表现为语篇与情景语境的一致性。当语篇内的语义关系连接成一个整体,每部分在语篇整体中行使了自己的职责时,该语篇通过语义衔接在语篇内实现了连贯。同时,由语篇外看,当此语篇在情景语境中行使了其功能,语篇与语境间形成了一致关系时,该语篇通过语境一致性实现了连贯。意义衔接性和语域一致性是实现语篇连贯的两个必要条件。

　　意义衔接性和语域一致性是从范围的角度对连贯给予的界定,从语言作为社会符号的功能角度看,语言功能首先分为体现外部现实功能和使成功能;体现外部现实功能又分为体现客观现实的概念功能和体现主观现实的人际功能。使成功能也就是谋篇功能（韩礼德，1978）。这样，谋篇功能的作用就是将概念功能和人际功能纳入符号系统，按照语言自身的规律将之组织成连贯的语篇。概念功能和人际功能反映了人们对外部世界的认识，而谋篇功能是就语言内部自身所具有的自组织性而言的。前两项指外在世界，而谋篇功能指内在符号系统，外在功能的实现必须借助内在符号系统所组成的语篇。无论是概念功能还是人际功能都离不开连贯的语篇，都必须通过语篇实现连贯；反之，一些散乱的句子所组成的句群之间之所以能被理解，从而成为连贯的语篇，是因为它在概念意义上的可理解性和人际意义的可交流性。由此，从功能的角度，语篇连贯由概念连贯和人际连贯组成。

概念连贯表现为语篇内概念意义的衔接和语篇为话语范围与话语方式的一致性，而人际连贯表现为语篇内人际意义的衔接和语篇外话语基调和话语方式的一致性。

实际上，韩礼德和哈桑早在1985年就指出了人际衔接的重要性："衔接的一致性描述了概念功能和语篇功能是如何形成一个意义整体的。毫无疑问，逻辑功能和人际功能也应被纳入衔接机制以证明语言的多功能特征。"

6.2 人际意义研究回顾

人际意义本质上是指人与人之间的交流性、对话性和互动性，是指说话人作为言语事件的参与者所表现的交际意图、个人观点、态度、评价以及说话者所展现的与听者之间的角色关系。系统功能语言学对人际意义的研究经历了从小句到语篇的认识过程。韩礼德以交流的小句为单位，系统地描述了语气系统、情态系统和语调模式对人际意义的体现；

此外，还指明了人称系统、态度词汇、诅咒语和音质的人际表达功能。汤普森（Thompson）把人际意义描述为"小句中的互动"，更加强调言语行为的互动性和商讨性，明确言者的给予即暗含着听者的接受，而言者的要求即包含着对方的给予。

莱姆克（Lemke）（1992）从社会符号学的角度提出了价值取向理论，试图在语篇与社会价值的相关性中找到一种连接协调模式。他从社会符号学的角度所认识到的语篇与语境间在价值取向上存在的一致性赋予了人际意义更为深厚的社会内涵，通过人的价值取向研究把语篇与语篇外的社会语境联系起来。

马丁（Martin）（1992）通过研究以语篇为取向的意义资源，指出语言学应该以语篇语义学为基础，探讨了日常给回话的交际结构和言语功能的相互作用中所表现的人际意义的商讨性。他又提出了主要由词汇的内涵意义所体现的言者态度的评价系统理论，以补充韩礼德的主要由语法体现的语气系统，从而扩展了人际意义的研究范围，并把人际意义的探讨从小句扩展了语篇。他（2003）就评价系统提出了四个赋值标准：即作者与读者之间通过语篇途径及读者的认同程度。就实质而言，包含商讨性，无论是人际的态度情感、价值还是认同，都是语篇内人际意义衔接的体现。

张德禄（2000）认为：从语义层面三种意义的关系上讲，衔接关系不应该局限于概念意义，而应扩展到人际意义，因为谋篇意义把概念意义和人际意义同时组织成连贯的语篇。而且他就人际意义在衔接上的重要性明确指出："人际意义的衔接功能一直被忽视，但它的作用是明显的。"后来，李战子在话语的人际意义研究方面拓展了实现人际意义的语言资源，并构建了以话语为基础的包括微观社会和宏观社会两个层面的人际意义模型。

对人际意义的分类研究，前人是主要从人际的和个人的两个角度进行的。人际的意义通过体现言语功能的语气和语调来实现,而个人的意义主要由说话者的权位、评价和视角组成,分别体现在情态、态度词汇与语调、主语与时态方面,但这种分类无法涵盖科技论文和新闻报道中的纯客观的态度,它既不属于人际的,也不属于个人的,这种不带任何主观色彩的由情态、极性和被动语态体现的客观性归为非个人的意义层面。

6.3 人际意义的衔接

功能语言学认为,语言除具有表达发话者的亲身经历和内心活动功能外,还具有表达发话者的身体、地位、态度、动机和他对事物的推断等功能,即语气的"人际功能"。人际功能的体现主要通过语气系统和情态系统完成。语气系统的功能是表达发话者希望通过讲话所达到的目的,而情态系统则是表达说话者对事物的判断或评价的语义系统。作为人际意义的重要组成部分之一,情态系统所表达的意义是从发话者本人角度对其命题的成功性和有效性所做的判断,或在命令中要求对方承担的义务,或在提议中要表达的个人意愿。从语义上说,它所体现的是一致性中肯定和否定两级之间的意义。通过对语篇的情态系统的考察,我们可以弄清楚发话者对命题真实性所承担的责任的程度和对未来行为所做出的承诺或承担的义务,还可以了解发话者对受话者以及相关事件的态度、发话者与受话者之间的社会距离和权力关系。

系统功能语法认为,情态是人际元功能的主要实现手段。我们对情态衔接的研究是对衔接机制意义层面的研究。韩礼德和哈桑对衔接在语言层次早有定位。形式上,我们可以从语法、词汇、音系三个形式层次来研究衔接机制。意义上,我们可以从概念、人际、谋篇三种意义的角度和谋篇的宏观意义结构角度来研究衔接机制。(张德禄，2003：22)情态自身的衔接功能源于人际意义的衔接，在语义层面上，是组成语篇的非结构性关系。(胡曙中，2005：211)人际意义中的情态及其衔接研究使我们对情态有了新的认识，由情态只是狭义、孤立的语法现象上升到广义、相互联系的语篇范畴。

韩礼德和哈桑（1976）早期主要从概念意义的衔接形式上探讨了指代、替代、省略、连接和词汇衔接五种衔接机制。衔接机制是实现意义的衔接关系的形式项目。衔接机制是衔接的，而衔接关系是意义的。后来威多森（Widdowson）（1978）等将韩礼德和哈桑的形式上的衔接机制等同于意义上的衔接关系，把衔接视为句子间的由衔接手段表现的显性关系，把连贯视为语义或语用关系，而指责说衔接并不能保证连贯。

鉴于此，哈桑将衔接关系归纳为同指、同类和同延，并增加了相邻对、延续词、排比、主位结构和信息结构等衔接机制，进一步明确了衔接与衔接机制的关系。同指是指对所指情景的确认关系，如指代；同类是指 A 和 B 同属于一类的关系，如替代和省略；同延是指 A 和 B 同属于一种语义场，如词汇衔接的同义和反义。在这里，除了概念意义的衔接以外，哈桑已经开始具体探讨人际意义的衔接了，比如相邻对，尽管她没有明确地划分概念衔接和人及衔接的不同。

张德禄深化了衔接的内涵，并拓展了衔接机制的范围。在对衔接的理解上，他认为衔接是指语篇中所有相互依存的语义关系，与韩礼德一样，他也将衔接视为一种谋篇意义，但与韩礼德不同的是，他认为衔接不仅将概念意义，而且将人际意义组成连贯的语篇。同时，他还提到了人际意义在衔接中的作用，尽管还没有明确区分概念与人际衔接。张德禄扩大了衔接的内涵，在他看来，衔接概念相当于韩礼德的谋篇机制，因为它的衔接概念涵盖了所有与实现连贯相关的概念意义关系和人际意义关系。这一点为进一步研究概念意义和人际意义的衔接关系铺平了道路。

6.4 对话的实质

韩礼德从三种角度分析了小句的功能，语篇功能从信息的角度对小句的功能进行解释，把它分析为由两个部分主位和述位构成的结构。这一章我们从另一个角度分析小句的功能，也就是小句作为交际的意义。

同时，作为信息的组织结构，小句可以组织为一个互动的事件，包括说话人或作者和听众。说话人这个概念包括了说话人和作者两个角色。在交际行为中，所有的参与人都共同主导了言语交际的过程，参与人轮流每次采用一种交际角色，给对方分配一个辅助性的角色。语言交际的一个重要目的是进行有意义的交流，建立并保持适宜的社会联系。我们进行语言交流的时候总是戴着一定的目的，如影响他人的态度或行为，向他人提供信息，将自己的态度或行为向他人做出解释，或是他人为我们提供信息等。语言所具有的表达人与人之间的关系的功能称作人际功能，人际功能体现在语法中的语气系统和情态系统。

语言交流是一个互动的过程。这种互动行为体现在语言交流的两个目的之中：给予（giving）和求取（demanding）。在交际过程中，说话人要么是给予听众一些东西，要么是从听话人那里求取一些东西。给予意味着邀请对方接受，求取意味着邀请对方给予。说话人不仅在自己做事，而且向对方要求一些东西。因此，言语行为更准确地讲应该叫作互动：是一种交流，在这个过程中给予暗示了对方接受，求取暗示着对方给予。

除了给予和求取之间基本的区别，还有一个重要的区别是和交际的商品有关，这组概念就是商品和服务（goods‐&‐services）或信息（information）。如果言语交际的目的是我让人做一些动作，传递一些东西，那么交际的商品严格说是非言语的：被求取的是一个实体或一个行为，言语的使用是为了帮助交际过程。这样的交际过程就是商品服务交际。如果言语交际的目的是对方让我告知一些事情，如提一个问题，被求取的是信息，语言既是目的也是工具，被期望的答案是言语的，那么这样的交际过程就是信息交际。

给予和求取这两个变量可以衍生出四种主要的言语功能：提供、命令、陈述和提问。

交流物	物品与服务	信　息
给予	提供	陈述
求取	命令	提问

从上表可看出，当说话人给予物品与服务时实施了提供的言语功能，当给予信息时实施了陈述的言语功能，当求取物品与服务时实施了命令的言语功能，当求取信息时实施了提问的言语功能。在真实情景中，这四种言语功能的回答都是言语化的，并或多或少的伴随一些非言语行为。

言语功能是在交际参与者的互动中进行的。交际参与者正是在你来我往的互动中实现人际意义的交换并共同构建语篇的。这种互动最直接地体现为言语功能及其引发的应答之间的相互关系。

言语交际中的听话人不仅可以对一个问题给予多种的回应方式，而且也可以用不同的方式发出命令。他可以拒绝回答问题，也可以提供要求的商品或服务。

只要交际的目的是商品或服务，听话人可做的选择是有限的：接受或拒绝提供，服从或拒绝命令。信息的交际比商品和服务交际复杂得多，前者听话人不仅被要求倾听和做一些事，而且要身体力行的担任言语的角色——确认或否认，或者提供一条缺失的信息。后者就显而易见的多，参与人可能借助语言作为达到自己目的的媒介，提出的要求本身不是一个语言商品，而是独立于语言外的事物。另一方面，信息除了以语言的形式就无法存在。例如陈述和提问，语言本身是交际的商品。

当语言被使用来交流信息时，小句以命题的形式出现，命题成了可以辩论的东西——可以确认或否认的、可以怀疑的、可以反驳的、可以坚持的、可以保留地接收的、可以准予的、可以调解的或可以反悔的东西等。但我们不能把小句的所有功能看作是一个互动的事件，因为这将排除商品或服务交际功能，即全部范围的提供和命令功能。不同于陈述和提问，商品和服务对应的小句形式不是命题，它们不可以被确认或否认。然而它们的重要性并不亚于陈述和提问，它们在语言的个体发展中是处在优先地位的。

然而，当我们把小句看作是交际时，有一个重要问题是为什么先看命题是很有用的。事实是命题有一个界定明确的语法。总的来说，语言不会给提供和命令发展特殊的资源，因为在这样的语境中，语言只是作为实现非语言目的的途径。但语言为陈述和提问提供了语法资源，这不仅在它们自身构成了目的，而且提供了实现一系列不同修辞功能的切入点。通过解释陈述和提问的结构，我们可以对小句的交际功能有一个大致的了解。

语言交流的基本单位是小句。在以信息为交流物的互动过程中，小句以"命题"的形式出现、成为可议论的概念。在以物品和服务为交流物的互动过程中，小句以"提议"的形式出现，因为提议不像命题那样可以被肯定或否定，而是被执行或拒绝。

语言交流的互动主要是通过语法系统中的语气和情态来实现的。语气和情态不仅表达了语篇的人际意义，而且为语篇的建构提供了重要的语法资源。人际意义潜势中的语气和情态使交际参与者之间的互动成为可能，并以此参与语篇的构建。

6.5 语气成分

语气系统的功能是通过语气结构实现的，语气结构包括两部分：语气和剩余部分。其中语气由主语和限定成分构成，它们对小句各自产生不同的作用；而剩余部分由谓词、语气助词和语气附加语组成。语气中的限定成分可以使命题具有限定性，即它对命题施加一些限制，如限定成分从时间和情态方面为命题提供一个参照点使得命题具有可论证性，因此把命题和交际事件中的情景相联系。这个过程通过两方面实现：第一，限定成分中指明了交际的时间，这一点由小句的主时态体现，这样命题依据时间性和交际事件相照应从而具有可论证性；第二，限定成分指明了情态的地位，即说话人对可能性的判断或交际活动中涉及的义务。情态的功能通过情态成分使得命题和交际事件直接相关，从而使命题具有可证实性。

此外，另一个和限定成分相共存的是归一性。归一性通过肯定和否定形式表现出来。所以限定成分把归一性和交际活动中的时间性和情态统一起来。总之，限定成分构成了语气系统的言语成分。

韩礼德（1994：72）指出，语气中的主语表面上似乎是和传统语法相偏离的一个术语，然而从语义功能角度它已成为一个功能成分。确认语气中主语的方法是在陈述句句末加入一个语气标记，通过辨认标记中的代词所指代的指示对象来确认主语的成分。

除了主语和限定成分，语气中另一个重要的成分是语气附加语。它的重要性体现在只有当语气和情态同时相关联，主语才能反映情态责

170

任；否则，语气中的主语的语义很可能和主位结构中的主语重叠，因为陈述句中的主语总是和主位出现合并现象。

情态附加语由语气附加语和评论附加语组成。其中，语气附加语可划分三个子集：归一性附加语、时间附加语和语气附加语。韩礼德指出，语气附加语和评论附加语为小句构建了语境（韩礼德，1994：84）。

6.5.1 语气结构

语气系统由两部分构成：直陈类型和祈使类型，其中，直陈类型主要用来交流信息，而祈使类型则用于交换商品和货物的语气。直陈语气由陈述句和疑问句构成，陈述句是用来进行陈述的语气，疑问句是用来提问的语气。在陈述语气中，断言是为了使得陈述内容的言语功能更肯定，感叹句是为了让通常位于名词短语和副词短语中的特殊疑问成分凸显出来。另外，断言和感叹都遵循了主语在限定成分之前的顺序。而疑问语气中，一般疑问句是为了指明提问者想提供的实体类型。

根据韩礼德的衔接理论和三大元功能的划分，语篇的语义连贯分为概念连贯和人际连贯，人际连贯可以通过内部形式衔接机制和外部语域一致性得以实现。但是把人际意义作为衔接机制来考察其与语篇连贯的关系，目前还没有形成系统性的、操作性强的分析方法。本研究以韩礼德的衔接理论和张德禄的多维度衔接机制作为理论框架，以情态和意态两种人际衔接机制为分析框架，研究卡梅伦演讲语篇是如何实现语义连贯的。所以人际衔接机制如何促进语篇的语义连贯是本研究的重点。本研究采用定量的分析方法分析情态类型和情态取向在篇章的分布情况，采用定性的分析方法探讨情态类型和情态取向的结合是如何促进语篇的语义连贯的。

根据系统功能语言学的框架，人际元功能指交际者在特定的语境下所建立的交际关系，以及交际者对他所说的话所持有的态度。韩礼德指出，人际功能承担了太多的语义负荷，它的词汇语法资源由语气、情态、语调和评价机制构成，而这些成分以一种韵律的方式实现了语篇的人际功能。（韩礼德，1994）。根据韩礼德和西蒙·迪克（Simon Dik）(1997)给出的定义，人际意义可以从两方面来阐释：互动和态度。前者指和交际者有关的一切互动内容，后者指交际者对交际事件所持有的态度和评价。人际意义的实现通过语气和情态系统完成，本研究主要从情态系统研究演讲者作为交际活动的参与者，如何通过情态类型的选择保持交际话题在言者和听者之间自由转换。因为情态系统从语义上说，是一致性中的肯定和否定两级之间的关系，所以言者对情态类型的选择，情态类型和情态取向的结合，情态值的大小对于听者判断命题和提议的真伪，交际双方在交际活动中承担的义务和责任，以及交际双方的社会距离和权力关系都有重要的影响和制约作用。

当我们讨论陈述和提问以及由陈述和提问导致的各种各样的回答时，我们会发现英语中陈述和提问通常是通过一种特殊的语法变体来表达，这个变体贯穿小句的一部分，剩下的部分并不受其影响。

我们在对话中会发现小句中的一个特殊的成分在一系列的修辞交际中总是被反复提及，这个成分带领讨论向前发展。这个成分就是语气成分。由两部分构成：一是主语，通常是名词短语；二是限定成分，通常是动词词组的一部分。例如：he might 中 he 是主语，might 是限定词。

当主语首次出现时，可以是任何名词短语。如果它是一个人称代词，可能会重复多次。如果是其他成分，如果是专有名词，那么在首次出现之后，主语将由相应的人称代词所替代。

限定成分是一小部分表达时态或情态的限定操作词其中之一，然而有时在一些例子中限定成分和实义动词融合成一个词，这种情况出现在当小句的时态是一般现在或一般过去时，主动语态的时候。这种融合的限定成分一出现，限定词 did 和 do 就会出现在之后的答复和标记中，如"He gave it away, didn't he? Yes, he did."。

语气中的主语不是纯粹的形式类别,而是语义成分。陈述句中的主语是在标记中出现的代词。所以为了准确定位主语,可以在小句之后加一个标记,以便找出那个被替代的成分。同时,主语在陈述小句中总是位于限定词之前,但在一般疑问句中却处在限定词之后。这只是确认主语的方法,并不是主语的功能界定。所有的陈述小句中的主语都可以通过标记中以代词的形式被重复进行确认。

小句中语气表述的总的原则如下:

(1) 语气成分的呈现由主语和限定成分组成,实现了直陈句的特征。

(2) 在直陈句中,主语和限定成分的顺序很重要。

(a) 主语在限定成分前,实现了陈述句的特征。

(b) 限定成分在主语前,实现了一般疑问句的特征。

(c) 在特殊疑问句中,主语和限定成分的顺序是:如果特殊疑问词是主语,主语位于限定成分前,否则限定成分在主语前。

6.5.2　主语和限定成分的意义

主语和限定成分为什么在小句中具有特殊的意义,因为它们对于小句的作用是不同的,需要分开讨论。

6.5.2.1　限定成分

限定成分,正如它的名称所暗示的,具有使命题受到限制的作用。也就是说限定成分限制了命题,使命题回归现实,变得可以被讨论。使一件事具有可讨论性的方法是在当下给它一个参照点,这就是限定成分需要完成的,它使命题和交际事件中的语境关联起来。

要做到这一点有两种方法,一种是参照交际的时间,另一种是说话人的判断。例如，"An old man was crossing the road, it can't be true."，前一句中的 was 体现了交际的时间，第二句的 can't 体现了说话人的判断。从语法角度看，第一句是主要时态，第二句是情态。

（i）主要时态指的是出现在交际中的过去时、现在时和将来时，这些时间和现在相对。一个命题可以通过参照交际事件和锁定交际时间成为可论证的。

（ii）情态意味可能和不可能，合适和不合适。一个命题或提议可以根据和它相关的可能性和责任的程度进行评估而变得具有论证性。

这些具有的共性是人际指示：主要时态和情态在说话人和听话人之间展开的语义范围内定位了交际。主要语法的维度是时间：主要时态从人际角度构建了时间。情态的维度是评估：情态构建了说话人所能表达的不确定性的区间和所说话语的合理性的评估。

限定性通过限定操作词表达，限定操作词要么是时间的要么是情态的。另外还有一个和限定性共存的特征是归一性。归一性是介于肯定和否定之间的选择。为了让交际显得可论证，需要指出交际的归一性：命题中是 is 和 isn't，提议中是 do 和 don't。所以限定成分除了表达主要时态和情态，还实现了肯定和否定的归一性。每组限定操作词都有肯定和否定两种形式，例如：did 和 didn't，can 和 can't。

限定性把归一性的规范和言语交际中的时间和情态参照物联系起来。限定性组成了语气系统中的动词成分，但语气系统中另一个名词成分就是主语。

6.5.2.2 主语

主语提供了构成命题的剩余部分，即通过参考剩余部分，命题可以被确认或否定。如在"The duke has given away that teapot, hasn't he?"一句中，限定词 has 指明了肯定的归一性和现在时间，而主语 duke 指明了实体所声明的言论是有效的。

换句话说，是主语 duke 决定了命题的成功或失败，也是主语对小句作为互动事件的功能承担了责任，说话人通过主语＋限定词的结构进行说明，通过这个结构号召听话人认可命题。

现在分析提议类的小句的情态责任可能更容易一些，主语指明了真正实现提供或命令的情态责任的主体。提供的主语通常是说话人，而命令的主语是被致辞的人。提议类小句中的主语通常也是小句的行动者，但并不是绝对的。主语可以指定对提议的成功负责人的主体，这个功能在提供和命令小句中是显而易见的，但也同样适用于陈述和提问小句。所以，主语指定了责任因素，但在命题小句中，这意味着陈述的合法性所依靠的是主语。

所以如果想知道为什么说话人选择这个或那个项目作为命题的主语，这里有两个因素需要注意：一个是在其他条件相同的情况下，同一个项目既充当主语，也作为主位。在主位一章中提到的，非标记主位在陈述句中就是主语；这也是说话人的一种选择倾向，即一种综合性的选择，让一个项目同时实现两种功能：命题中的主语和信息中的主位。

同时，主语这个项目的选择本身有一定的意义：以 "That teapot was given by the duke to my aunt." 一句为例，说话人给主语 teapot 分配的不仅仅是信息开端这个功能，而且有辩论的静止点这个功能。

英文中的主语具有特定的身份，如果我们采用三目的角度，主语的身份可以这样解释：第一，是这个名词成分（名词短语、名词性短语或从句）被语气标签中的代词所选择；第二，主语和限定词结合形成了小句中的语气成分。另外，如果是陈述语气，主语构成了小句的非标记主位；如果是一般疑问语气，主语和限定词会互换位置；第三，是主语携带了情态责任，情态责任对小句中被预测、被陈述、被提问、被命令和被提供的合法性承担责任。

主语是一个和小句中的其他成分一样厚实丰满的类别。认为很难定义主语的观点并没有把主语和主位或行动者或媒介或很多其他有意义的类别区别开来。理解主语的关键是元功能要素：主位通过作为小句信息的开端被充分理解，正如主语是通过小句作为交际的概念，作为言语互动中的一个语步被充分理解。主语的概念，作为一个纯句法的要素而出现。因为它证明了从只识别概念意义的语法论述中理解主语+限定词的意义是很难的。

6.6 语气结构的其他要素

6.6.1 剩余成分的结构

剩余成分由三种功能成分构成：谓词、补语和附加语。谓词只有一个，而补语可以有一到两个，附加语的数量不确定，可能有七个。如：

表 6-1 剩余成分结构

Sister	is	sewing	shirts	for soldiers
subject	finite	Predicator	complement	adjunct
Mood		Residue		

6.6.1.1 谓词

谓词出现在所有小句中，除了那些被省略替代的谓词。谓词通过一个动词词组减去时间和情态的谓词最终实现。正如我们看到的语气成分中的限定词功能一样，例如动词词组 was shining, have been working, may, be going to be replaced 等结构中，充当谓词的部分是 shining, been working, be going to be replaced 这些成分。谓词本身是非限定的，也有一些非限定小句包含一个谓词，但没有限定成分。

谓词的功能是四重的：（1）谓词限定了时间参照，而不是对于交际事件的时间参照，即二级时态，如过去、现在和将来和主要时态的关系。（2）谓词限定了多样的方面和阶段，例如 seeming trying 和 hoping。（3）谓词限定了语态：主动或被动。（4）谓词限定了主语所预测的过程（行为、事件、心理过程和关系过程）。这些特征可通过动词词组 has been trying to be heard 体现出来，谓词 been trying to be heard 表达了四重含义：（1）复杂的二级时态，been + ing；（2）一个意动的阶段，try + to；（3）被动语态，be + -d；（4）心理过程 hear。

英文中有两个动词 be 和 have，严格来说是一般过去时和一般现在时形式只由限定成分构成，而不是限定词和谓词的融合。可以通过它们的否定形式体现：be 的否定形式是：isn't, wasn't；have 的否定形式是：hasn't, hadn't。鉴于 be 和 have 在所有时态中可以充当谓词，这两个词的一般过去时和一般现在时形式是很明确的。

6.6.1.2 补语

一个补语是包含在剩余成分中的一个要素，而且它具备成为主语的潜势，但是却没有。换句话说，补语具备可以被给予升级地位的情态责任潜势一个要素——可以成为争论要点的成分。它通常由一个名词词词组实现。所以在"The duke gave my aunt that teapot."一句中，存在两个补语：my aunt 和 that teapot。这两个中的任何一个都可能成为小句的主语："My aunt was given that teapot by the duke."，"That teapot was given to my aunt by the duke."。

任何名词词组只要不是主语就可能是补语，这包括一类不可能做主语的名词词组，而且把形容词作为词组的中心词。例如，从"Inspection can be frightening, but staff morale has to be kept high."可以看出，用形容词做中心词的名词词组在小句中只能做附加语,这个附加语不能映射到主语上。因为只有小句中的参与者才能承担情态责任,作为附加语知识边缘化的参与者。可以发现,补语涵盖了传统语法中的所有实体和所有补充成分。

6.6.1.3 附加语

附加语是小句中不能成为主语的一个要素,它不能升级为情态责任的人际地位。这意味着论述不能围绕附加语这些要素进行构建。在概念功能层面,附加语也不能围绕环境构建,但它们可以围绕参与者进行构建。小句中有三个等级的人际等级图,如图所示:

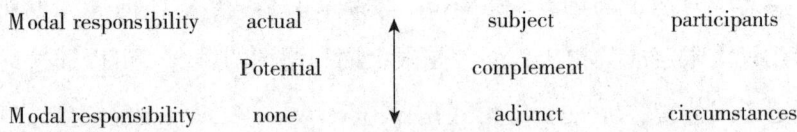

一个附加语通常是通过一个副词词组或一个介词短语实现的。在"My aunt was given that teapot yesterday by the duke."一句中,有两个附加语:副词短语 yesterday 和介词短语 by the duke。

一个介词短语有自身的内在结构,内部包括一个补语。在 by the duke 中,the duke 是一个和介词 by 有关的补语。所以尽管 by the duke 本身是附加语,而且不能做主语,但它包含 the duke 这个补语成分,所以是可以作为主语的。

英语中补语和任何介词搭配都可能成为主语,即使当介词必须被保留,并且单独作为附加语时。例如,在 That paper has already been written on 中,that paper 做主语,介词 on 作为缩短的附加语;在"Someone has already written on that paper."一句中,它的附加语 on that paper 和前一句的主语 that paper 由相同项目构成,后一句的介词短语 on that paper 中,that paper 是补语。所以补语和介词搭配在一起是可能成为主语的。

把补语拿出来做主语,如前一句的情况,剩下的介词 on 在前一句中仍然做附加语。

剩余成分中要素的组合顺序通常是谓词+补语+附加语。但正如我们所指出的,一个附加语和补语可能以主位化的趋势出现,要么以特殊疑问词的形式出现在一般疑问句中,要么以标记主位的形式出现在陈述句中。这并不意味着这个附加语或补语就成了语气成分的一部分,它仍然属于剩余部分。因此,剩余部分被分割成两部分,变得不连贯了。例如,在"That teapot the duke had given to my aunt last year."一句中,that teapot 是一个标记主位的补语,剩余部分是 that teapot…given to my aunt last year。如表6–2所示:

表 6–2 不连续剩余成分

The teapot	the duke	had	given	to my aunt	last year
complement	subject	finite	predicator	adjunct	adjunct
Residue	Mood				

6.6.2 人际附加语

在附加语的整个类别中,有两类特殊的附加语并不符合常规的顺序原则,也不属于剩余成分。这两类是情态附加语和连接附加语。

这些不同种类的附加语之间的区别属于元功能范畴。5.3.1 中讨论的附加语属于环境附加语,因为它们在及物性结构中作环境成分。情态附加语和连接附加语分别属于人际元功能和语篇元功能。所以它们出现在小句中的不同位置。

情态附加语包括语气附加语和评论附加语。它们之间的区别在于二者代表了对命题或提议不同种类的评价。语气附加语包括时间附加语、情态附加语和强度附加语。评论附加语包括命题附加语和言语功能附加语。

6.6.2.1 语气附加语

语气附加语因为和语气系统所构建的意义有密切联系，所以叫作语气附加语。这意味着它们在小句中的中立位置和限定操作词很近，要么在它之前，要么在它之后。但是语气附加语还有两种可能的位置：主语前或小句末尾作为事后的想法。语气附加语的位置通过以下四句说明：

(a) But usually they don't open before ten (thematic).

(b) But they usually don't open before ten (neutral).

(c) But they don't usually open before ten (neutral).

(d) But they don't open before ten usually (afterthought).

(b) 和 (c) 的区别是系统性的，在否定句中这种情况就更明显了。例如 they always don't open 一句的意思是 they never open；(c) 中 they don't usually open 的意思是 they open sometimes。这里存在着意义的选择，即 (a) 和 (d) 的意义与 (b) 是一致的，而不是 (c)。从技术层面看，(c) 句中的语气附加语事实上是在剩余部分中产生作用。但只要归一性是肯定的，即使是否定的，(b) 句和 (c) 句的差异也是中立化了。

时间附加语和人际时间有关系，它们要么和时间本身有关系，例如时间的远近，过去和将来，和当下的说话人有关系；要么和期待有关，考虑到交际中的时间。带有否定意义的时间和情态附加语具有这样的特征：当它们出现在主位的位置上时，主语和限定词的位置通常互换了。例如，"Never before have fans been promised such a feast of speed with reigning World Champion Ove Fundin sparking he flame that could set the meeting alight."这个句子，其限定操作词总是跟在语气结构第一个成分之后，主语 fans 和操作词 have 位置交换了。这种用法只限于某些特定陈述句句型，主要是公众演讲。

强度附加语主要有两类：一类和期望有关，表示程度等级的词，如最高等级、高等级或低等级。表示最高等级的附加语在否定小句中体现了价值的相同转换。例如：I entirely disagree, I don't entirely agree。这些附加语，尤其是像 total 这种表示最高等级的词，通常和人际关系加载的过程或附加语有关；同样的副词也总是充当名词词组内的修饰语。那些反期望的词，要么是对所期望的事物进行限制，要么表示超出期望：它们的意义要么是 nothing else than（只不过），went no further than（不超过），including also（包括），went as far as（甚至）。强度附加语多出现在小句的中间或末尾，很少出现在句首。因为它们不能作主位，所以也不会引起否定归一性的小句中主语和限定词的反转。

6.6.2.2 评论附加语

评论附加语和语气附加语之间没有明显的界线，评论附加语中的预测、推测和合意与语气附加语在语义上有重合之处。它们的区别是评论附加语和语气语法之间的联系更少；它们基本局限于做命题的一般疑问句，表达了说话人对整体命题的态度，或对特殊言语功能的态度。换句话说，评论附加语的任务要么是概念性的，要么是人机意义的。

（1）概念类型附加语

这类附加语指出现在陈述句中，它们和语气附加语出现的位置一样，但存在的原因不同：评论附加语和语气机构的整体联系更少，更多是根据它们对小句语篇结构的重要性决定它们的位置。尤其是，它们和信息单位的界限有密切联系——通过它们可以判断语调群的界限，因此，它们总是和逗号同时出现。所以它们总是居中出现，跟在突出成分的后面。否则，它们可能作为主位而出现，更多是以一个独立的信息单位存在，或者作为事后的想法出现在句末。例如：

181

(a) Unfortunately, the doctor hasn't left an address.

(b) The doctor, unfortunately, hasn't left an address.

(c) The doctor hasn't, unfortunately, left an address.

(d) Thedoctor hasn't left an address, unfortunately.

概念类型的附加语，说话人要么对整个命题进行评论，要么对主语代表的部分进行评论。第一种情况，评论要么是确定的，要么是限制的。这些项目不能作为环境附加语，因为它们不能证明时间的偶然性。第二种情况，主语的角色通过自身的才智或情态进行评价，这样的表达可以作为环境附加语出现。例如，"Wisely, he didn't act."和"He didn't act wisely."这两句中，第一句的 wisely 是评论附加语，而第二句的 wisely 是环境附加语。

2）言语功能附加语

这类附加语通常出现在陈述句或一般疑问句中，但存在一个趋势的变化：在陈述句中看，附加语表达说话人的角度，而在一般疑问句中，附加语寻求听话人的角度。它们在小句中的位置也是受限制的，通常在句首或句末的位置。

言语功能附加语也包括两个次类：限制的和非限制的。限制类附加语和投射密切相关，它们可以进行扩展，如 speaking 扩展为 generally speaking；非限制类的附加语要么是说法的准确性，要么是保证或许可的信号。

语气和评论附加语包含那些可以作为人际附加语的成分。它们不包括出自相同语义范畴，却不充当附加语的表达方式。

6.6.3 连接附加语

连接附加语严格地说，它们并不属于人际意义一章，不同于情态附加语具有人际功能，连接附加语是语篇功能，它们和语篇的其他部分建立了一种情景化的关系。这种情境化功能的语义基础是扩展的逻辑——语义关系。但连接附加语通过衔接构建了这些关系,即没有在两个部分之间建立一种语法上的结构联系。

连接附加语在小句中实际上是以主位的一部分产生作用。但需要指出的是,它们不一定是主位,它们可能出现在小句中的任何位置,实际上它们的分布和它们对小句意义的影响和情态附加语是很相似的,尤其是评论附加语。

语气附加语和连接附加语不仅在自身的构成上很相似,而且在和环境附加语的差异方面也很类似。然而环境附加语在小句末尾语调会自然下降,它们携带了非标记的语调突出,而情态和连接附加语出现在句末只作为事后的想法,而且永远不能携带小句中的语调突出。

然而它们都可以以主位的形式出现,只有环境附加语通常可以作为预测主位出现:我们可以说 "It's on the hill that it rains more heavily.",而不能说 "It's on the whole that it rains more heavily.",或者 "It's on the other hand that it rains more heavily."。

情态附加语和连接附加语的共同之处是,它们都可以构建小句的语境。因此,即使涉及形同的语义特征,例如时间特征,它们两者之间的意义也是有差异的。一个表示时间的情态附加语,例如 just、yet、already 和小句的主要时态联系紧密,而且是说话人和听话人之间的"共享时间";一个表示时间的连接附加语,例如 next、meanwhile,它们把小句的时间和前文的语篇环境联系起来。但它们二者都和环境附加语表示的时间不同,例如 in the afternoon。而且同一个项目可能有时作为环境附加语,有时作为连接附加语,例如 then、at that moment、later on 和 again 。

所以出于分析的目的考虑,我们把连接附加语作为独立的一部分,但需要注意的是连接附加语作为一个独立的成分,而且不属于语气和剩余部分的成分。

表6-3 带连接附加语的小句

Such men	however	seldom	Make	Good husbands
Subject	Conjunctive adjunct	Mood adjunct	Finite predicator	Complement
Mood	adjunct		residue	

6.7 语气系统的其他选择

我们已经讨论过的语气类型有陈述语气和一般疑问语气，它们属于直陈语气和一般疑问语气。那么还有特殊疑问语气，它属于疑问语气的一个次类，和一般疑问语气形成对比。感叹语气和是陈述语气的一个次类，和肯定语气形成对比。祈使语气是主要的语气类型，和直陈语气形成对比。

6.7.1 特殊疑问语气

特殊疑问词在小句的人际结构中是一个独特的成分，它的功能是为了确认提问者希望提供的实体。它在小句中处于主位的位置。特殊疑问词总是和另外三个功能成分主语、补语或附加语中的一个或几个重叠在一起。如果和主语合并，它就成了语气成分中的一个，那么语气成分的顺序就成了主语+操作词，如"Who killed him？"。

如果特殊疑问词和补语或附加语重叠，它就成了剩余部分的成分。那样的话，在语气成分内部的疑问句顺序再次显现出来，即操作词处于主语之前。如表6-4所示：

表6-4 特殊疑问词和补语、附加语的重叠

Whose little boy	are	you
Complement/WH-	finite	subject
Residue	mood	

Where	Have all the flowers	Gone
Adjunct/WH-	Finite subject	predicator
Residue	Mood	

那么特殊疑问词和谓词的情况呢？有一种可能性，说话人想要提供的缺失信息可能通过动词表达出来——一个行为、事件、心理过程或关系——因此充当了谓词。但特殊疑问词不能和谓词重合，因为没有动词可以和 what 重合。这样的问题可以通过 do + what（complement）或者 what（subject）+ happen 来表达，不管做的结果是什么，发生的是什么，都会出现一个附加语，以介词短语的形式，通常是介词 to。

表6-5 特殊疑问词和补语的重合

What	Have	The elephants	done	Tothe pier
Complement/WH-	Finite	subject	Predicator	adjunct
residue		mood		

有一类附加语几乎不会作主位，原因显而易见，不仅因为它会覆盖一个特殊疑问词，而且它不能充当一个环境成分。在特殊疑问词的选择上，补语的范畴可以延伸到一个介词短语构成的微补语，特殊疑问词和这个微补语重叠，作为小句的环境附加语。鉴于这个特殊疑问词是主位，微补语也具备了主位的地位，然而谓词则划入述位的范围，如"who are you going with?"。

另外，特殊疑问词可以和小句的一个成分重叠，这个成分通过特殊

疑问小句被投射出来。

6.7.2 感叹语气

感叹句通常由特殊疑问词 what 或 how 引导，包括名词短语或副词短语。What 和一个补语重叠，如"What tremendously easy riddles you ask."，这是一个常见的定语补语，又如"What a fool he is."。How 和一个附加语重叠，如"How foolish he is."。感叹句的语序通常是主语+操作词。

表6-6 感叹句

What a disagreeable old man	I	have	become
Complement/WH-	Subject	finite	Predicator
Residue	Mood		

这类感叹句有特定的语法，但其他的语气类型也可以实现感叹效果，这包括一般疑问句的否定形式，如"Isn't it amazing?"。

6.7.3 祈使语气

祈使句有不同于疑问句的人称系统，鉴于祈使语气是用来交流商品和服务的语气类型，它的主语是 you 或 me，或者是 you and me。如果我们使用第二人称，一个祈使句呈现了以下的范例：

Unmarked for person or polarity　　marked for person　　marked for polarity

Look　　　　　　　　　　　　YOU look　　　　　DO look

DON'T look　　　　　　　　　DON'T YOU look　　DO NOT look

大写的形式指示了突出：这些音节必须是节奏性的突出，因此祈使语气//you /look//中，you 是强音，而陈述句//you /look//中，you 是忽略的，语音上是减弱的。只要有两个词大写，至少有一个是突出的。从上可知，非标记的肯定句没有语气成分，动词就是谓词，没有操作词。其他形式有一个语气成分，要么由主语构成，要么只有操作词（do, don't），或者操作词后跟主语（don't you）。

6.8　归一性和情态

我们之前把限定操作当作归一性和情态的类别：归一性是肯定和否定的对立面。情态作为说话人的判断或听话人对判断的请求，建立在所说话语的基础上。

6.8.1　归一性

肯定和否定的对立面，涉及命题和提议，在任何语言中都是虚化的。通常肯定句形式上是非标记的，而否定句通过一些附加的成分实现：英语中通过 not 和动词的邻近关系体现。

如果考虑大量的语篇类型，肯定句的出现频率基本是否定句的十倍之多。但如果把肯定句简单看作是否定特征的缺失就是错误的，选择肯定句和选择否定句是同样有意义的，这一点可以通过否定标记可能转化为肯定句和否定句在重要性上基本均等来得到证明。否定标记也不可能被分离只留下原封不动的肯定形式。

这种融合只发生在和限定成分有关的部分中，如果动词是非限制的，not 不会转化。这一点反映了归一性和语气的系统关联性。携带归一性特征的是命题或提议中的言语功能成分。因此当说话人加入一个语气标签，那么标签的非标记形式是可以转换归一性的部分，如"You know them, don't you?""I didn't hurt you, did I?"。

如果标签的归一性保持不变，意义就是断定的而不是寻求证实，如"They won't pay, won't they?"。

正是标签中归一性的转换让我们能够通过小句中其他否定形式的表达确认小句的归一性，如 no、never、no one、nowhere 和 seldom。"There's no more paper in the box, is there?" "They never came back again, did they?" 这些小句都有否定的归一性，如果一个否定的标签加到句子中，小句就变成了断定的语气，如"There is no more paper, isn't there?"。相反，如果否定的词出现在小句的剩余部分，小句本身就成了肯定语气，如"It's a question that's never really been addressed, isn't it?"。

疑问句中归一性的意义是什么。一般疑问句中主要是对归一性的请求，因此肯定和否定的情况都可能发生，这里否定形式作为一种标记性的选择而出现，然而肯定形式不包含标记性的选择，否定形式体现了问题所预期的肯定回答。例如，"Haven't you seen the news?" 预期的回答是"Yes, I have."。

事实上，典型的意义要比这些表述方式所暗含的意义更复杂一些。说话人想表达的是"I would have expected the answer yes, but now you have reason to doubt.", 这种否定的问题是如何回答的，回答 yes 或 no 体现了答案的归一性，而不是对问题的同义或异议。

在特殊疑问句中，否定的形式更多变。在表达不同意的语境下，通常用 why 提问，如"Why didn't you tell me before?"。其他的特殊疑问词，否定形式受限制更多。它直接出现在问题中，如"Which ones don't contain yeast?"。

回到 yes 和 no 的回答中，这些都是归一性的直接表达。但它们具有的功能是多样的。如果它们表达一个言语功能，它们就是语气附加语，否则，就是连续词，在语气结构中没有位置。

（1） yes 和 no 可能作为陈述，要么是对问题的回答，对陈述的认可，体现了对要求的承担或对提供的接受。其次，它们是语气附加语，在这个功能中，它们在音系上是突出的，总是带有语调突出。它们也可能出现在省略句中，单独作为一个小句；或者在回答的小句中做主位。例如在"It is Tuesday, isn't it?"一句中，可以直接用 no 作为省略句回答，也可以用"No, it isn't."来回答，no 是主调，所以可以单独作为回答。另外，也可以用 no it isn't 回答，此句中 no 是突出的，但不是主调的，所以回答是一个单独的小句。

（2） yes 和 no 可能作为语篇主位的一部分。这里它们是连续词，用来提醒一个新的语步开始了，而不一定预示着新的话轮的开始。它们自身是没有言语功能的，因此只是反映了当前的归一性。它们不是为否定或肯定而选择的。它们在音系上总是弱的。

（3） yes 可能作为对电话的回复；它具有语调突出的特点，通常是升语调。

最后，我们可看到否定词 not 在两种功能中出现：要么是否定限定词 n't 的正式变体，即它是限定词的一部分；要么是语气结构或剩余成分中一个特殊的语气附加语。

在非限定性小句中，例如 never having been given a proper chance 一句中没有限定词，not 的简化形式 n't 也没有出现，因此 not 可以单独作为一个语气成分，或者和主语一起组成语气成分。

6.8.2 情态

莱昂斯（Lyons）（1977：451-452）认为，情态表达了发话者对于语句或语句描述情景的看法和态度，它不仅仅局限于情态动词。对于话语情态的理解，语言中的主观性有着极为重大的关系。帕尔默（Palmer）（1986：16）也认为情态涉及了话语的主观性，甚至认为主观性是衡量情态的基本标准，所以他将情态定义为发话者主观态度和看法的语法化。《语言与语言学辞典》（Bussmann，1966：308-309）给情态提供了一个较为宽泛的定义：情态表示了说话人对所说话语内容的态度。它不仅指形态上构成的语气，如陈述、虚拟和祈使语气，还可以是不用的语句类型，如陈述句、疑问句和祈使句。与情景因素相配合，情态可以通过一系列的形式和词汇手段来实现：（a）动词的形态语气；（b）词汇，如句子性状语，情态助动词；（c）句法手段，如用 would 和 have to 所做的解释结构。这个定义反映了当前对情态意义的主要认识。

情态表达发话者在陈述和疑问中对自己所讲的命题的有效性所做的判断或评价，在命令中要求对方承担的义务和在提供中要表达的个人意愿。情态是表达人际意义的重要手段之一，广义的情态也包括意态（modulation）。

归一性是肯定和否定之间的选择，但这些并不是唯一的可能性，在肯定和否定之间存在着中间程度，即在这个范围内存在着多样的不确定性，如 sometimes 或 maybe。这些在肯定和否定两级之间的中间程度被称为情态。情态系统的作用是构建这种不确定性的范围。

但构建这种不确定性的途径不止一种。在 it is 和 it isn't 之间存在着相对的可能性，如 it must be、it will be、it may be。同理，在 do 和 don't 之间存在着任意的选择，包括 you must do、you should do、you may do。肯定和否定之间空间对于命题和提议具有不同的重要性。

（1）命题

在命题中，肯定和否定对应的意义是断言和否定。肯定的是 it is so，否定的是 is isn't so。在是与非的两极之间存在着两种情况：可能性和经常性。可能性包括 possibly、probably 和 certainly；经常性包括 sometimes、usually 和 always。前者等同于要么肯定要么否定，也就是 maybe yes 和 maybe no，其中附带了不同的可能性。后者等同于既肯定又否定，就是说 sometimes yes，sometimes no，其中附带了不同程度的经常性。情态正体现在这些不同等级的可能性和经常性中。为了把二者加以区分，我们把它们称之为情态化。

可能性和经常性都可以通过三种方式进行表达：（a）通过动词词组中的一个限定操作词，如"That will be John."中的 will；（b）通过一个情态附加语，如"That's probably John, he usually sits there all day."中，probably 和 usually 都是情态附加语；c）通过二者的结合，如"That will probably be John."。

需要注意的是在一个陈述中，情态体现了说话人的观点："That will be John."，等于"That's John, I think."；而在提问中，情态是对听话人观点的请求："Will that be John?"意味着"Is that John, do you think?"。另外，即使是高量值的情态动词也比极性所代表的肯定性要弱。That's certainly John 的意思要比 that's John 要弱。

（2）提议

在提议中，肯定和否定的两极代表的意义是规定和禁止。规定表示做此事，禁止表示不能做此事。它们之间同样也有两种中间程度：考虑到言语功能，要么是命令，要么是提供。在实施命令的言语功能中，中间的程度代表了不同程度义务，如 allowed to、supposed to 和 required to；在实施提供的言语功能中，中间状态表现为不同程度的意愿，如 willing to、anxious to 和 determined to，提供对应了意愿的言语功能。我们应该把义务和意愿的程度看作意态。

情态和意态的分工不同：情态指的是以信息为交流物时发话者从概率和频率的角度对信息的可靠性或有效性所持的态度；意态指的是以物品和服务为交流物时发话者从义务或意愿的角度对交流的有效性所持的态度。人际意义中的情态系统进一步体现了交际参与者之间的互动，发话者 to 通过情态系统表达自己的态度，并影响受话者的态度和行为。

义务和意愿可以通过两种方式进行表达。一种是限定操作词，例如：you should know that 中 should 体现了义务的情态。第二种是通过谓词的扩展形式：（1）如一个被动语态的形式："You are supposed to know that." 中 are supposed to 体现了义务的情态；（2）通常是一个形容词，如在 "I'm anxious to help them." 一句中，anxious 体现了意愿的情态。

提议是明确的肯定和否定，是说话人和听话人之间的商品和服务交际。说话人要么是承诺做什么，要么是要求听话人做某事，要么是建议双方做某事。它们几乎没有第三人称在场，除了祷告或宣誓。另一方面，意态型小句也总是以提供、命令和建议的形式出现，暗示了第三人称，它们是说话人对于别人义务和意愿的陈述。这样的话，它们应该作为命题，因为对于听话人而言，它们传达的是信息而不是商品和服务。

因此一旦一个提议变成了任意的，它就转变为直陈语气来适应情态操作词，情态类小句因此总的来说在提议和命题之间是比较模糊的：这经常体现在当小句的概念意义直接指向一个方向，例如 "She must be very careless."，这个句子可能解释为命题，因为命题通常不会命令人去粗心大意，而 "She must be very careful." 更可能被解释为提议。

鉴于情态是对不确定性的表述，所以情态系统本身就是明显的不确定的。以可能性情态类型为例，它可以通过限定操作词、情态附加语或二者的结合构建起来，如 "That must be true." "That's certainly true." 和 "That must certainly be true."。如果我们把这些表达变成否定形式，那么情态的值将出现转换，例如：

That must be not true.　　That's certainly not true.

That will be not true.　　That's probably not true.

That may be not true.　　That's possibly not true.

现在把命题的否定特征转换到情态上，将变为：

That can't be true.　　That's not possibly true.

That won't be true. Tthat's not probably true.
That needn't be true. That's not certainly true.

可以看出，命题的情态值在中间程度的并没有发生变化，但在顶层和底层的情态值却发生了转换，即原来的高量值情态 that's not certainly true 变为低量值情态，而原来的低量值情态变为现在的高量值情态 that's not possibly true。因为 that's not certainly true 等于 not possible，是属于明确的否定了。如果否定的范围从命题转移到情态上，那么外部层面的情态值也将出现转化。

所以，另外三种情态类型的情态值也相应发生变化。例如经常性（usuality），not usually 等同于 usually not；sometimes not 等同于 not always。而义务性意态（obligation），not supposed to 等同于 supposed not to；allowed not to 等同于 not required to。意愿型意态中，anxious not to 等同于 not anxious to；not willing to 等同于 determined not to。

我们可以把 that must be true 和 that's certainly true 看作相同意义的不同表述方式。但其实不然，为了研究它们之间的区别，我们可以引入两个不同的变体，它们所涵盖的意义是相同的。例如以高值可能性情态为例，it is certain that is true 和 I'm certain that is true。这两个例子体现了说话人在明确地陈述确定性的来源：陈述的内容要么是客观的，如 it is certain 所引出的内容；要么从说话人的角度，陈述的内容是主观的判断，如 I'm certain。由限定操作词和情态附加语构成的情态类型在主观和客观维度上有所差别：副词形式 certainly 是一种使说话人的评估客观化的方式，而动词 must 携带了主观的负荷，它是说话人对于命题所依赖的合理性的判断。以可能性情态类型为例，它的情态取向可以归纳为：

主观显性：I'm certain   主观隐性：must
客观隐性：certainly   客观显性：it is certain that

193

这些情态取向的选择在整个情态系统随处可见，因为在语篇分析中，尤其是交际性的对话语篇，这些情态类型的变体会经常出现，它们之间意义的差异会对语篇的展开和效果产生标记性的影响。下一个标题我们将进一步讨论情态类型和情态取向的联系以及情态系统中情态隐喻作为人类语言的重要特征所蕴含的潜势。

6.9 情态系统

韩礼德指出，情态系统是实现人际功能的重要手段，它指明了语言使用者在理解话语时所持有的不确定性和对语言的评估。情态系统是一个语义范畴，它包括语义学中一系列的细微差异，而这些差异的共性是它们为处在中性语义值范围内的命题加入了特定的意义。拜比（1995：2）和韩礼德（1995：2）提出情态指向了肯定和否定之间的选择，即正极和负极之间的中间区域。里昂斯把情态划分为两种：一种是认知的，另一种是义务的。其中认知型情态代表知识和信仰，而义务型情态指明了强制性主体行为的可能性和必要性。这种划分属于逻辑学上的二分法（转自李战子，2002：74）。

6.9.1 情态类型

人际意义是在交际参与者的互动中实现的，体现了语言对世界的反映和主体间的交流性。人际意义不仅表达了人们对社会的主观认知，而且体现了语言的人际功能，即维系和改变社会关系的功能。情态系统作为实现人际功能的重要手段，是表达交际主体对事物的判断或评价的语义系统。

情态系统使言语交际中的不同言语功能实现了人际意义的交换，构建了语篇的互动功能。在以信息为交流物的互动中，人际功能通过命题形式得以完成；在以商品和服务为交流物的互动中，人际功能通过提议的形式得以实现。情态系统为实现命题和提议两种言语功能构筑了一定的情态空间。

情态系统分为两种类型：一种是情态，另一种是意态。情态可划分为概率和频率，由情态动词和情态附加语以及二者的结合表示。情态体现了讲话人从概率和频率的角度对信息或命题的有效性和可能性进行判断，表达了断言和否定的中间程度或状态；意态可分为义务和意愿，通过情态动词、谓词的扩展形式，如被动态和形容词结构来表达。意态体现了说话人通过命令要求对方承担义务，或通过提议表达个人意愿。意态属于规定和禁止之间的情态空间，包含了必须、应该、可以和乐意等情态意义。

在言语交际中，说话人通过情态承诺和情态责任影响受话人的态度和行为，或引发受话人的态度和评价，从而实现命题和提议的意义交换，完成交际活动。

情态指的是肯定和否定之间的意义空间，以及正极性和负极性之间的中间区域。这点所暗示的主要取决于小句的深层言语功能。

6.9.2 情态隐喻的扩展

对于情态而言，特定语法环境构成了情态隐喻的实现方式。例如，"I don't believe that pudding ever will be cooked."，这句指出了 I don't believe 作为情态的表达，可以添加标签，如 will it 或 do I。这个例子再第四章用来解释主位结构；现在这个句子可以用来解释情态结构中的隐喻成分。

表 6-7　情态汇中的人际隐喻

Probably		that pudding	never	will	be cooked
Modality: probability		subject	Modality: usuality	finite	predicator
mood					residue
I	don't	believe	that pudding	ever	will	be cooked

subject	finite	predicator	subject	modality	finite	predicator
mood			Mood			residue

　　此例中的认知心理小句 I don't believe 是一个可能性的隐喻实现方式：可能性通过一个心理小句得以实现，好像这个心理小句是一个感官的象征一样。具有隐喻性，小句不仅作为小句集合中的投射部分，而且作为一个语气附加语，正如 probably 的作用一样。所以在小句 I think it's going to rain 中，I think 是投射部分，被投射部分是后面的 it's going to rain，这个小句是 it's probably going to rain 的变体，I think 和 probably 的作用一样，都当作语气附加语了，所以小句的标签应该是 isn't it 而不是 don't I。所以心理小句如果当作语气部分，是可以加标签的；如果当作语气附加语，则不能加标签。例如小句 "You know what's happening tomorrow, don't you?"，心理小句 you know 可以加标签，因为它是语气部分，所以可以给它加标签。事实就是一个心理小句是情态小句，而且作为语气附加语对这个标签进行解释。如果一个心理小句只是一个常规的心理小句，存在于小句投射集合之中，那么它是可以加标签的。但如果小句有隐喻的地位，而且作为语气附加语，那么它不可以加标签。相反，语气标签可以对应命题中的语气成分，如 "That pudding probably never will...will it?"，从 will it 可以判断小句中的语气成分是 pudding probably never will 这一部分。

　　一个情态性的命题似乎是一个序列，通过小句组合的投射得以实

196

现。效果是情态和情态化的命题被分开了，双方通过一个小句得以实现：情态通过投射的心理小句得以实现；而命题通过投射的思想小句得以实现。

表6-8中的例子代表了人际隐喻的一个典型类型，基于投射的语义关系而言。在此类型的小句中，考虑到他的观察是合理的可能性，说话人的观点不是作为一个小句内部的情态成分进行编码，而是作为从属关系的小句集合中一个独立的投射小句进行编码的。事实上小句中存在大量的情态表达的变体，其中一些采用了小句复合体的形式。以可能性情态为例，存在四种情态取向。第一种是主观显性取向，通常由投射的心理过程小句引导。第二种是主观隐性取向，由情态助词表示。第三种是客观隐性取向，由情态副词表示；第四种是客观显性取向，由关系过程小句、形容词结构、名词短语或被动结构表示。

表6-8 可能性的情态取向类型

Category		Types of realizaiton	example
subjective	explicit	I think, I'm certain	I think Mary knows
	implicit	will must	Mary will know
objective	implicit	probably certainly	Mary probably knows
	explicit	It's likely it's certain	It's likely Mary knows

为了能够清楚陈诉可能性的主观取向，或者具体阐明可能性的客观取向，说话人把命题构建为一个投射句，把主观性（I think）或客观性（it is likely）编码在这个投射小句中。另外还有其他处在显性和隐性之间的中间取向形式：主观的 in my opinion，客观的 in all probability，它们的情态性通过一个介词短语实现，这个介词短语处于一种小句和非小句之间的地位。

可能性的主观取向和客观取向分别有两种形式：（1）主观取向：I

think Mary doesn't know / I don't think Mary knows；（2）客观取向：it's likely Mary doesn't know/ it isn't likely Mary knows。

很难准确地概括什么是情态的隐喻表征。但说话人有很多种表达观点的方法或者说掩饰他们真实想法的方式，如 it is obvious that, it stands to reason that, nobody tries to deny, it is particularly difficult to avoid the conclusion that, there can be no doubt that, the impartial spectator will surely agree that, everyone knows that, you can seriously doubt that 等，这些表达都有"I believe"的意义。

情态指的是介于肯定和否定之间的情态区间，即正极性和负极性之间的中间区域。这个区域所代表的意义取决于小句所隐含的言语功能。（1）如果小句是一个信息类小句（一个命题，通过直陈句实现），它意味着要么肯定要么否定，即 may be；或者既是肯定也是否定，即 sometimes；换句话说就是可能性和经常性的某种程度。（2）如果小句是一个商品服务小句（提议，在语法上没有一致的形式，但我们把它默认为祈使句），它意味着要么是"is wanted to"，和命令有关，要么是"wants to"，和提供有关；换句话说，就是义务或意愿的某种程度。我们把第一类叫作情态化，把第二类叫作意态化。

"There can't be many candlestick – makers left." "It'll change right there in front of your eyes." "The roads should pay for themselves, like the railways." "Voters won't pay taxes any more.", 这四个句子分别代表了四种情态类型，情态操作词可以出现在四种情态类型中。它的使用在可能性和意愿型情态类型中是有所限制的，但作为一个类别它可以涵盖所有的情态意义。所以四种情态类型的共同点是：它们都是归一性的不同程度，都是构建正极性和负极性之间的语义空间的不同方式。

决定了不同情态类型之间实现方式差异的关键因素是情态取向。情态取向体现了主观情态和客观情态之间的区别，以及显性变体和隐性变体之间的区别。四种情态取向和四种情态类型相结合，但也有缺口，例如可能性的主观显性取向和意愿的主观显性取向就不存在。它们之间的结合体现了语义范畴，即说话人不能装作权威性。情态取向既包括主观客观取向，也包括显性和隐性取向两个层面。

表 6-9　情态类型和情态取向的结合

	Subjective Explicit	Subjective implicit	objective implicit	objective explicit
Modalization Probability	I think Mary knows	Mary will konw	Mary probably knows	It's likely that Mary knows
Modalization usuality		Fred will sit quite quiet	Fred usually sits quite quiet	It's usual for Fred to sit quite quiet
Modulation obligation	I want John to go	John should go	John's supposed to go	It's expected that John goes
Modulation inclination		Jane will help	Jane is keen to help	

由于情态是肯定和否定两极之间的中间区域，所以要衡量概率和频率的程度需要依据一定的尺度，这个尺度就是情态值，它包括高、中、低三个等级。情态值和情态取向是考察情态类型实现方式的两个变量，通过它们的二维值变化可以看出交际双方是如何使用最合适的交际类型来完成交际事件的。

中值情态通过归一性系统和高值情态与低值情态分离开，否定的中值情态可以在命题和情态中自由转换。另一方面，对于高值和低值情态而言，否定的形式的转换会使情态值从高值转向低值，或从低值转向高值，例如：

Direct negative　　　　　　　　　transferred negative

（high）It's certain Mary doesn't know

It isn't possible Mary knows

（low） It's possible Mary doesn't know

It isn't certain Mary know

以可能性客观显性为例，直接否定中的高值情态词 certain 在转换后变成了低值情态词 possible；而直接否定中的低值情态词 possible 在转换后变成了高值情态词 certain。

情态的多量值首先适应于具有一个十分丰富复杂的情态系统，它为说话人在交际中根据需要挑出合适的情态形式提供了大量的选择。如 I believe 这一情态意义，要用客观隐喻表达可以有以下多种选择（Halliday，1994：355）。

It is obvious that……

Everyone admits that……

It stands to reason that……

It would be foolish that……

The conclusion can hardly be avoided that……

All authorities on the subject are agreed that……

You can't seriously doubt that……

全量值的主观隐喻表达，如 I think、I don't believe、I doubt 等可以最大限度地提高对此事的肯定程度。又如，客观隐喻表达义务，若强调必要性，则采用高量值表达："It is obligatory for you to take this course"（义务，高量值）。这样讲话者采用客观显性取向，使说话人的判断或断言客观化，以隐蔽真正的情态来源。

6.9.3 情态隐喻的取向和类型

情态意义的体现是由情态的取向系统决定的（halliday，1994：357）。韩礼德的情态取向分为四种：主观显性、主观隐性、客观隐性和客观显性。主观显性和客观显性取向都是隐喻性的，主要由小句表达；主观隐性和客观隐性取向为非隐喻性的情态，由限定性情态动词或情态副词表达。情态类型分为四种：表示可能性和经常性的情态化及表示义务和意愿的意态化。在这两个情态类型中，体现情态意义的小句都表达了一个心理过程，如 I believe、I think、I recken、I want、I desire 等，以强调说话人自身看法的主观性。另外，有学者认为用一个表达认知状态或情感的修饰性的关系过程小句也可表达主观显性取向，同样具有隐喻性（常晨光，2000），如 I'm sure Mary knows（可能性），I'm willing for him to go（义务）。

此外，在客观显性取向中，能够体现隐喻的有表示可能性和经常性的情态化和表示义务的意态化。其中体现情态意义的小句都表达了一个修饰性的关系过程。这样情态就被分成了一个具有某种属性的命题，强调了说话人对事物判断的客观化。然而，能够体现客观显性的情态取向的还有另一种方式，即通过名词将情态意义名物（常晨光，2000；Thompson，1996）。常用于体现可能性和经常性的情态化名词有 possibility、probability、likelihood、certainty、regularity、need、desire 和 determination 等。它们间情态意义构建成诗人难以质疑的"事物"，因而掩盖了情态的来源，使之具有明确客观取向，如"There is no need for us to start yet" "Her determination to succeed made her ruthless."。

另外，某些介词短语也可以表示情态化可能性的主观显性和客观显性取向，如"In my opinion, old people never take things as one expect, the train will be late in all possibility."。在韩礼德（1994：358）的情态取向和类型关系模式中，存在着三个系统方面的空缺，即经常性和意愿两种情态类型没有隐喻性的主观显性形式，表示意愿的意态化没有隐喻性的客观显性形式。韩礼德本人对此曾做过解释，比如他认为，在经常性和意愿两种情态类型上，说话人无法表达明确的主观情态意义（Haliday，1994：347-348）。对此有学者提出不同看法，黄国文（2000）认为，这两种类型也同样存在主观显性形式，其情态意义可通过动词词组复合体的第一个动词词组表示，如 I tend to wake up early in the morning = I usually wake up early in the morning（经常性），Mr. Brown declined to comment on the news = Mr. Brown wa not willing to commen on the news（意愿）。

常晨光（2000）认为，表示意愿的意态化和其他三种客观显性情态一样，可以由一个修饰性的关系过程小句体现，如 it would be lovely to have some tea now。

英语的情态隐喻使得情态功能不局限于由情态动词体现，名词、形容词、介词短语、动词词组等相应的不同结构都可以是情态意义的体现形式，这是功能语法的重大突破（胡壮麟，2000：31-32）。在情态的各种类型和取向中，主观显性和客观显性取向是隐喻性的，因为它们都是以命题形式来表达情态的。情态表达的形式应是命题的状语，而不是命题本身，其目的是为了达到突出讲话人本人看法的效果。同时，情态隐喻还借助情态的不同量值来表达不同程度的主观判断。情态隐喻研究为语篇分析提供的解释力在于，情态隐喻可以不帮助创造出特殊的语篇效果。从主观显性和客观显性角度进行语篇分析，有助于我们确定语篇作者所要表达的真实思想或态度及其文体风格，进而揭示某些语篇的内部认知机制。

6.10 情态与语篇连贯

衔接是解释语篇语义关系的机制，所以任何解释语义关系的特征都可以看作衔接机制。韩礼德和哈桑（1976）把衔接分为结构性衔接和非结构性衔接。胡壮麟（1994，1996）进一步扩大了衔接的范围，把及物性结构关系作为衔接手段处理。张德禄将语篇的衔接机制不断深化，强调了人际意义衔接功能的重要性。他指出一种语气结构的高频率出现反映了人际意义的一些特性，预示着语篇的语义范围和言语功能的衔接性是如何通过特定的交际关系和话题结构体现出来的。他就人际意义在衔接上的重要性明确指出："人际意义的衔接功能一直被忽视，但它的作用是明显的。"情态的衔接性来源于人际意义的衔接性，人际意义的衔接体现在语义关联、语义加强和语义重复等方面。情态衔接属于语义重复范畴，在衔接机制上表现为情态重复和意态重复。本研究主要以情态重复和意态重复作为分析框架，研究情态衔接是如何通过形式标记影响语篇的语义连贯的。情态类型可以作为一个情态衔接纽带，反映了演讲者根据交际话题的不同，选择不同的情态类型小句对命题的有效性进行判断或实施相应的言语功能，使演讲的人际意义与话题结构形成衔接。情态取向在情态类型中的分布情况会在语篇中形成数量上或质量上的突出，这种突出可以反映演讲者意欲通过情态取向的变化对极性陈述进行缓和，使演讲者的权势地位在演讲中得以合理应用，使演讲的人际意义与交际的现实情境保持连贯。

6.10.1 从情态系统分析卡梅伦演讲的连贯性

6.10.1.1 情态重复

在语篇分析中，主观性和客观性是言语交际的一种策略，可以用来表达个人对事件的观点和态度，这样的策略也适用于演讲语篇。在演讲语篇中，客观性情态类型常用来体现演讲信息的客观性，从而减弱说话者的主观因素，加强演讲内容的公信力。情态值的作用体现在为交际双方提供一种不可预知的情境，同时为交际双方预留一定的协商空间。在这一部分，情态取向和情态值会作为主要考察依据来分析情态重复是如何保证演讲的连贯的。

表6-10 情态取向在四种情态类型中的出现频率

orientation modality type	Subjective explicit	Subjective implicit	Objective implicit	Objective explicit
Probability	18	21	1	2
Usuality	1	0	2	0
Obligation	3	16	0	0
inclination	0	13	3	0

表6-11 四种情态类型情态值的分布情况

Modality Type value	probability	usuality	obligation	inclination
high	13	1	14	7
median	16	1	14	5
low	11	0	0	4

从表6-10看出，在可能性情态类型中，主观显性和主观隐性两种情态取向出现频率是最高的，其中主观显性取向出现了18次，主观隐性取向出现了21次。而客观隐性和客观显性取向分别只出现了1次和2次。例如，卡梅伦的题为《自由党和保守党共建政治互信之路》的演讲属于劝说型演讲，此类演讲承担的作用是说服听众接受演讲人的政治主张，所以主观取向的高频率出现和此篇演讲的政治目的是完全一致的。

此外，在四种情态取向中，主观显性和客观显性都有情态隐喻功能，情态隐喻是情态意义的显性现实化，通过小句复合体的线性结构实现，包括心理过程小句和关系过程小句。主观显性的隐喻功能通过心理过程小句中的被投射句体现出来，而投射句只作为情态附加语折射出命题的另一层思想观念，目的是为了给说话人和听众创造更多的互动空间。

例1：I believe that more than any other politicians, Tony Blair and Gordon Brown are responsible for the breakdown in trust in our politics today.

例2：I believe in three elements to a responsible environment policy: government leadership, tax-based incentives, and market solutions.

以上两句取自演讲的两个不同部分，但它们的情态取向是一致的，都是主观显性，而且投射句所代表的言语功能也是相同的，通过情态隐喻使卡梅伦的语言具有明确的主观倾向，并对所做的评价负有明确的责任。这两句包含在同类的衔接机制中，目的是引起民众对于某些问题的高度关注。例1出现在第一部分，主要陈述了在戈登·布朗和布莱尔执政期间，英国在政治和经济方面存在的问题。使用可能性情态类型和主观显性取向表明了卡梅伦对布莱尔和布朗的主观判断是基于确凿的事实和调查基础上的，同样也突出了他个人言论的可信度和判断的准确性。在例1的后面部分，他主要列举了布朗在任政府财政大臣期间，由于他的失职给英国造成的严重经济问题。所以情态隐喻能够和第一部分后面的内容形成一种照应关系，在情态选择上构建了衔接关系，为后面论述的可信度提供依据，排除了主观偏见的嫌疑。

例2取自改革第三方面的论述，这一部分的中心议题是协调政府领导、税收激励和市场措施三方面因素对环境的影响。此句使用了主观显性取向，与后面对于三方面因素的论述构成了照应关系。另外，例2和后面主观隐性取向的句子又体现出一种情态取向对比关系，主观显性取向体现了卡梅伦对环境政策的充分肯定，主观隐性取向又弱化了他个人的主观判断，"will"中值情态助词的使用突出了政策的客观性和可行性，为赢得民众和同僚以及自由党成员的支持提供了协商交际空间，在心理上为政策的实施赢得了潜在的支持。

另一种在可能性命题中高频率出现的情态取向是主观隐性取向，全文共出现了18次。主观隐性的使用一方面是为了减弱演讲者的陈述的主观性，另一方面在不表露个人情绪的情况下，使得传达政治意图和保持言论客观性之间达到最佳平衡。

例3：We don't deal with this, there will be no growth.

例4：It will be undercut by rising interest rates, rising inflation, falling confidence and the prospect of higher taxes.

例3和例4均属于主观隐性取向，其情态意义通过情态动词"will"传达出来，而且它们都是中值情态。中值情态动词体现了卡梅伦在阐明经济政策时，是以一种客观的语气来表述观点。尤其在表述解决问题的策略时，可以避免让听众感到强加于人的命令性语气。所以例3和例4证明了主观隐性取向和中值情态的结合既有利于完整地表述个人观点，也可避免流露太多个人情感，保证信息充分客观地被传递给听众。除此之外，主观隐性取向有助于演讲语篇信息结构的构建，通过情态意义的表达可以推导信息结构的分布。

从表23可看出，经常性命题作为信息交流的一个层面，涉及交际者在判断信息的可信度和合理性方面所持有的态度。从四种情态取向在经常性命题中的分布情况看，客观隐性取向出现了两次。经常性命题是从频率的角度在断言和否定之间做出选择。在卡梅伦的演讲中，由表示归一性和情态意义的情态助词"sometimes"和"usually"体现出来。客观隐性取向的特点是既保持言论的客观性和准确性，但又不失演讲语言对于听众的说服和教育功能。

例5：Conservatives have always believe in the vital importance of innovation and freedom.

例6：And usually every country in Europe faces the same challenge to reduce deficits in order to help restore sustainable growth.

从例5可看出，客观隐性取向和主观显性取向同时出现在此句中，"believe"引导的心理过程小句反映出保守党一种强烈的主观意识，即改革现有体制，给予地方政府更多自主权。而高量值的客观隐性取向由情态助词"always"体现出来，凸显了卡梅伦和保守党人在创新和自由方面进行改革的坚定立场。另外，此句中主语是"Conservatives"，而没有使用第一人称代词I，这样有意掩盖了卡梅伦的主观态度，又表明了卡梅伦在两党存在分歧的政治观点上把大众目光引向民众的意愿，为保守党和自由党进行合作协商提供了更多对话空间。

例6与例5有语义上的关联，体现在："this"一词和上一句的"innovation and freedom"形成了照应关系。此句属于客观隐性取向，由中量值的情态助词usually体现，再次反映了卡梅伦用客观隐性取向宣告保守党政治决策的可行性和实用性，间接反映了保守党人在地方政府改革方面已取得群众支持的客观事实。因此，情态取向和量值的结合有助于构建语篇的意义连贯，使得信息的发展更有衔接性。

6.10.1.2 意态重复

情态系统的另一种类型是意态，意态指当言语交际的交流物是产品和服务时，交际双方根据交际目的不同（是给予产品和服务还是求取产品和服务）从义务和意愿的角度对交际的有效性所持有的态度。也就是说，交际事件围绕议题展开时，情态归一性体现在规定和禁止的范围内，其中衡量中间区域的尺度是义务和意愿，二者均可通过限定性的情态操作词和谓词的扩展来表达，例如"be required to"和"be willing to"。因此，义务型提议在政治演讲中的使用可以强调演讲者对听众提出的命令和要求或所做出的承诺。在此演讲中，以义务型提议为例，主观显性和主观隐性情态取向分别出现了3次和16次。

例7：I want people to vote Conservative not out of fear, but out of optimism.

前文已经提及在主观显性取向中，只有情态化的可能性和意态化的义务性具有情态隐喻的功能，所以例7具有情态隐喻的功能。能够体现情态隐喻的成分是"I want"，它作为情态附加语，引出后面真正的命题含义。例7出现在演讲第一部分的末尾，此句作为对保守党即将推行的财政改革措施的总结，采用含有情态隐喻的主观显性取向是为了在话题结束时，加强对民众的感召力，进一步呼吁民众认清英国在经济政策方面的弊端，加强对政府的监督，支持保守党的新经济政策。

例8：To me. climate change should not merely be a national priority.

例9：It should be a united, social, local and personal responsibility too.

例8和例9之间形成了情态对比的关系。例8是义务型的主观隐性取向，情态量值是中量值。两句情态取向相同，量值也相同。二者之间的区别只体现在情态助词的形式上，例8用了否定形式"should not"，例9用了肯定形式"should"。这种对比关系使卡梅伦自身的交际功能在谈论环境和气候问题时充分体现出来，即主观隐性取向实现了命令性提议的交际意图。相同的情态取向，相反的情态助词使得英国政府在解决环境问题方面的责任有所弱化，而话题中心潜移默化地转移到了英国民众方面。两种主观隐性取向形式上的对比体现出此部分信息结构上的衔接，使话题始终围绕气候问题而展开。

意态的另一种类型是意愿。意愿和提议相对应，即言语交际者在提议中表达个人意愿。根据意态的情态区间，表示意愿的意态化一般由动词被动态和形容词结构体现。在语篇中，意愿型主观隐性取向出现了13次，客观隐性取向出现了3次。从情态值看，高量值出现了7次，中量值出现了5次，低量值出现了4次。

例10：First, we will ensure Government statistics are independently audited.

例 11：Second, we <u>will</u> provide modern support for enterprise to grow, doing everything within our power to give businesses the tools they need.

例 12：Third, we <u>will</u> help to rebalance our economy, ensuring that success an prosperity are spread more evenly across regions and industries.

这三句话出现在演讲的第一部分，即卡梅伦对经济改革政策的论述。三句都是意愿型主观隐性取向。卡梅伦使用意愿型提议句是为了体现在戈登·布朗执政后所采取的一系列失败的经济政策这个背景下，保守党能够针对经济中存在的问题，在数据审计、财政制度监督、财政预算改革、银行独立性和政府开支透明度五个方面进行有力改革的坚定信念。这是保守党重塑政府形象的第一步。五点经济政策都用了相同的情态类型和情态取向，而主观隐性取向在五句中都体现在中量值的"will"这个情态助词上，这暗示了卡梅伦对自身的言语行为在交际事件中应承担何种程度的情态责任把握得恰到好处。为了让英国民众支持新政府的经济政策，意愿型的主观隐性取向使卡梅伦既掌握了交际的话语权，同时兼顾了个人陈述和提议客观性的平衡统一，有利于和大众产生共鸣，增强大众对新政府的互信感。所以主观隐性取向的连续使用对于维持话语权势和人际意义的平衡起到积极作用，促进了信息结构的衔接和话题中心的连贯。

例 13：I am <u>determined</u> that the conservative party will provide the country with such an alternative government.

例 14：we <u>are determined to</u> lead a revival of local autonomy and local activism.

例 15：My leadership has been <u>dedicated to</u> setting out the coalition strategy for economic growth that will turn our economy around.

例 13、例 14 和例 15 均采用了意愿型客观隐性取向。此类型的情态取向在演讲中出现了三次。例13出现在演讲的第二部分，即卡梅伦对自由保守主义执政思想的论述。此句用高量值的客观隐性取向，既体现了卡梅伦的自由保守主义思想在解决英国当前政治、外交问题上的历史必然性和客观务实性，也说明卡梅伦对保守党和自由民主党联合执政的前景是充满自信的，高量值的选择更体现了卡梅伦对断言的肯定程度。例14出现在演讲的第三部分，即卡梅伦政治改革的第四个方面——地方自治。此句同样用了高量值的客观隐性取向，由"are determined to"这个谓词的扩展结构—被动态形式体现。此部分话题的中心围绕以卡梅伦为首的联合政府势必沿袭保守党的执政理念，对地方政府简政放权，转变职能，提高社区团体和家庭以及个人的积极性而展开。选用高量值的客观隐性取向既体现了演讲者的权势色彩，又使得卡梅伦的言论趋向于一种提供性的言语功能；既让听众感知他的个人情感，又给予听众足够的参与空间，体现了演讲交际中的互动性和商讨性。

例15出现在演讲的结论部分。此句仍然是高量值的意愿型客观隐性取向。这一部分，卡梅伦首先指出了以戈登布朗为首的工党对保守党和自由民主党存在的党派偏见——民众在满怀希望中投票工党，在恐惧中投票保守党，在抗议声中投票自由民主党。此句采用客观隐性取向，一方面体现出卡梅伦力图打破自1997年以来工党连任的决心，高量值的出现更给听众预留了想象的空间——卡梅伦会用什么样的言论扭转大众对保守党的偏见和对联合政府执政能力的质疑；另一方面又使信息发展转入到卡梅伦对保守党执政优势的论述上，也保证了卡梅伦带有权势色彩的言论是建立在客观事实的基础上，体现出言语交际的真实性和论断的合理性。此三句虽不出自同一部分，但共同体现了客观隐性取向的选择适用于言者需要突出个人的感情色彩和权势地位来维持话题中心，同时又能坚守言语交际活动的客观性，使得言者的给予和听众的接受以及言者的要求和听者的给予是动态平衡的。

6.11 结论

通过以上对四种情态取向在情态类型中的分布情况的研究发现,语篇中情态重复的衔接功能主要体现在情态取向和情态值的选择上。以可能性命题为例,主观显性和主观隐性取向出现频率明显高于其他类型:主观显性取向确保了言者对话语所持断言的肯定程度;而主观隐性取向却趋于削弱言者对于话语的情态责任,有意提高陈述的公信度和客观性。这两种情态取向在情态意义上形成了对比。至于二者的衔接性,它们均可使言者观点的阐述围绕一个话题中心,从而使它们实现的情态意义具有衔接性。

谈及意态重复的衔接性,以义务型提议为例,语篇中主观隐性取向出现频率最高,其衔接功能体现在它使言者的陈述围绕同一话题框架,使言者的情态选择和信息交流的意图更加趋于一致性,即缓冲了陈述的命令性和强制性。

关于意愿型提议,同样是主观隐性取向出现频率最高,此取向类型的衔接功能体现在通过营造商讨性的交际氛围,从而获得更多听众的心理认同,进而激发听众按照言者的意图行动。可见,情态取向和情态值对于维持演讲语篇的连贯性发挥了重要作用,二者同时对交际者的个人态度、命题内容和评价方式产生影响,促进了演讲交际行为的顺利进行,使言语交际者在连贯的语义环境中完成人际意义的沟通。

第3部分 03

隐性衔接机制与篇章的连贯性

第 7 章　语境的衔接性

7.1　隐形衔接机制

　　韩礼德和哈桑在其《英语的衔接》中指出：只要语篇都是连贯的，就意味着存在某种语言机构无法解释的、能够构筑语篇语义关系的谋篇机制，这种非语言结构实现的语义关联即时衔接，其体现形式是具有两个端点的衔接纽带，可以说衔接是一种涉及语篇内两个项目的语义关系——其中一个项目是用来诠释另一个项目的源泉。随着国外学者对语篇衔接的深入研究，衔接理论得到不断的补充和完善，衔接范围也得到了进一步的扩展。平行对称结构、主位—述位结构、已知信息—新信息机构等被纳入了衔接范畴；及物性结构、同构关系、语篇结构（轮番说话、临近配对和语篇宏观结构等）的语篇意义和功能得到了论证。进一步扩展的衔接范围例还包括语气结构、跨类衔接、语篇—语境衔接等。扩展后的语篇衔接机制不仅包括功能成分类衔接机制，而且包括功能结构类衔接机制、语篇结构类衔接机制、缺省类衔接机制等。三重意义视角（概念意义、人际意义、谋篇意义）和多层次衔接观进一步揭示了语篇组织成分之间的语义衔接关系。

衔接关系的体现形式及其特征同样受到人们的关注。韩礼德和哈桑归纳的五种衔接类型都是具有形式特征的篇内衔接,其衔接纽带上的两个项目以及使两个项目发生关联的机制使得语义关系显明易辨。然而,语篇组织成分之间的语义关系并不都是显明易辨的。当衔接纽带有所缺省时,衔接特征就会呈现隐含性,语义关系因此就会难以识别。衔接机制由此可分为显性衔接和隐性衔接两大范畴。

张德禄和刘汝山在《语篇连贯与衔接理论的发展及应用》(2005：28)中探讨了隐性衔接,认为隐性衔接"是一种在句子级甚至更大单位上的省略现象……省略的部分无法在上下文中找到,只能由听话者或解释者根据情景语境和文化舆情推测出来……隐性衔接的标准应该是讲话者根据情景语境对听话者所掌握信息进行推测的准确程度和他设定的需推测信息是否恰到好处"。隐性衔接又可分为预设性外指衔接(端点A为篇内语言形式项目,端点B为情景中非语言项目)和空环衔接(篇内无语言形式预设,由情境语境填充意义上的空缺)两种模式。张德禄和刘汝山将其引入了隐性衔接范畴。

这两种隐性衔接模式的主要特点就是省略。情景信息或背景信息省略造成了衔接特征的隐含性和语义关系的难辨性。值得注意的是,隐形连接同样具有"省略—衔接特征隐含性"的特点。胡壮麟指出,"有的情况下,或是信息本身的逻辑关系非常清楚,或是情景语境提供必要的启示,即使没有连接性词语,语篇仍可是连贯的"。马丁已注意到这种无连接性词语逻辑语义关系的存在。

连贯首先是语篇意义的一致性,是促成一个完整语篇的内在意义关联性。影响语篇连贯的最重要因素是什么,国内外众多语言学家从不同角度进行了大量的研究。韩礼德和哈桑从词汇语法层面提出了语篇的衔接机制,但衔接机制只保证语篇内部的谋篇布局和语义关联,而语篇的连贯是由语言之外的因素决定的，如社会文化背景和心理认知模式等。布朗和尤尔（1983）指出世界性知识是我们解释话语和阐明我们一切经验的基础。他们都认为连贯是世界知识之间的连贯性，而不是语言形式的粘连性。世界知识通过意义特征表现出来，而意义特征由语言形式规定。任何语篇的内部连贯都是不充分的，因为任何语篇都是情景语境中的语篇，语篇的意义解读或多或少地依赖于情景语境因素，而语篇的语言形式之间有时缺乏意义的联系或内部衔接机制，造成语义"空环"的出现，也就是那部分由非语言特征和背景知识所实现的意义。所以把影响语篇连贯的情景语境因素考虑在内是促进语篇内部连贯和外部连贯的有益补充。

7.2　语篇连贯的外部条件

语篇连贯虽然表现在形式上（各个类型和各个形式层次的衔接手段），但它本身不是形式层次的特征，而是语义特征，表现为语义上的从语篇整体上的联系和一致性。而这种联系或一致性不是由语篇的形式和语义特征本身决定的，而是由语言之外的因素决定的。这些因素包括社会文化背景所形成的"行为潜势"（韩礼德，1973），是同一个文化背景中人们通常做事的常规和习惯。而行为潜势包括一套约定俗成的说话后写文章的规则和原则。

若从个体的角度讲，这种行为模式表现为人们的心理认知模式（图示、框架、脚本、心理模型、计划）等。如果语篇的意义联系符合人们正常的认知模式，语篇就可以解释为连贯的语篇。如果不符合人们的认知模式则不会被人理解，所以很难被看作连贯的语篇。

语言活动都在一定的环境中发生。这种环境将会直接或间接地影响或支配语篇意义的选择和交流以及对语言形式的选择与取舍（如省略、隐含等）。从个体心理的角度讲，则可表现为交际者的心理过程和交际目的。

从这个意义上讲，语篇连贯的条件可以通过两个渠道来研究：社会文化语境和情景语境、认知心理和心理过程。

7.3 社会文化因素

社会文化因素包括一个言语社团与语言交际相关的所有因素，涉及一个言语社团的所有方面。

一个言语社团的物质文明程度可以看成社会文化的重要组成部分。一个物质文明低下的民族，其基本的生活条件、生活设施、生产资料和生产方式必然低下。那么在这个民族中一般交流的语言也就被限定在这样的物质环境中。

政治制度是一个国家所采取的首要手段，是社会结构的基础和重要组成部分，它还包括理论基础、基本路线、方针政策、法律法规、管理模式、管理机构建制等。它们组成一个言语社团主要的意义是交流资源，这是日常生活中的重要组成部分，也是各种媒体宣传内容的中心。例如，在中国，由于我们实行社会主义制度，我们的理论基础是社会主义制度的理论来源，我们的各项法规、政策、管理机构和管理模式都是以此为基础，并有利于其巩固和发展，由此产生了共产主义理性、改造世界观、联产承包责任制、一个中心两个基本点、四项基本原则等。

宗教信仰直接影响人的思维方式，如果与一个言语社团结合起来，使其成为一个言语社团所有成员的信仰，这种信仰就会成为一种思维模式深深植根于这个言语社团中，主导其思维和行为模式。在西方，许多国家信仰基督教及其各种变异形式，基督教甚至已经成为有些国家的国教。虽然他们也鼓吹信仰自由，但他们在施政中的各种行为基本上是基督教化了。

一个言语社团的历史文化是它现在的社会文化的根源，会表现在人们的言谈举止中。无论现在的物质文化、社会结构和社会制度发生多么大的变化，它都会时刻表现在各种社会交往中。从根源上讲，它是这个言语团体形成并发展了的一种笃定的思维模式，它始终作为一个言语团体的思想基础左右着人们的思维和行为。例如在中国，我们的历史文化，特别是春秋战国时代形成的文化，形成了中国文化的主要根源。孔子和孟子的思想、老子的道德经等是中国文化的主要根源。从思维模式上讲，它形成的整体性思维模式始终主宰着我们的思维方式。一方面，踏实的我们的民族始终注重全才，而不注重专家，注重宏观上的清晰度，而不重视局部的深刻分析和解释。从现代科学研究的角度讲，所爱研究的成果要么是空洞的理论，要么是具体的材料，而形不成理论来自客观事实，客观现实促进理论发展的良性循环的状态。这样就难以建立自己的理论上的学派，在某一个方向上发展起来，同时也使得分科性特别强的理科理论在中国长期领先世界历史文化的时期没有得到较快的发展。这种思维模式和行为模式也直接影响一个言语社团的语言交流模式。例如，在叙述上，我们一般倾向于从大到小、从宏观到微观的顺序，在空间描述和叙述中尤其如此。

民族、国家与言语社团是三个不同的概念。但一般来讲它们是一致的：一个民族通常组成一个言语社团，建立一个国家。同时，一个国家也可以有多个民族、多个言语社团。但一个国家存在多个民族的想象更多见，如中国有五十六个民族。

一个民族通常发展一种语言，同时发展自己的民族文化。根据沃德郝葛（Wardhaugh, 1986）的观点，一个民族的不同交际方式是为了

"保持某个社会的运转,即交际的一个重要功能是保持社会的存在。语言用于保持现实"。各个民族就都发展了自己的用语言来保持社会现实的方式方法。

一个民族的交际方式也可以让其他民族的人看起来很奇怪。例如,汉族人见面时有时会问"吃饭了吗?",而英美人士则更多谈论天气情况。这些交际方式对于其他民族的人来说可能是不可思议的。显然,这就很难把这个语篇解释为连贯的语篇。

综上所述,社会文化的区别尽管包罗万象,囊括人类生活的各个方面,但对于语言交际来说,可以总结为以下三个方面:交际的模式、交际的方式和通常交流的意义及禁忌交流的意义。

各个言语社团都表现出各自独特的交际模式。除了在宏观上各言语社团所共有的交际模式外,在许多具体的方面,各自的交际模式特征是十分显著的。这表现在交际的程序:先说什么、后说什么、交际的内容。与交际模式相关的是交际的方式。例如,是经常采用直接的方式还是间接的方式;是用疑问形式还是陈述形式;是用幽默的口吻还是用郑重其事的方式等。有些意义是某个言语社团经常交流的意义,但不是另一个言语社团经常交流的意义。还有些意义在某个言语社团中是禁止交流的,但在另一个言语社团中却不是禁忌语言。这些交际模式、交际方式,通常交流的意义,禁忌交流的意义在一个言语社团中通常作为背景信息和备用信息,在交际中随时选择、随时运用。同时,它们也作为已知信息而成为预设的意义置于语言明确表达的意义之后,不明确表达出来。

7.4 语境研究综述

　　语篇意义的连贯是语言因素和非语言因素两方面共同作用的结果。语言因素的连贯体现在语言形式上的语义连贯，通过结构性衔接和非结构性衔接以及音系层的衔接方式完成。然而，任何语篇，由形式明确表达的意义是远远少于篇章所负载的实际意义的。这些"省略"的意义需要通过言语交际双方的共有知识、文化背景以及心理认知因素来得以解释。从系统功能语言学的角度讲，这些非语言意义表达形式都是情景语境中的主要特征。所以解码非语言因素对理解语篇语义的生成至关重要，对于由非语言因素实现的意义的解码需要从两方面进行：一方面，语言形式的预设意义要通过情景语境搭桥进行弥补；另一方面，非语言因素所承载的意义的解释完全依赖于情景语境。因此，连贯是情景语境和语言形式共同作用的结果，它由情景语境决定，由语言形式体现。所以本章意欲证明言语交际双方是如何利用情景语境和心理推理能力来挖掘形式符号所隐含的意义的。

　　语境理论的研究始于马林诺夫斯基，他最早创造了情景语境这一概念。他把情景语境限制在即时语境的范围内，指出语境不仅包括话语，而且包括面部表情、身体姿势、动作以及交际者和他们所处的即时环境（Malinowski，1935）。直到 1935 年，他才明确提出了文化语境概念，并指出情景语境之外的范畴可以叫作文化语境，而语言的定义在某种程度上取决于文化语境（转自 Halliday，1999：4）。至此，他提出的情景语境和文化语境才形成了比较完整的"三元论"语境观。

　　早在 21 世纪 20 年代，马林诺夫斯基就指出，"语言环境对于理解语言来说是必不可少的"，并对"文化语境"及"场景语境"对话语的

221

影响和制约进行了深入的研究。他认为，语言的语境分析必须突破语言上下文的局限，扩展到语言使用的具体情景、文化和社会心理。此时的语境概念似乎涵盖了"文化语境"。紧接着他又指出，情景语境主要指文本的即时语境，即环绕话语的即时的所见所闻，且"情景语境"概念仅适用于原始语言研究（马林诺夫斯基，1923：306-307）。十多年后，他再次流露了这种观点，把情景语境局限于即时语境，认为"语境不但包括说出来的话，而且还包括脸部表情、姿势、身体活动，所有参与交谈的人和它们所处的那一部分环境"（马林诺夫斯基，1935；桂诗春、宁春岩，1997：87），这似乎又把文化语境排除在外。据此可见，马林诺夫斯基初期的语境概念主要包括语言上下文和情景语境两大类。

然而，由于对人类文化的职业关注，马氏始终没有忽视文化在语言研究中的重要作用。他明确指出，"对原始话语的分析表明了意义的复杂性，从而需要把意义的分析从纯语言的分析拓展到对文化和社会心理的分析"（1923：296），"语言本质上植根于文化"（1923：305）。直到1935年他才提出"文化语境"概念，认为情景语境之外是"可以叫作文化语境的东西"，"词语的定义在某种程度上取决于其文化语境"（1935：vol 2：58；Halliday，1999：4；转引自彭利元，2008：109），就是说，文化语境决定着词语的定义。至此，他才算完整地提出了"情景语境"和"文化语境"两个概念，形成了比较明确的"三元论"语境观。

马氏的情景语境概念比较明晰，文化语境则语焉不详，仅仅指出它包括交际参与者及其参与的社会行为背后的文化历史，主要指社会结构系统（韩礼德，1989：7）。至于这种社会结构系统与情景语境有何区别与联系，并无清晰阐述。有学者认为，前者是语言交际活动直接相关的客观环境，后者是语言交际活动参与者所处的整个文化背景（朱永生，2005：7）。这就把主观因素从情景语境中排除出去，而文化语境的主观性或客观性如何，不甚明了。

马氏的语境观念有比较明显的跨文化意识，因为文化语境概念就是应异域语言的研究需要提出的，认为对任何异类语言的研究都必须结合其情景和文化一并进行。这就表明，语言不仅与情景语境有关，而且与文化语境有关。

但这种跨文化意识在其追随者那里没有很好地贯彻下来。弗斯和韩礼德等人把目光转向了同质语言，着力分析同质语言中情景语境和语篇之间的对应关系，而对文化语境和语篇关系的分析，至今尚很薄弱。

弗斯继承了马林诺夫斯基的语境理论，并且致力于提出自己的语境观，同时他重点强调了情景语境。他把情景语境分为三部分，即参与者、交际事件和言语效果，以此来探讨情景语境和语篇之间的内在联系。

弗斯欣然接受了马氏的"情景语境"概念，并努力用之于自己的语言学理论，对"文化语境"概念却一直持怀疑态度（朱永生，2005：8），因而主张把语境分析的重点放在情景语境上，并把情景语境一分为三（即参与者、事件或事物、言语效果），以探讨语境与话语的内在关系。这种理论主张直接影响了韩礼德，成为系统功能语法的理论基石。尽管他不讨论文化语境，却不乏对文化的精辟认识，一方面承认语言总是置身于说话者的生活和文化之中，另一方面又不相信语言或文化本身是一个单质的和谐整体。可见从理论上说，文化并没有从弗斯语言理论中排除出去，知识在方法论上搁置起来。它对语言或文化的非单质整体性认识具有深刻意义，可惜没有深入阐述。

基于情景语境和语篇连贯的关系，韩礼德提出了一个概念框架，通过三个变项，即语场、语旨、语势来解释语篇与语境的关系。他建立了语言元功能和情景语境的关联纽带，即语场通过语篇的概念功能体现，语旨通过人际功能体现，而语势通过语篇功能体现。他们认为，语篇的形成有两个主导因素。在语篇内是衔接，在语篇与语境之间是情景。也就是说语境是语篇语义的外延，而语言形式是语篇意义的内核，情景的三个变项和语言形式共同构成了与语篇连贯直接相关的一个重要概念——语域。语篇连贯包括两个方面：与情景语境是连贯的，表现为语域一致性；语篇内部自身是连贯的，表现为衔接。可以看出韩礼德和哈桑只把上下文中的意义纽带称为衔接。

情景语境是语篇实际发生作用的即时环境，它实现了语场、语旨和语势特征的构建，而这些特征又规定了语域的意义范畴。"文化语境是一个能够制约语篇解释的更复杂的语义潜势系统，同时也是规约性的文化知识和意识形态背景，它不仅决定了语篇的价值，而且制约了语篇的解释"（Halliday and Hasan, 1989：44）。情景语境和文化语境组成了语篇的非言语环境，使得言语交际双方能够通过形式上不连贯的信息解读语篇。二者的媒介功能构成了语篇的可预测性，由此处在语境中的交际双方能够做出正确的推理，更有效地完成言语交际的任务。

韩礼德继承并深化了弗斯的语境观，建立起情景语境和文本意义系统的一一对应关系；同时接受了马氏的文化语境概念，认为情景语境和文化语境相互关联，情景语境是文化语境的具体实例，文化语境是情景语境的抽象系统（朱永生，2005：11），"具体的情景语境来源于文化语境"（胡壮麟等，1989：172），但没有分析情景语境如何来源于文化语境。以具体与抽象来区分情景语境和文化语境，其科学性也值得怀疑。他认为，情景语境与文化语境都可以看作语言的语义潜势，是特定语言系统的可选语义范围，文本则是语义潜势的现实化。但情景语境与文化语境出于不同层级。前者是语言的整个语义潜势系统，后者是语言的特定语义潜势系统，是与特定情境类型相联系的一系列语义小系统（韩礼德，1976/2001：109）。也就是说，文化语境具有整体性，而情景语境具有局部性。

韩礼德对情景语境的研究功不可没，对文化语境却只是稍有涉及。认为文化语境除了指社会结构之外，还包括意识和物质文化等狭义范畴（韩礼德，1976/2001：68），"文化语境是社会结构的产物，是整个语言系统的环境"（胡壮麟等，1989：172）；而且，"文化并不局限于和民族渊源有关的习俗、信仰、生活方式等，而是一种基于不同语言活动和不同制度背景的语义潜势系统"（韩礼德，1999：1-18）。但由此看出，韩礼德并不是简单地视文化为与民族渊源有关的习俗、信仰、生活方式等，而是犀利地指出，文化的根源在于语言活动和制度的特异性，文化是基于不同语言活动和不同制度背景的语义潜势系统。

有学者指出，韩礼德认为情景语境的文化语境不是两种不同的现象，而是同一种现象，差别在于观察角度的意图或距离的远近。近距离看到的是一个个具体的情景语境，远距离看到的是总体的文化语境（朱永生，2005：11）。观察角度的意图、距离的远近，似乎也成为韩礼德区分情景语境和文化语境的重要参照。情景语境似乎就是直接语境或现实语境，而文化语境是间接语境；情景语境具有个体性、具体性、近距离性，而文化语境具有总体性、模糊性、远距离性。这种区分是否科学，有待深究。但我们可以清楚地看出，韩礼德对情景语境和文化语境的异同一直心存疑问，并努力从不同视角进行解读。

综上所述，马氏、弗斯和韩礼德在情景语境和文化语境的关系上既没有一致的意见，也缺乏清晰的分辨。马氏看出情景语境和文化语境是不同的两个概念，但没有发现两者的内在关联。弗斯看到文化的非单质性和非整体性，认为它与语言有关，但分析起来操作性不强，因而偏重情境语境。韩礼德尽管注重分析情景语境，但不忽视文化语境，且一直认为两种由内资联系，并试图对其做更科学明晰的区分。

三位学者在文化语境问题上，有一隐含的共同意见：文化的特异性。在马氏那里，文化语境概念正是为了异类语言的研究而提出的；异类与特异性是提出文化语境概念的现实基础。弗斯尽管怀疑"文化语境"在话语分析中的实用性，却肯定了文化对语言的影响，而且清楚地意识到文化具有非单质性和非整体性，这实际意味着文化具有特异性。韩礼德也犀利地指出文化的根源在于语言活动和制度的特异性，一直认为情景语境和文化语境相互关联，但两者的区别一直困扰着他。

7.4.1 语境的两大基本要素：主观与客观

一般而言，语境指语言外的相关环境因素，即言外语境，包括情景语境与文化语境。先前学者一般用语境来指称"言外语境"，而用"语言上下文"来指称"言内语境"。"主观客观"视角主要针对言外语境。

从"主观客观"来区分语境，先行者有之。如王德春（1983：64）认为，"语境就是时间、地点、场合及对象等客观因素和使用语言的人、身份、思想、性格、处境和心情等主观因素所构成的使用语言的环境"，可见，此处的语境包括客观和主观两大类。但主观、客观因素的划分有点混乱，时间、地点、场合及对象等因素归入客观没有问题，把人、身份、处境等归入主观就值得商榷。

王建平（1989：52）将语境分为"言辞语境"和"言辞外语境"，认为言辞外语境指的是交际过程中某个语言表达式表达某种特定意义时所依赖的各种主客观环境因素。主观语境因素包括交际者的认识水平、思想修养、心理背景等，客观语境因素包括交际的时间、场合、对象和交际话题等。

何兆熊（1987）把语境分为"语言的知识"和"语言外的知识"。语言外的知识包括情景知识（交际活动的时间、地点、话题，交际的正式程度，参与者的相互关系等）和背景知识（特定文化的社会规范、会话规则、关于客观世界的一般知识、参与者的相互了解等），可以说涵盖了情景语境和文化语境。客观性和主观性虽未明说，但也是隐含其中的。

王建华先把语境分为语内语境和语外语境两类（1992），后又分别细分为句级语境、句群语境和文化语境、背景语境，共四个层级（1996）。其"文化"概念指与自然相对的人类文明的总和，包括具体的、显性的物质文化和抽象的、隐性的诸种形态的精神文化（1996：50），即包括主观精神和客观物质两大类，是有民族特色的精神、物质的总和，是一个民族的生活方式、历史地理、所创造的物质文明等客观因素，以及相关心理、意识等主观因素的总和。其背景语境因素包括话语发生的前提知识、话语参与者、解读者所具有的知识等，似乎与情景语境重合。他（1996：51）认为背景语境比文化语境更高一级，属于"最高层级"，与话语意义"关系甚为密切"，且根据隐蔽性。

2002年，王建华等又把语境分为言内语境、言伴语境、言外语境三大类。后两者相当于他先前所说的"语外语境"。言伴语境包括现场语境和伴随语境，前者由与交际现场直接相关的语境因素构成，如时间、地点、场合、境况、话题、事件等，后者由与交际者个人特点相联系的因素构成，如语体、风格、目的、情绪、体态、关系等。言外语境包括社会文化语境和认知背景语境。社会文化语境是言语交际的人文背景，具有历史性特征，涉及与交际双方相关的人物关系（主要是谈话双方之外的）、与交际有关的历史和社会情况等，是社会关系、时代特征、历史知识、人文知识等诸多因素的综合。认知背景语境是与人们心里和认知水平相关的知识语境，依赖于平日储存的百科知识，依赖于这种知识所形成的背景语境，依赖于根据知识背景所进行的合理的想象与推理。可见，王建华在语境分类上举棋不定，前后有较大变化，但在语境包含客观和主观两大要素这一点上没有动摇，前者如时间、地点、场合、情况、话题、事件、体态、关系、时代特征等，后者如目的、情绪、心理、认识水平等，有些因素如知识等，则是主观、客观兼而有之。

　　主观、客观的分辨意识西方语境理论中不如中国学者这么自觉。例如，弗斯把情景语境分为互为联系的三类，但没有指出各自的主客观特征。可以看出，参加者及其行为、事物和事件两类多为客观的，而语言行为的效果一类则是主客兼有，尤以主观性见强。韩礼德的主客观意识虽说不很自觉，但还是可以体会出来。语境三要素语场、语旨、语式，表面看来客观性比较明晰，深究起来，主观性也不难发现。比如，同样的事物、事件在不同人眼里可能呈现为不同的存在；同样的参与者，从不同角度可能有不同的相互关系；同样的事情，不同的人处理起来，可以采取不同的渠道，使用不同的交际媒介等。而这一切，都和人的主观意识处理相联系，是具有主观性的。再者，他把文化语境扩充为包括社会结构、意识和物质文化在内的宽泛范畴，则是主客观兼顾了。

　　主观和客观是世界矛盾统一的两大构成要素，是影响语言产生与发展的两大基本要素。区分语言的使用环境，不得不从"主观、客观"这个视角来把握。结合"语义三角"来考察，可以说语言由三个世界构成：一是语言的符号世界；二是语言的思想和精神世界，是人类思维的产物；三是语言的物理和对象世界，包括自然界与人类社会。思想与精神世界是主观的，物理与对象世界是客观的，而符号世界是主观和客观的结合。主观与客观的结合，构成了语言符号的使用环境，即语境。

　　同一世界，同一事件，因为不同的主观参与，可能呈现为不同世界；同样的话题、活动、事件，经过不同的主观加工，可能形成不同的语境类型，从而形成不同的语言使用和不同的意义世界。因此，考察语主的语境，除了密切关注语言使用的主客观因素外，还须关注相关客观因素的一般性与特殊性，既要把握主客观因素的一般状态，又要分析主客观因素的特殊状态。这就涉及语境分析的另一重要视角："一般、特殊"视角。主观与客观是语境的两大基本要素，一般与特殊是情景语境与文化语境的分水岭。

7.4.2 情景语境与文化语境的分水岭：一般与特殊

提取区别性特征是区分任何事物的关键。区分情景语境和文化语境，必须关注两者的差异。两者差异的核心在于一般与特殊，一般与特殊是区分情景语境与文化语境的关键。

从语内交际看，文化似乎是一般的、共同的，情景是千变万化的。从文化视角来看，情景却有着惊人的共同性，而文化则千差万别。韩礼德把个别语言中情景类型和语篇功能之间的一一对应关系作为一般原理推而广之，正是基于情景语境类型的共同性。但不容忽视的是，同样的情景在不同文化中却有着各不相同的语篇表现或语言表现；即使在统一文化中，针对特定的情景语境，不同孩子产生的意义联系类型可能有很大差别（韩礼德，1978：29），相同情景类型可能被赋予不同的意义潜势（Bemstein；Halliday，1978：31；转引自彭利元，2008：111），其根源就是文化的差异性。可见，语篇不仅与情景有关，而且与文化相关，前者决定语篇的一般性，后者决定语篇的特殊性。情景和文化在语篇构成中体现为一般与特殊的内在统一。

主观和客观、一般和特殊是世界的两对基本范畴，它们彼此联系，对立统一。客观决定主观，主观以客观为基础，主观是客观的反映。意义的产生源于人类对客观世界的感知、体验、归纳、演绎和推理，源于人类主观与客观世界的交互作用。意义既是主观的抽象，也是客观的本源。而一般和特殊体现了客观世界和主观世界的两大基本属性，一般的事物在时空上更具有普遍性和共同性，特殊的事物在时空上更具有个体性和差异性。一般和特殊把主观和客观分成两个不同层次。与人们的生存时空和认知水平普遍贴近的客观和主观构成一般情景和一般体验，与人们的生存时空和认知水平比较疏远的客观和主观构成特殊情景和特殊体验，前者可以视作情景语境，后者可以视作文化语境。情景语境和文化语境表现为一般和特殊的关系，在构成因素上是一致的，都是主客观的结合与统一，两者的差异仅在于：文化语境由特殊主客观语境构成，而情景语境由一般主客观语境构成。

情景语境指交际中人与人的一般关系和一般心理情感，发生的事件、交际的方式和渠道的一般状态等。韩礼德所归纳的语境三要素和语篇三大语义类型之间的一一对应关系，就是基于情景语境的一般特征的，旨在描述语境与语篇之间的一般性对应关系。从理论上说，把握事物的一般性应以足够的实例分析为基础，否则，结论的普适性就难以保证。然而，韩礼德关于语境与语篇对应关系的结论主要基于英语这种单一语言，其结论的普适性难以保证。

文化实际上是因为存在方式、行为方式和话语方式（韩礼德，1989）的不同而形成的，是源于比较的一个概念，没有比较就没有"文化"的概念。文化首先是和自然相比较的一个概念，其次是不同民族、不同团体相比较的一个概念。和自然相比较，文化是把人与动物区别开来的东西；不同民族、不同团体相比较，文化是把一个族团与另一个族团区别开来的属性。因此，文化从本质上说是一个族团区别于其他族团的特殊属性。离开了这些特殊性，就无所谓人与动物之分，无所谓中美文化之分，也无所谓湖湘文化与秦川文化之分。文化语境指语言运用的特殊主客观语境，包括特殊的社会文化背景、历史传统、思维和行为方式、价值观念、社会心理、个体心理等。从构成要素说，文化语境与情景语境无本质区别，差异仅在于：文化语境中参与交际的人特殊、发生的事情特殊、交际的方式和渠道特殊、交际者的相互关系和心理情感特殊等。

7.4.3 情景语境与文化语境的三大要素

韩礼德把情景语境分为语场、语旨、语势。简言之，语场就是指发生的事情或进行的行为活动，可以看作人与物的关系；语旨就是指交际参与者之间的相互关系，可以说是人与人之间的关；语势就是言语交际的渠道或方式，可以看作人与交际工具（包括语言符号和交际渠道等）的关系，这种关系既是客观存在物，也是主观意识的产物，是主客观统一的结合体。语篇构成可以说是人与物、人与人、人与交际工具三者关系的集中体现。

作为抽象的三个基本概念，语场、语旨、语势是各民族、各语言中普遍存在的交际元素，具有鲜明的一般性和普遍性特征，都是由客观语境和主观心理语境两种要素构成。然而，具体到各民族各元的实际中去，语场、语旨、语势三者就可能表现各异，呈现出互不相同的特征，形成不同的文化表现。民族不同、社团不同，语场、语旨、语势可能不同，有时即使语场相同，语旨、语势也可能不同，从而形成不同的语篇风格和语篇类型。由此可以说，语场、语旨、语势三个概念不是情景语境的独有概念，它们同样适用于文化语境，是文化语境和情景语境的共有概念，但在文化语境与情景语境中存在不同的表现。在情景语境中，语场、语旨、语势具有鲜明的一般性特征，比如购物有买方、卖方等一般交际对象，有讨价、报价、还价、成交等一般程序等；在文化语境中，语场、语旨、语势则具有鲜明的特异性或个性特征，随民族、团体、个体的不同而不同。情景语境决定着语篇的一般性和普遍性特征，而文化语境决定着语篇的个性化和民族化特征。完整的语篇分析必须把两种语境分析结合起来，既关注语篇的一般化特征，也关注语篇的个性化和民族化特征。

鉴于此，文化语境也可以像韩礼德区分情景语境一样，分为语场、语旨、语势三大要素。但两者有着根本区别，一个表现为特殊，另一个表现为一般。情境语境和文化语境的内在要素及本质区别也可以简图如下：

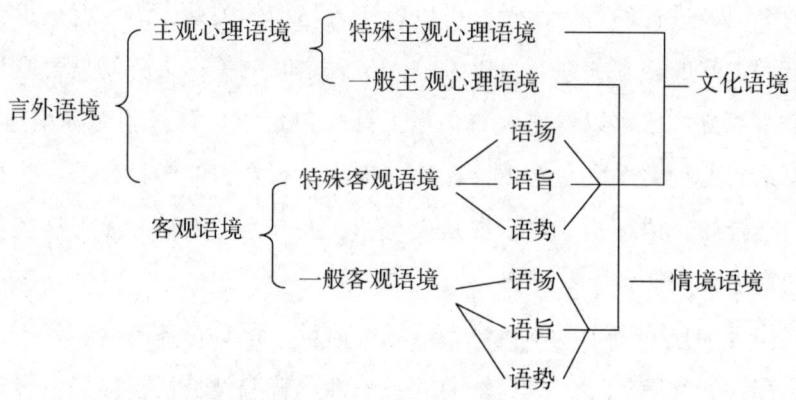

7.4.4 文化语境和情景语境的相互转化

情境和文化一样，都是千变万化、千姿百态的。要想获得规律性的认识，对情节和文化的研究一般需要从典型形态入手。弗斯就提出"典型情境语境"概念，用以指称那种决定人们必须扮演的社会角色的特定环境因素。对任何人来说，需要扮演的角色是有限的，因而典型情境语境也是有限的。语义学实际就是要研究适合特定社会角色的语言风格，研究"大体规定好了的环境"与"想说什么"和"怎么说"之间的关系。（刘润清，2001：221）也就是说，要研究典型情境语境与人们言语行为之间的一般关系，这在韩礼德的功能语法理论中得到很好的阐释。

然而，生活中"非典型"的环境状态不计其数，它们对人们的言语行为同样产生着各种各样的影响，形成了这样那样的"非典型"语言风格。当这种"非典型"语言环境和"非典型"语言风格逐步发展，形成一定气候时，特定文化形态从此形成。由"非典型"环境决定的话语及其意义不能从语义研究中排除出来。

可以说，文化的产生源于非典型性和特异性，非典型性和特异性是文化产生的始因；非典型性和特异性的典型化，标志着特定文化形态的形成。文化产生于非典型化的特异性，表现为特异性的扩散与集体化，沉淀于特异性的非典型化之中，是一个族团区别于其他族团的本质属性，是特定族团特异性的集中体现。说"各个民族的文化具有鲜明的特异性或个性"（林纪诚，1990：4），或者说"文化意味着差别、变异"（许立生，2006：237），根据均在于此。

文化既源于个体，又超出个体；源于非典型性，却趋向于典型性。因此有人说，文化现象是超个人的现象；只有当个体的文化心理、文化行为成为社会中普遍观念和行为时，或者说成为一定社会和社会群体的共同意思和共同规范时，它才可能成为"文化现象"（林纪诚，1990：3），这意味着文化源于个体性、特异性，沉淀于个体性、特异性的集体化、典型化。但是，假如说"文化现象是……非心理现象"（林纪诚，1990：3），许多心理性的文化现象就被排除在外了。同时，假如我们只看到文化现象的族团性特征，而看不到文化现象的差异性本质，就无法把握文化现象的起源，因而无法把握文化现象的真正本质，导致狭隘的文化意识。

非典型性和特异性的典型化，同时意味着文化向情境的转化和迁移。当另类变得司空见惯，特殊的文化形态就转化为一般的情景形态，形成固定的仪式，体现为固定的行为方式和话语方式等。美国意象诗歌在庞德那里意味着非典型性，特异性的发现与创造，意味着新的文化形态的引入与生发。但随着意象诗歌的流行，这种非典型化的艺术形式逐渐转化为一种典型化的艺术形式，决定这种非典型艺术形式的主客观语境因素逐渐转化为典型的一般的主客观语境，这制约着典型化艺术形式的语篇构成。

另一方面，随着时间的推移，典型化情景语境也会逐渐从典型形态中隐退，与人们日常熟悉的语境形态渐行渐远，逐渐隐化为非典型的语境形态；原来由这种典型化语境形态制约的典型语篇形式同样会离人们日常熟悉的语篇形式越来越远，逐步演化为非典型的语篇形式。典型情景语境及其典型语篇形式在时间的演进中存在陌生化趋势。历史上各种文化和语篇形式的演变，经历的就是典型化向非典型化的推演过程，而这种推演的根源就在于典型情景语境的陌生化，在于情景语境向文化语境的消隐与演化。

有些典型化情景的存在是相对的，历史的，而有些典型化情景是与生俱来的，亘古不变的。情景语境一般与人类的社会性及精神性有关，而文化优惠价一般与人力的生物性、自然性有关。情景语境会随着历史的演进而不断变化隐退，趋向陌生化，转化为文化语境。文化语境则难以随着时间的变化而陌生化。只要人类生存于社会之中，只要人类还有生生不息的精神活动，非典型化—典型化—非典型化—典型化……这种生生不息的文化演变过程就不会停止，文化创造就不会停歇，情急语境与文化语境的交替变化也会绵延不绝。从这个意义上说，情急语境是生活化、日常化的主客观语境，文化语境是超前或滞后、陌生化的主客观语境。情景语境寓于文化语境之中，文化语境以情景语境为基础；情景是日常化的文化，文化是陌生化的情景。

7.5 语境和连贯

语篇的语义连贯总是通过语言形式体现出来，但形式标记只能通过显性衔接机制解释显性意义和预设意义。然而，任何语篇都是植根于语境之中的，存在着很多形式上缺乏语义连贯的话语不能通过显性衔接机制得到解读。为了找出这些缺乏语义连贯话语的隐含意义，情景语境和文化语境为我们提过了一种外延性的研究角度。另外，交际者的共有知识、背景知识、认知方式、推理能力等都可以作为研究语篇和语境之间的关联性和语境对语义连贯的促进作用的重要依据。

语境和语篇的关系主要可以划分为两类：一种是存在于语境中的预设意义，并且能被交际者通过非言语渠道即时获得；另一种是交际双方已知的或作为共有知识而存在的预设意义。

与第一种语境类型相对应的衔接方式是形式预设外指衔接，其作用是使语篇和情景语境建立了即时联系。在此衔接机制中，语篇只有预设标记，语言符号预设意义的解释需要在情景语境中进行查找。换言之，语言形式预设的意义一端指向情景语境，另一端和语言形式连接起来，如例1所示：

Hey, you, you just scratched my car with your frisbee. （引自张德禄，2003：108）

从此例中，人称代词"you"指代情景中的听者，"my car"指代情景语境中的特定的一辆车，"your frisbee"指代情景中的某一实物。当这些语言项目所预设的意义被明示后，此语篇的语义就完整了。此语篇的衔接机制体现在语言形式的预设意义的一端和语言形式项目所关联，另一端和非言语因素有关，理解此语篇的关键需要靠人的推理能力把情景语境所蕴含的意义和语言形式对接起来。

从编码的角度讲，"空环"是完整语篇意义中的缺省部分；但从解码角度讲，"空环"似乎还应涉及听话人的认知活动。任何语篇由语言形式体现的意义都是不完整的，总有一些是由语境因素实现的。其中有些在语言形式上没有预设，但在语篇意义的联系上形成"空环"。空环主要表现为上下文缺乏意义上的直接联系和组织成分之间缺乏内部衔接机制。空环的形成是因为说话人一般认为听话人能够推测出某些信息时才把这种信息隐含起来。推测这种隐含信息离不开情景语境。情景语境不仅包括现场语境中的成分，如谈论的话题，发生的事件、参与者、交际媒介和渠道等，也包括由社会文化背景决定的行为准则、道德观念等。这些都是融合在话语范围、话语基调和话语方式中的（张德禄、刘汝山，2005：53）。空缺性衔接反映了张德禄和刘汝山的语篇—语境衔接观，即"空环"是由语境实现的意义；由语境实现的意义不仅使语篇意义形成一个统一体，还把语篇和语境联系起来。

与第二种语境类型相对应的衔接机制是意义"空环"衔接，这是一种跨越句子单位甚至更大层级上的语义省略现象。省略部分无法从上下文中获得意义联系，交际者只能借助情景语境和文化语境推理出语篇意义的缺失部分。如例2所示：

A：where is Bill?

B：There is a yellow VW outside Sue's house.

（I am not sure where he is, but I think he might be in Sue's house, because the yellow VW is similar to his car.）（引自张德禄，2003：104）

此例中，B的回答和A的问题没有直接的联系，衔接机制上也没有语言形式项目体现，理解此对话的关键是找出B回答的隐含意义。括号中的信息是情景语境中所暗示的意义，这些隐含意义在语言形式上完全没有预设，即语言形式和语境因素没有直接关系，上下文之间也没有语义联系。然而这部分缺失的意义是理解对话的关键，所以交际者需要推理出A知道Bill有一辆黄色的大众轿车，而且Bill由和Sue之间有特殊的关系，只有把语境中的隐含意义找出，并通过人的推理把它和语言形式嫁接起来才能理解对话的完整含义。

7.6 卡梅伦演讲中的语境和连贯关系的实现

7.6.1 形式预设外指衔接

从上述例子可看出语篇意义的连贯是情景语境和语言形式相互作用的结果，具体说，语篇意义由语境决定，由语言形式表象。篇内意义的联系不足以保证语篇完整意义的理解，因为情景语境中的"空环"意义需要解码，即由非语言特征所实现的那部分意义需要弥补，所以找出决定语篇语义连贯的外部因素是事关重要的。张德禄指出语篇连贯的外部因素包括情景语境，文化语境，认知模式和心理过程。所有这些因素会限制交际者对意义的选择，使得交际双方从语境中分离出对理解语篇意义有益的信息，完成交际任务。

这篇演讲是卡梅伦2008年在英国城市格拉斯哥发表的，演讲的题目是《修复垮掉的社会》，这篇演讲的意图是卡梅伦在格拉斯哥为他的补缺选举所做的政治宣传。所以演讲中出现了很多涉及城市的文化背景和社会状况的表述，要解读隐含在演讲稿语言标记中的意义，需要依赖非语言信息，即即时情景语境和社会文化语境以及英国规约性的社会规范和语言规则。由于语言受众是针对格拉斯哥的民众，而且演讲的内容不可避免地涉及一些敏感问题，为了让交际活动顺利进行，语言形式的预设意义的解读依赖于受众的文化背景知识和从即时情景因素中分离出的语义联系。因此，此部分研究试图找出预设外指衔接机制和语篇语义的联系，以及受众如何利用情景因素和文化背景知识获得语言的预设意义。

例3：Gallowgate has a very special place in the story of the modern Conservative Party.

例 3 取自演讲的第一部分，这部分主要介绍了保守党的两个重要的人物：Davena Rankin 和 Iain Duncan Smith，他们在社会公正和社会慈善领域做出了重要贡献。卡梅伦在详细介绍 Davena 和 Iain 的政绩之前，先提到了"Gallowgate"这个词，并指出它在现代保守党的历史进程中占有重要位置。从这里可看出"Gallowgate"这个词属于形式标记，具有外指的预设意义，它的出现和演讲的主题不无关联，只有理解这个词的历史背景才能把握卡梅伦演讲的真正意图。这个词的解读需要依据社会文化语境来完成，具体说是物理世界中的具体实物，卡梅伦预留了语言形式项目的意义，而把推理的空间留给了听众，这样做是因为他知道听众可以推测出"Gallowgate"和演讲主题的真正关系。这个词和格拉斯哥这个城市的历史事件有一定联系，在英国的历史上，Gallowgate 是东格拉斯哥市一条重要街道的名称，它连接了 New Gate Gaol 监狱和刑场之间的距离，来自纽卡斯尔的罪犯都会被押解到这里执行绞刑。至此，Gallowgate 这个词的隐含意义就清楚了，它作为一种语义表征所承载的交际意图明朗化了，卡梅伦选择在 Gallowgate 发表他的补缺竞选演讲，一方面是因为 Davena Rankin 和 Iain Duncan Smith 作为保守党前领导人都曾在这个城市任职，而且为城市的发展做出了卓越贡献；另一方面，Gallowgate 本身的历史渊源以及现今发生在 Gallowgate 的一系列骇人听闻的社会治安问题，选择在这里发表题为《拯救破裂社会》的演讲，暗示了卡梅伦希望通过语言形式激活历史背景和即时情景因素中的预设意义，那就是以暴力文化为荣、藐视权威文化、社会道德沦丧已然成为社会的痼疾，间接地暗讽了以戈登·布朗（James Gordon Brown）为首的工党政府内阁在社会管理层面的严重失误。

例 4：And there is a thread that links it all together. The knife crime. The worklessness.

<<< 第3部分 隐性衔接机制与篇章的连贯性

The thread that links it all together passes, yes, through family breakdown, welfare dependency, debt, drugs, poverty, poor policing, inadequate housing, and failing schools but it is a thread that goes deeper.

例4选自演讲的第三部分——破裂社会的补缺竞选。这部分卡梅伦正式开始了他对工党执政以来一系列社会治安、财政赤字问题的正面抨击，围绕第二部分提及的由东格拉斯哥以窥知的英国全社会问题而提出了他的竞选纲领和应对措施。这是他的竞选正式开始之前的一次积极热身。例2的两段话均出现"thread"这个词，并且出现了三次，很显然thread同样作为语言表征，预设的意义解读需要依靠语境因素。卡梅伦说有"一条线"把所有的犯罪暴力事件联系在一起，围绕"这条线"他说了三方面的意思：第一是东格拉斯哥的补选竞选引发了人们对英国社会现状的思考，一系列的社会矛盾成为卡梅伦提出"破裂社会"的契机，并在补选期间发表演讲，抨击工党政府决策上的错误；第二是"这条线"经历了家庭破裂、福利依赖、债务危机、吸毒问题、贫困人口、治安松散、住房不足、教育失败等一系列社会问题；第三是"这条线"仍然会纵深发展。所以贯穿卡梅伦演讲的"这条线"的隐含意义是彻底的社会改革，由暴力事件保守党找到了改革的契机，而引发暴力的根本原因是工党经济政策带来的经济问题，解决民生问题是根本。而要彻底革除社会危机，需要将改革不断深入，只有解决民众社会责任感的缺失、社交礼仪匮乏和公共道德沦丧等问题，才能真正挽救破裂的社会。所以卡梅伦用"一条线"为听众构建了一系列的情景假设，听众需要根据话题的转换，通过推理明确情景假设的意义，才能理解卡梅伦的交际意图。

7.6.2 空环衔接

空环意义是一个由即时情景语境、百科知识、文化语境、认知结

239

构、语用推理所构成的语境意义。Sperber &Wilson（2001：15）认为，这一语境是受者的"一种心理构建，是受者关于世界的一个假设集合。影响话语诠释的正是这些假设，而不是世界真实的状态"。空环形成的语境意义可以通过两种方式实现：一种是在没有语言表征预设的条件下，直接从情景语境当中获得隐含意义；另一种是隐含意义无法从情景语境中获得，而是要依靠听众的共有知识集合、社会文化背景获得。

例5：We will simply not tolerate objections to our plans from the people and organizations which are responsible for the continuing failure of too much ofstate education in this country.

例5取自演讲的第四部分，这部分主题是不容妥协的社会改革。这部分卡梅伦从教育、福利、家庭和婚姻四方面阐述了保守党的社会改革措施。例3中体现"空环"情景意义的语言形式项目是"objections"和"organizations"。这两个词出现在社会改革的第一方面——教育改革的论述中。卡梅伦的主张是打破现有教育体制对学生和学校的束缚，这沿袭了保守党的一贯主张，减少中央政府对地方治理机构的控制，"还政于民"提倡公民和社区承担起更大的社会责任。所以他坚持在创新、机遇和竞争方面能够积极调动家长对学校的关注，满足学生的个性化需求，为所有学生提供高标准的教学观念和教学水平。卡梅伦在提到教育改革所面临的困难时，他没有明示反对意见是什么，具体的反对者是谁，但他明确指出当前的教育机构和教育体制给英国的学校造成了严重失误。他刻意用"objections"和"organizations"把可能影响保守党教育改革的负面消息模糊化了，卡梅伦用语言整体意义的不完整性制造了意义"空环"，通过有意识地操纵听众的共有知识和认知能力给听众营造了一个情景框架，听众会利用框架中的已知线索试图推理出符合卡梅伦交际意图的话语隐含意义。通过利用意义"空环"而制造对自身交际活动有益的情景框架，不仅增强了卡梅伦自身话语的真实性，还削弱了反对者的话语权威，使自身的言语行为更符合传统惯例和会话规则。

例6：And why would a differentgovernment be any different?

例6取自演讲的第五部分，这部分卡梅伦开诚布公地指出这是困扰了他很长时间的一个问题——社会的道德危机。例4在第五部分起到衔接链的作用，既概括了英国社会公共道德体系存在的问题，又提出了应对的办法。句中出现了两个"different"，这两个词同时出现所带来的言语效果是不一样的，第一个different体现了卡梅伦抨击工党政府对社会道德沦丧负有直接责任，是工党的"福利国家"所鼓励的惰性和依赖性造成了民众的个人责任感缺失和道德危机的出现。例4之前卡梅伦引用了大量的实例详述了近十多年来英国道德体系的滑坡，究其原因是工党政府在社会舆论和价值取向方面导向有误，使得民众趋向于道德中立，回避对社会现象的道德判断，使人们纠结于道德选择和道德责任之间，从而丧失了对善恶美丑、是非对错的评判。例如，责任感缺失、家庭关系破裂、儿童暴力倾向等一系列社会问题都与民众社会公德意识的淡漠有直接关系。基于这一系列论述，卡梅伦用提问的方式突然改变了话题中心，使听者的思考轨迹随着卡梅伦的交际意图而发生转移。卡梅伦希望通过制造意义空环，避免直接谈及有关政党分歧的敏感话题，让听众通过由社会背景知识和共有知识组成的语境框架推理出第一个different所隐含的意义，理解他的真正交际意图。第二个different暗示了保守党会采取有效措施，从国家文化的层面改变目前英国道德意识中存在的问题，让民众的社会责任感充分发挥出来。卡梅伦用两个"different"使演讲的语义完整性发生了临时中断，他把交际目的故意隐含在语境因素中，这时听众要根据现场即时环境、认知背景中的行为准则、道德观念来建立卡梅伦言语的最佳关联性，这样才能推理出"空环"意义，使演讲成为一个语义连贯的整体。所以卡梅伦运用意义空环让民众既理解了保守党的政治立场，也深刻认识到英国道德意识结构上存在的问题，从而支持卡梅伦和保守党的社会改革举措。

结论

通过对以上两种卡梅伦演讲中隐性显性衔接机制的分析，可以看出情景语境和社会文化语境使交际双方通过缺乏衔接机制的语言形式项目推测出隐含在语境因素中话语含义，从而建立起语境和语篇语义之间的联系，使语篇的语义范围和语域相一致。谈及预设外指衔接机制，其功能体现在通过语言表征和情景语境之间的即时关联，使交际双方找到隐含在情景语境中的真正含义。而把语言表征和语境中的预设含义真正联系起来的还是人的认知结构和推理能力。而意义空环衔接机制对于语篇语义连贯的作用体现在：在语言形式项目缺乏语义关联的情况下，而且语言项目在情景语境中也没有明显的预设意义时，交际双方如何通过共有知识和认知背景弥补语言形式项目的语义断层，从而保证交际双方的交际意图始终互明，交际过程的语义始终是连贯的。

所以语境因素在解释语篇连贯上总扮演了关键角色。通过非语言因素解码的语义需要从两方面进行：一方面是语言形式的预设意有需要通过情境语境来弥补；另一方面是通过非语言因素实现的意义完全依靠情景语境来解释。因此，连贯是通过情境语境和语言形式结合起来相互激活的结果，即连贯由情境语境决定，通过语言形式体现。

在此框架之下，语篇连贯的内部条件通过显性衔接机制实现，此部分运用及物性系统、主位结构、语气系统、情态系统作为主要衔接机制来说明卡梅伦演讲的语义连贯实现情况；语篇连贯的外部条件通过隐性衔接机制体现，此部分使用情景语境和文化语境以及人的心理认知能力来分析卡梅伦演讲的语义连贯如何实现。

此部分对卡梅伦政治演讲的分析选自卡梅伦的三篇演讲，题目分别是：David Cameron's speech at Beida University, 2011; A Liberal Conservative Consensus to Restore Trust in Politics, Bath 2007; Fixing Our Broken Society, Glasgow 2008。

6.7 整体连贯与语境连贯

语篇连贯包括两个方面：语篇内部的连贯，其中包括线性连贯和整体连贯，以及语篇与语境的连贯。严格地讲，任何语篇的内部连贯都是不完整的，因为它没有把由语境因素实现的意义，即由非语言特征和背景知识实现的意义考虑在内，所以必然会出现意义的空缺和意义的省略等。如果把语篇的意义补充完整，就必须考虑由语境实现的意义。

作为交际者来说，由语篇实现的意义通常不被注意，因为它只出现在交际的潜意识当中。当语篇出现在移位的位置上时，听者发生了变化，语篇的意义，特别是由语境实现的意义就会成为交际的障碍。由此可见其存在是隐性的。对这些意义的解释需要到语境中去寻找。

当然，在其最初出现时，原听话者也需要借助语境来解释由语境实现的意义部分，但他们可以毫不费力地进行解码，因为现场语境就在眼前，可以直接借助它进行解码，而讲话者是针对听话者的实际情况选择适当的交际方式的，如他的知识结构、经历、它们之间的各种关系等，所以，他不能理解的意义成分很少。在双方交际距离很短时，还可以直接得到反馈，所以不会出现交际障碍。

当由于语境因素出现加急障碍时，听话者需要寻找语篇产生时的语境因素，包括谈论的题材、交际者之间的关系、交际的目的、交际的方式，以及一些背景情况等，然后再根据这些情景因素推测出语篇的整体意义。

实际上，由情景因素实现的意义可以归纳为三种类型：

（1）预设的意义

这种意义指讲话者根据听话者的实际情况认为他已经掌握的知识和信息及根据他掌握的信息能够推测出来的信息。有时，这种信息预设过多，超过听话者的实际负载能力，可能会招致"还击"：反问或不耐烦。

例7：they were the new patients to me, all I had was the name, Olson. "Please come down as soon as you can, my daughter is very sick."

When I arrived I was met by the daughter, a big startled looking woman, very clean and apologetic who merely said, "Is this the doctor? And let me in." in the back, she added. "You must excuse us, doctor, we have her in the kitchen where it is warm. It is very damp here sometimes."

由于我们对这个片段中的内容比较熟悉，所以我们感觉不到其中的预设意信息。如果一个与我们的生活很不相同的外星人来到地球上，他就可能对许多表达方式不懂，例如，they 指谁，为什么称他们为 new patients，my daughter 指什么人，为什么他还有 daughter，他与他的 daughter 是什么关系，the mother 是它的什么人，是病人的什么人，the kitchen 是什么东西，在什么地方等。他会有一连串的疑问，无法理解上述的话语。

由此可见，即使是我们可以轻松理解的语篇，其中也有大量的预设信息。如果听话者不掌握这些信息，就无法理解这个语篇。

（2）现场语境实现的意义

这种语义指语篇中体现现场中的事物的那部分意义。由于这些事物在情景中存在，所以不必用直接的语言形式把它们表述出来，而是间接地用语言形式表达出来，如指示语，或作为意义空缺来对待。这在现场活动主要由非语言行为组成，且语言活动只是整个活动的一部分的交际中尤为明显。

例8：A：Hey, go to pick it up and put it here.

(B go to he front door, pick up the towel and place it on the table.)

在此，周围的环境和 A 所指的毛巾都在现场，所以讲话者只需要把直接与交际有关的部分用语言表达出来即可，也不必把所有的动作用语言表述。但如果仅从语言的角度讲，语篇显得很不连贯：A 让 B 捡的是什么东西，他为什么有权力让 B 去干这件事。B 是不是愿意干这个事，他干没干这件事，我们都无法知道。要使语篇意义完整，成为连贯的语篇，我们需要再到原来的情景中去寻找失去和缺失的信息。

(3) 交际者双方的共有信息

处于同一言语社团的人具有共同的文化背景，所以也在思维模式、掌握的有关社会文化、风俗习惯、做事和说话的行为规则等方面具有许多共同之处。这些共享的观念、概念、行为和习惯等是同一言语社团的人进行交际的基础。它们一般都作为进行交际的背景信息，在社会交际中不作为新信息明确用语言表达出来，所以即成为在交际中要求听话者自己补充的意义部分，有时甚至需要他去推测。

另外还有一种信息是独特的，即只能交际双方共享，其他人不能预知共享的信息。两个人由于具有某种特殊关系，如同事、同学、同路人、同做某件事、共同经历某件事，因而共同具有涉及某个事件的信息或知识。既然双方都知道所谈论的某个事物或事件是他们共享的，所以就不必再作为新信息来对待，来用语言形式明确表达出来。这种信息如上面的两种背景信息一样需要听话者在交际中随时补充上。

例9：Five years ago, a great American, in whose symbolic shadow we stand today, signed the Emancipation Proclamation. This momentous decree came as the great beacon seared in the flames of withering injustice. It came as the joyous daybreak to end the long night of their captivity.

马丁·路德·金的这段讲话显然是以一定的背景为前提的。例如，他讲有一个美国人，但他一直没有提出这个人的名字。显然他不是要为这个人的名字保守秘密，而是他知道大家知道他所指的是谁，不用说出来。另外，后面的几句显然都是以 the Emancipation Proclamation 为基础说的，如这个 Proclamation 是什么以及有什么具体内容。对于不了解美国历史的人来说，这显然是很难理解的。但金确信在场的美国人都知道其内容，所以不必进行进一步解释。他认为听话者都可以随时补充上缺乏的信息，而我们在解释语篇也是确实需要补充上这些必要信息才能真正理解该语篇，掌握该语篇的整体意义，使其成为连贯的语篇。

　　这三类信息，从语篇的整体意义上讲，都是语境实现的意义。听话者在解释语篇时，它们会在听话者头脑中留下空缺或不完整的部分。这样，在解码过程中，在语境方面，听话者需要首先确定语篇在语境中的位置和在语境汇中的功能，然后从语境中"搜寻"由语境实现的意义，与语篇中由语言形式实现的意义一起构成语篇的整体意义，是语篇成为连贯的语篇。

第 8 章　心理认知因素与语篇连贯

8.1　连贯是一种心理表现

　　从心理认知的角度讲，连贯在人的头脑中的表现多种多样，如两个概念之间的联系，多个概念之间的联系，部分与部分之间的联系，部分与整体之间的联系，语篇与语境的联系等。这些联系可以归纳为两种：一种是线性连接关系，包括两个概念或多个概念之间的单一联系，部分与部分之间的单一联系等；另一种是整体连接关系。
　　在语篇分析中，有一种普遍的误解是我们通过句子的词汇和语法结构来理解语篇的意义。诚然我们可以通过信息话语中使用的句法结构和词汇项目达到理解的目标，但只通过文字形式上的输入就能完成语篇的理解显然是错误的。有时，我们可以从作家写出的语法十分规范的句子中得出其字面意义，但实际上我们并未全部理解它。因为我们还需要更多语言之外的信息。有时，我们会发现，对于一些句法结构并不完整的语篇，我们却能理解它所表达的意义。
　　除了句法结构等知识，我们还需要一些标准格式方面的知识，以便来表达信息。此外，我们还依靠一些原则就是：尽管相邻的字符串之间并没有正式的语言衔接，但它们之间的相邻性可以让我们知道这些字符串是联系的。对于连贯的假设将会带来一种解释，就是信息的成分被看作是连贯的。从读者的角度看，有一个最重要的因素就是读者能够理解作者隐含意义的能力。

那么读者是基于什么来完成对作者隐含意义的解读呢？除了对连贯的假设，类比原则、就近原则、语境原则、语篇结构的规则、信息结构的主要特征等的利用之外，这些语篇的重要方面使读者可以用来理解一个特殊的语言片段。此外，读者还具备很多语篇之外的知识，如规约性的社会文化知识。他知道语言信息的意图，在交际层面的功能，通过位置、形式和共同的社会文化知识实现对语篇内容和文体的把握。读者通过一系列广泛的推理来理解语篇的含义。

在理解作者的隐含意义时我们忽视了三个过程。它们涉及测算交际功能、使用基本的社会文化知识和决定使用的推理。

8.2　测算交际功能

社会人类学家和人种志学者经过研究语言社区的语言发现，交际者在特定语境中通过制造特殊的言语形式可以传达社会和命题两种意义。Labov（1970）指出解释规则可以把言语和行为联系起来。在这种社会性的基础上，我们通过这些规则可以确定哪些交际话语是连贯的，哪些是不连贯的。Labov 引用过一个不连贯的会话序列：一个医生和一个精神分裂症患者的对话来说明解释原则对连贯的影响。

例1：A：What's your name?

B：Well, let's say you might have thought you had something from before, but you haven't got it any more.

　　A：I'm going to call you Dean.

　　Labov 指出要辨别会话序列是否连贯不是建立在言语之间关系的基础上，而是建立在伴随言语而生的行为之间的关系的基础上。其他学者试图对这一观点进行发展，通过以下的例子进行说明：

　　例2：A：What time is it?

　　B：well, the postman's been already.

　　这个例子说明，对于 B 的回答的合理性假设让我们认为他提供了和问题相符的答案，以至于让我们得出结论：现在的时间是上午 11 点。另外一个例子阐明了一个连贯的会话语篇，它交际的话语并没有体现出衔接链。如：

　　例3：A：can you go to Edinburgh tomorrow?

　　B：B. E. A. pilots are on strike.

　　此会话中 B 的回答被视为是对问题的校级回答。因为罢工会妨碍说话人坐飞机去爱丁堡。这是对说话人隐含意义的一种解释，但还可以理解为 B 暗示了一个否定的回答，因为他现在还不确定他是否会选择其他交通工具。不管 B 的隐含意义是什么，我们可以肯定地说 B 的回答是连贯的，而不仅仅是对周围世界一种无端的陈述。

　　例4：A：But you'd have telephone around.

　　B：Oh yes...I've had the telephone since nineteen thirty eight, oh they were on a long while I think before that.

　　A：Because there was a man...

　　此例是一段录用对话，连词 because 不仅可以用来介绍问题的原因，而且也可以介绍一个特殊的主语。这个例子体现了 because 作为一个逻辑连接词和对话的结构联系不像通常那么紧密。因此，我们对于这个对话的理解不是建立在字面句子的理解上，而是基于我们的假设，即一个原因的提及是因为对话中实施了一个行为。这个行为及行为的原因将通过其在口语会话中常规结构的位置进行确认。这个常规结构解释了一些看似形式上并于衔接的话语是如何在一个特定的口语互动中被理解为连贯的语篇的。

例5：A：Indicates by pointing and tapping his ear that he can hear the telephone.

B：Points to the cat asleep on her lap.

A：Shrugs and gets up.

对会话的分析可以不去考虑说话人所使用的语言。这在许多对语篇结构的分析讨论中很常见，主要依靠对一系列行为的分析，所以很少注意到这些行为在语言层面的实现方式。在讨论会话结构方面，Coulthard（1977：7）指出"结构，或者说对说话人的限制无法通过语法词汇传达出来……话语的语言形式几乎是不相关的"。Sinclair & Coulthard（1975：13）对此持类似观点，"我们所感兴趣的语言功能的水平是一个在语言序列中处在特定位置和处于特定社会情境中的特定语言功能的水平，它对语篇的发展具有重要意义"。Sinclair & Choulthard 认为很有必要证明课堂互动中话语的结构。他们确认了五种课堂互动结构话语类型：教学、活动、交换、语步和行为。总的来说，他们可以确认构成教学起始和结束的一些话语形式，显然没有任何话语形式对于教学而言是独一无二的。教学是一个社会决定的类别而非语言学决定的类别。活动类别可以描述为：首先，在每个活动中必须有一个起始语步；其次，至少有一个中间语步，数量不限；最后，可能有一个终结语步，但不是必须有。所以话语结构中的活动可以用来讨论非语言的社会互动结构。交换、语步和行为可以证明适用于非语言的互动。应用的幅度会产生对社会行为的调查有益的类别，而且清楚地阐明了无命题内容词汇的分布的规律。但并不意味着这种分类法的出现可以用来论证我们的理解是正确的，即互动中的参与者通过说话人的言之所述、格莱斯会话准则、类推原则和就近理解就可以理解说话人的意义。

从语篇分析的角度看，另一个更可行的解决社会意义问题的方法是话轮转换。在这一领域最有影响的研究者是 Sacks（1974），Schegloff（1968），Schegloff &Sacks（1973），Jefferson（1972，1973），Schenkein（1978）。这种会话语篇分析方法的目标是要通过描述参与者说话时话轮转换的方式来确认会话结构的规律。这种两个话轮为单位的顺序具备一些容易识别的规律——相邻对。它们通常采用问候和问答的形式。

然而，多数会话数据由大量的话轮构成，这些话轮可以包括几个话语，或者基本相邻对的结构是很难确定的。

例6：George：Did you want an ice lolly or not?

Zee：What kind have they got?

George：How about orange?

Zee：Don't they have Bazookas?

George：Well here's twenty pence + you ask him.

这个节选片段的结构可以部分地看作是一个序列，Schegloff（1972）提出建议，相邻对结构可以被一个"插入序列"所中断，这个插入序列延误了一个问答相邻对中回答部分的出现，直到这个插入序列的回答完成之后，这个相邻对才能完成。这个过程直觉上看是合理的，但我们最想知道的是分析者是如何确定什么时候一个疑问形式可以充当一个相邻对中的问题，或者充当一个插入序列的成分，甚至作为一个回答。就近理解原则可以解决这个问题，主要因为分析者很少讨论语言形式和互动功能之间的关系。正如 Coulthard（1977：92）所提出的，Sack和 Schegloff 以及 Jefferson 对于研究会话意义提出了见解性的研究视角，但它们所采用的分析方法论和研究类别看起来很不正式且不够精确，所以如果应用到实践研究中难度较大。会话研究者从会话互动中可能获益最大的是会话的连贯部分取决于我们的一种期待,即根据相邻对的公式,跟在一个问题后的应该被看作是对这个问题的答案。这种观点的直观性使我们很少在会话分析中把它当作一种显性的方法。其中很重要的一个方面是我们如何假设两个形式上不衔接的话语放在一起构成了一个连贯的语段。之所以会出现这样的情况是因为我们意识中的假设的话语结构的连贯性是高于对句子形式的结构描述的。

8.3　共有知识

我们可以说,作为语言的使用者,我们所习得的知识考虑到社会互动和语言交流的层面,只是我们总的社会文化知识的一部分。这类有关世界的综合性知识不仅支撑着我们对话语的理解,而且巩固了我们对自身经验的各个方面的理解。正如 Beaugrande（1080：30）指出的,"人们对语篇中所发生的事情的理解是人们对世界所发生的事情的理解的一个特殊案例,二者是相通的,是一种的特别的现象"。人们具有的世界认识和推理能力,对理解话语的连贯起着十分重要的作用。

之前已经提及,话语的理解在很大程度上是基于和过去所经历的事情进行类比的原则上。作为成年人,我们可以具备相当数量的背景经验和背景知识。我们如何组织这些知识并即时把有用的知识激活是很重要的。

8.4　自上而下和自下而上的加工过程

我们加工和理解话语的隐喻方式源自语言理解的计算机模型。我们可以把输入话语的加工过程看作至少两种活动的结合。在加工过程的其中一部分，我们弄懂了词汇的意义和句法的结构，并且建立了一个句子的复合意义（自下而上认识）。同时，在语境和已经加工过的句子复合意义的基础上，我们在预测文中下一个句子的意义可能是什么（自上而下认识）。

这是心理语言学家、认知心理学和信息处理研究者将人们在理解和学习过程中所运用的方法进行的分类，自上而下认识指人们利用先前已有的知识来分析处理所接受的信息，自下而上认识指人们理解事物不是依靠先前拥有的知识，而是主要利用刚得到的信息中的单词、句子等材料。自从普通语言学的主要研究方向转向对句子的形式和意义进行语法描述后，任何考虑句子加工的观点都被划入了自下而上认识范畴。这些研究与人工智能有密切的联系。人工智能在很大程度上要靠背景知识来支持，如记忆中的知识，组织就须与框架和事物摹本相联系，这两个概念对于如何理解话语有十分重要的作用。例如，人工智能对于语言数据的研究方法和自下而上认识基本类似，它的主要目的是发展一个语法分析器来分析可以接受的英语句子。不管是自下而上认识，还是语法分析器，一个具有语法错误的句子总是被排除在外的，而不是给予一个貌似可信的解释。

例 7. Slim is beautiful

Many reasons are there for people to want a slim body. All become very lighter and lighter but it's very difficult to held a normally weight.

Nowadays, in our country, Sweden there is so well of all sort ofeating that man light come to big overweight. What to doing?

此例中，如果一台具备分析英语语法的机器来处理以上的文本，这台机器很快就会出故障，并且回复第二行的文本语法错误和无法处理。人工智能研究者对这样的结果是很满意的，因为机器已经完成了特定的功能。

然而，人类加工者不同于语法分析器，不会排斥有语法错误的文本，他们会试图翻译文本。我们假设读者对作者在例7中的隐含信息可以进行合理地翻译，那么是什么让人类可以完成这些？对这个问题给出一个不太全面的回答就是人类处理器对于文本的句子会进行深入的语法分析。可以说我们在读到例7中的第一句时，我们不会根据已知结构和词项的意义就推断出这三个字符串的复合意义。同时，读者使用自上而下的翻译策略，这个策略有助于对下文出现的内容产生一些预测和期待。正是自上而下的加工策略所具有的预测能力使得人类可以应对不合乎语法规则和拼写错误的文本，并且决定什么是作者最可能的隐含意义。

这就引出了另外一个问题，如果我们相信自下而上的加工策略根据在句法结构和词汇语义中所描述的规则才能完成分析任务，那么自上而下加工的基础是什么？答案的一部分是会话语境创造了和会话内容相关的预测和期待。另一部分是一旦我们开始加工一个话语片段，我们就没有把它看作是我们已经处理过的第一个片段。我们对已经加工过的片段有了一定经验，如话题相似的会话片段等。我们还可以利用我们对世界规律的认识——背景知识。然而，正如之前提及的，我们积累了大量的经验和知识。如果自上而下加工依靠我们每次激活很小一部分的背景知识，那么必须有一定的方法对这部分知识进行组织和分类使其精准定位。试图找出背景知识储存在记忆中的方式已经成为目前语篇连贯研究的重要目标。

8.5　代表背景知识

为了给世界知识提供规约性的和常规性的描述方式，使其成为语篇分析的基础，这些描述方式出现在用心理学和计算机分析语篇的方法中。当一个特殊情景被描述时，它们主要用来解释所预测信息的类型，这些信息是作者所假设的，读者认为有价值的信息。给定一个特定的情景，例如，一个饭店现场，作者就不必告知读者饭店有桌子和椅子，或者客人点菜和付钱的情景。读者对饭店的背景知识基本具备了。在描述这类知识的过程中，有关情景的传统方面，如桌子和椅子可被视为缺失因素。这些缺失因素将被设定为在场的，除非读者被特殊的告知。

背景知识的描述具有一个特征就是它们通过一个固定的方式组织起来，作为一个完整的常规知识单位储存在记忆中。因此，有关饭店的常规知识被储存在记忆中，作为一个独立的、容易获取的单位，而不是作为一个单独事件的随意收集，而且每次提及饭店的时候，必须从记忆的不同部分进行组装才能加以利用。对背景知识的描述和另一种方法基本一致，二者都把语篇理解看作是记忆中信息的加工过程。Riesbeck (1975) 断言说"理解是一个记忆加工的过程"。理解语篇从这个意义上说本质上是一个从记忆中重新获取储存信息和把它们和当前语篇相关联的过程。这方面的研究的一个重要方向就是找出最好的处理预存的常规信息的概念。既然重点强调储存，很少有研究来证明记忆中储存的信息是如何被学习的。如果情况就是我们储存知识的方式在一定程度上由我们获取知识的方式所决定，那么一个固定的储存系统概念就显得有误导性了。

我们应该考虑两个人工智能提议，用来解决储存知识的组织问题，和这个问题相关的概念是框架和脚本。我们之所以选择这两个概念，是因为它们在考虑语篇是如何被理解的过程中是至关重要的，还因为它们代表了在这个领域中非常庞大的研究比重。

我们还应该考虑一些心理学研究上如何提供描述储存信息的方法，以及如何把描述背景知识和语篇加工建立联系。这个领域研究主要关注背景知识是如何在线上处理中使用的。我们主要讨论脚本和图示，心理模型这个概念也会涉及。尽管似乎不同的研究者使用了不同的术语，但这些术语描述的内容有很大的重合。我们应该清楚的是，总的来说，使用不同的术语和考虑不同类型的知识并不能代表竞争理论。

8.5.1 框架

一种在生成和理解语篇中使用的描述背景知识的方法可以在 Minsky 的 *Frame – theory* 一书中发现。Minsky 提出我们的知识以数据结构的形式储存在记忆中，他把这些知识叫作框架，它们代表了常规性的情景。

需要注意的是，Minsky 的讨论起初不是对语言现象的调查，而是围绕对知识描述的方法展开。因为一种类型的知识是有关语言的知识，然后出现了语言事实的框架。Minsky 用两个框架打比方，一个是视觉上的房间，另一个是话语中的名词短语。两个框架都有强制性特征（前面/名词或代词）和可选要素（墙上的装饰/一个数值限定词）。这个基本的框架结构包含带标签的缝隙，它可以用涂料来填充。例如，在一个代表房间的框架中，就存在"厨房""卫生间""地址"等缝隙。一个存在于现实中或在语篇中提及的房子可以被看作是房子框架的例证，亦可以通过用房子的特征来填充缝隙的方式对房子进行描述。用这种方式表达，框架是一个有关世界知识的描述。其他观点把框架看作是计算机装置，不仅可以储存数据，而且可以实施程序。

总的来看，框架的概念提供了一种积极的隐喻，用来把语篇理解看作是一个过程，这个过程需要协调自己已经知道的框架和被别人所告知的框架。

例 8：When you go the polling station tell the clerk your name and address.

这里确指的名词短语来源于投票框架，因为你的模式化知识规定了一个投票的场所（polling station）和一个职员（the clerk）。换句话说，又不必被告知 polling station 的存在和职员的存在。这个话语片段的制造者希望你具备这样的知识，而 Minsky 的框架理论为预期如何影响话语的生成提供了一种解释。

然而，有关例 8 的解释存在一些问题，如果情况就是话语制造者希望读者在模式化投票框架的基础上对话语进行加工，那么会有人问为什么他要生成这样的话语。如果你不必被通知投票站的存在，因为你有这方面的模式化知识，为什么还要被人告知你应该采取的行为呢？显然，你的投票框架具备模式化行为和模式化实体。如果情况真是这样，由根本不需要接受例 8 中的信息。这是一个不幸的然而却合乎逻辑的框架理论的结果，有关我们如何使用储存信息。在很多情况下，话语在目标受众可以期待但不能保证的情况下生成，以便具备将要谈论的模式化知识。话语的生成者用他们的话语反映这个现实，以一种能够充当已知话语的暗示和充当位置话语的指令来体现信息。

8.5.2 脚本（scripts）

行为模式是通过 Minsky 的框架理论通过类推原则发展起来的。行为模式用理解语篇时，就要使用 Schank 的概念从属理论对语篇进行分析，但它是专门用来解决事件序列的（Schank & Abelson, 1977）。Abelson 用行为模式来调查态度和行为之间的关系，但当它被用在语篇理解上时，行为模式吸收了语言理解的特殊分析方法，这种方法是 Schank 提出的叫作概念依存。

  Schank 提出概念依赖理论的目的是给自然语言的深层语义结构建立形式化模型，他从语义的而不是语法的角度去研究如何表示和理解句子的含义，这给当时以语法分析为主的自然语言处理领域带来了清新的空气。概念依赖理论提供了一个包含 4 种原子概念的集合，并根据这 4 种原子概念来建立语义世界。这个理论对后续的研究产生了许多积极的影响，至今仍是自然语言处理领域的一个重要的研究方向。

  1977 年，为了在计算机进行自然语言理解时表示事件信息，Schank 提出了"脚本（Script）"的概念。所谓脚本，就是一种结构化的知识表示，用于描述特定上下文中固定不变的事件序列。这种知识表示方法是早期 AI 研究的重要成果之一，后来被写进了 AI 的教科书中。

  Schank 开始用概念术语描写句子的意义，提供一种概念依存，网络叫作 C – diagram。一个 C 图标包括表示依存关系的概念，这是一个为这些概念精心设计、详细论述同时又便于操作的语义原始词系统。

  例 9：Friday evening, a car swerved off Route69. The vehicle struck a tree. The passenger, a New Jersey man, was killed. David Hall, 27, was pronounced dead at the scene by Dr Dana Blanchard, medical examiner. Frank Miller, 32, of 593 Foxon Rd, the driver, was taken to Milford Hospital by Flanagan Ambulance. He was treated and released…

  Q1：Was anyone killed?

  Q2：Yes, David Hall died.

  Q3：Was anyone hurt?

  A2：Yes, Frank Miller was slightly injured.

  这些回答似乎看起来很容易理解，然而对于主要从句法和词汇方面对语篇进行分析的方法而言是不寻常的分析结果。简言之，语篇中并没有指明 Frank Miller 受伤了,电脑程序是如何知道结果的?系统使用了一个有限的世界知识的子集,它被应用于所分析的语篇片段中。Riesbeck & Schank 指出我们使用的方法和电脑是一致的,人类基于预期的分析呈现了一个人类加工自然语言的多变理论(1978:290)。

行为模式理论是 Schank 和 Abelson 在 1977 年提出来的。行为模式的特征可包括以下几点:

(1)行为模式的结构一般包括一套按时间顺序排列的行为已达到某个特定的目的。

(2)在一个行为模式内可以有场景(scene)。例如,在饭店吃饭的行为模式就可以包括点菜场景、吃喝场景、付款场景等。

(3)一个行为模式还包括执行或完成行为的角色。例如,在杂货店买食品或日用品这个行为模式中,不同的角色就是由顾客、店员、出纳员、商店经理等来扮演的。

(4)一个行为模式的完成还需要依靠一定的道具(props)。例如,超市中的各种指示符号、磅秤、收音机等即道具。

尽管人们对于行为模式的理论基础存在质疑,但一些实证研究已经表明,把行为模式看作是人们日常活动知识的模式化行为可以产生实验性结果。这样可以支持 Schank 的观点。Bower(1979)发现当他们要求被试回忆涉及日常活动的语篇时,这些被试趋向于把语篇中陈述的记忆行为和行为模式所暗示的行为相混淆。他们还指出,当给被试呈现混乱的语篇,并且这些语篇会造成脚本行为脱离预期的序列时,被试会以标准的顺序回忆出有关脚本行为的序列。也就是说,一些证据证明了行为模式作为一种在计算机数据储存方面的组织机制,存在一定心理学的合理性。

8.5.3 情节（scenarios）

Sanford 和 Garrod（1981）提出的行为方案理论是用来描写用于理解书面语篇的"指称的延伸域"（extended domain of reference），因为人们可以把涉及背景和情景的知识看作是构成语篇背后解释性行为方案的要素。他们的目的是把行为方案的合理性树立为一种心理学的理论。鉴于特定角色在场景中被激活了，所以 Sanford 和 Garrod 指出目标句的本质差别在阅读次数中记录下来。

例10：

A title: in court

  Fred was being questioned.

  He had been accused of murder.

  Target: the lawyer was trying to prove his innocence.

B title: telling a lie

  Fred was being questioned.

  He couldn't tell the truth.

  Target: the lawyer was trying to prove his innocence.

在 A 的条件下中，in court（法庭）这个场景被激活了，所以 A 句的 target sentence 阅读速度要比 B 句快很多，因为 B 中的场景不够具体，而且没有被激活。A 句不仅指出了场景的具体地点是法庭，并给出了 Fred 被指控的原因是谋杀。所以 A 句的场景信息都被激活了，从法庭可知 Fred 被起诉了。并且给出了被起诉的原因，所以激活的信息造成了 A 和 B 中的目标句的本质差异。

Sanford 和 Garrod 强调基于场景的理解主要取决于语篇作者在激活相关场景上的有效性。他们还指出为了引出一个场景，一个语篇必须包括一个具体的有关场景要素的描述。他们的观点说明有效的视角、特殊的主位化可以有助于语篇的信息加工。主位化的功能之一是为读者激活场景中一个特殊的表征。

我们应该强调 Sanford & Garrod 的观点和基于一个连贯场景的语篇加工所需要的速度有关,但并不是说一个语篇如果没有一个即刻获取的独立的场景结构,那么它就不能被加工了。它们的基于场景的方法也会遇到和基于框架理论的方法同样多的问题。

8.5.4 图示（schemata）

Schema（构思图示）和故事语法有关,在故事语法的成分中,有一种由社会文化决定的故事图示,它们有一个固定的常规结构,这个结构包含一组固定的要素。这些要素之一是背景（setting）,并且一个简单故事中的始发句可以例证背景要素。需要注意的是,尽管一个简单故事可以例证故事图示中的很多要素,但并不意味着这个简单故事就具有图示。相反,是人类具有图示,并用图示去生成和理解简单故事。

图示被称为高级复杂的知识结构,它可以作为经验的解释和组织中的"概念支架"（Van Dijk, 1981: 141）。在这种观点影响下,图示被认为是决定性的,可以预先处置感知者,使他们以一种固定的方式来解释他们的经验。

对图示的观点在语篇分析中是比较薄弱的。它没有决定性地约束我们如何解释语篇,图示被看作是有条理的背景知识,可以引导我们在语篇解释中期待和预测一些方面。事实上,Tannen（1979: 138）使用"预期结构"这一术语来凸显图示对我们思维的影响。

例 11: Every Saturday night, four good friends get together. When Jerry, Mike, and Pat arrived, Karen was sitting in her living room writing some notes. She quickly gathered the cards and stood up to greet her friends at the door. They followed her into the living room but as usual they couldn't agree on exactly what to play. Jerry eventually took a stand and set things up. Finally, they began to play. Karen's recorder filled the room with soft and pleasant music. Early in the evening, Mike noticed Pat's hand and the many diamonds……

读者毫无疑问已经激活了一些语篇分析图示，并且期待着这些对音乐感兴趣的女性会把语篇理解为描述一次音乐活动。这就是 Anderson 的研究观点。他们发现举重的男性人群倾向于把语篇理解为语篇描述了一些人们在玩扑克而不是演奏音乐。Anderson 指出人们的个人背景和兴趣有助于高层次图示的生成，这些图示会引起人们以特定的方式看待信息。

Tannen 和 Anderson 的图示理论来源于 Bartlett 的著作（1932）。Bartlett 相信我们对语篇的记忆不是基于直接复制，而是建设性的。这个建设性的过程使用语篇中的信息和之前经验中的和语篇相关的知识来构建一个心里的描述。Bartlett 评论到过去的经验不是连续个人事件和经验的累积，而是通过合理管理和组织，过去的经验作为一种有序的集合起作用，而不是一组要素，且每个要素都保留了自身的特征（1932：197）。能使有序集合具有结构的是图示，这里 Bartlett 没有把图示称作一种安排的形式，而是称为积极的和发展的事物（1932：201）。正是图示这种积极的特征和一个特殊语篇片段的经验相结合，促成了记忆中建设性加工过程的出现。

Bartlett 提出的图示理论的积极方面总的来说不是一个其他知识表象的特征。其他学者在使用图像术语的过程中，积极地发展方面没有被提倡。例如，Rumelhart & Ortony 提出图示代表了概念的思维定时（1977：101）。他们提出了一个面子图示，其包括了子模式，如眼睛、嘴等，这些似乎和框架理论中的缝隙和涂料有共同之处。从这个角度看，一个图示是一个固定的"数据结构"。

我们的背景知识以一些固定的图示和其他更灵活的图示结构得以组织和贮存起来。不管他们以什么形式被描述出来，图示似乎都代表了一种说明语篇生成和理解的语篇分析方式。如框架理论、脚本和场景，它们是一种描述我们使用的背景知识的方式。

8.5.5　心理模式

8.5.5.1　概述

美国普林斯顿大学的 Johnson – Laird 教授几十年来在人类演绎推理领域做了大量的研究，根据研究结果所提出的有关人类推理的"心理模型"理论至今仍然是国内外心理学在这一研究领域中最权威的理论模型之一。

Johnson – Laird 反对一种通过对词义分解来解释句子的语义方法。分解的观点是指把 man 这个词的意义分解成 human、adult 和 male。Johnson – Laird 指出我们确实可以把词义进行分解，但我们在常规的句义理解时并不总是这样做。例如，this book fills a much needed gap. 他建议这个句子接受一个直接的解释，且这个解释能够让大多数人理解的意义就是这是对这本书的夸奖，即这本书填补了某些空白。

进一步分析，我们可以找出这个句子真正表达的是空白（gap）这个词是需要的，而不是书（book）这个词。为了分析这种日常非解析的理解过程，Johnson – Laird 提出我们使用一个句子中的词作为线索来构建一个类似的心理模式（1981a：122）。一个心理模式就是一个以事物状态的内在模式为形式的描述过程，事物的状态通常由句子体现。需要注意的是尽管这种模式没有被描述为陈规的，但"familiar"一词却被悄悄地用在了心理模式中，且没有解释类似的方面是基于什么。这些就是 Johnson – Laird 所承认的内在模式理论层面存在的问题。

据 Johnson–Laird 所说，他是受到 Craik 于 1943 年出版的《解释的本质》一书中的有关观点影响，在 20 世纪 70 年代后期开始构思心理模型理论。1983 年，他在《心理模型———关于语言、推理和意识的认知科学》一书中基本上系统地阐述了该理论的基本观点，之后，他又在许多文章和专著中对其理论做了补充和修正。文章首先从心理模型的含义、表述该理论的一组原理、推理过程、该模型对推理结果的预测等几个方面对这一理论进行介绍，接着对该理论在不同推理形式心理模型的描述进行剖析，最后对该理论进行简要的评价。

8.5.5.2 Johnson–Laird 的"心理模型"理论的基本观点

（1）心理模型的含义

Johnson–Laird 一再强调，他所提出的"心理模型理论"假定人们是从他们对情境的理解过程中根据一组模型来进行推理的，每个单一的情境都有相应的模型，这个模型或者是从对外界的感知，或者是从过程的理解中（或者两者）所建构起来的。那么，什么是心理模型（mental model）呢？Johnson–Laird 在不同时间所给出的心理模型的定义是有所不同的。他在 2006 年对这一概念所给的定义是："心理模型是对世界的一种表征，这种表征被假定为是人类推理的基础。它是某种可能性为真值的表征，并且只要可能就会有一个具有图像性的结构。各种复杂系统都是在长时记忆中知识表征的一种形式。" Johnson–Laird 对心理模型给出的另外一个常见的定义是："心理模型是对客体和人，事件和过程的表征以及对复杂系统的操作。"

（2）心理模型理论的一组原理

Johnson–Laird 认为，他所提出的"心理模型理论"是由一组原理（principles）构成的。但在不同时期，他对这些原理的阐述是不一样的。1983 年，他在最初建构这一系统理论时，提出了八条原理和相关的两个约束。他首先指出,人类在进行推理时,在心中所产生的可能的模型受以下三条原理的约束。

原理1:可计算性原理(The principle of computability),心理模型,以及建构和解释心理模型的机制是具有可计算性质的;

原理2:有限性原理(The principle of finitism),一个心理模型在范围上是有限的,它不能对无限领域作直接的表征;

原理3:构成原理(The principle of constructivism),一个心理模型是从它所要表征一个事物状态的特殊结构所安排的替代物中建构起来的。

Johnson–Laird 指出,由第三条原理可以引出一系列的基本问题和相应的原理。其中,第一个问题是"心理模型如何表征外部世界?";第二个问题是"建构和解释心理模型时包括哪些心理加工过程?",这个问题包括"经济原理(The principle of economy in models)"(原理4)和由这一原理引发的一个约束。

由原理3导致的第三个问题,即"心理模型镶嵌着什么样的概念",包括"可断定原理(The predictability principle)"(原理5)和"固有性原理(The innateness principle)"(原理6)两条原理以及与固有性原理相关的一个约束。

由原理3导致的第四个问题,即"心理模型的结构",包括"结构同一性原理(The principle of structural identity)"(原理7),其内容是:心理模型具有与它们所要表征的感知的或想象的事物状态同样的结构。

"心理模型理论"的最后一个原理(原理8)是与"心理模型的类型"有关的"调整形成原理(The principle of set formation)"。

心理模型理论除了上述以原理的形式所表达的内容外,还包括有关"心理模型与真值的关系""心理模型的范围和对无穷大的表征"等问题的阐述。

Johnson-Laird 在系统提出上述心理模型理论后的二十多年时间中，对其理论模型所包含的原理作了多次修正。2005 年，他在"心理模型与思维"一文中，将该理论所包含的原理修正为以下四条：

原理 1：形象性原理（The principle of iconicity），一个心理模型具有一种与它所表征事物的结构相应的结构；

原理 2：可能性原理（The principle of possibilities），每个心理模型表征一种可能性；

原理 3：真值性原理（The principle of truth），一个心理模型表征一种其值为真的可能性，它只表征前提中其子句在可能性中为真的子句；

原理 4：策略变化原理（The principle of strategic variation），不同的推理者在对给定的同一问题中从探测处理的模型中发展出不同的解题策略。

8.6 编码过程：语篇总是连贯的

语言交际通常要有一定的目的，大家不会无缘无故地说话。人的这种交际目的一般是由情景语境激发的。当在一定语境中需要交际时，讲话者会用语言达到交际目的。语篇总体的交际功能是讲话者最终要达到的交际目的。为了达到这一总体交际目的，讲话者要运用一定的交际策略，选择一定的交际程序，根据以前的经验和文化背景估计对方的思想、态度、知识和可能的反映等，选择适当的话语来完成交际目的。这样，除了语篇的整体要完成总体的交际目的以外，语篇的各个部分还必须完成语篇的整体功能所需要的各个部分的交际目的。最后，语篇的各个部分的交际功能要由句子和小句的语法功能来实现。

对于句子和小句的功能，韩礼德（1985c/1994）在其功能语法研究中做了详细而具体的研究。它认为,在语法层面上,基本的单位是小句。小句可以有三种功能,称为"元功能"。如上所述,这三种元功能分别是概念功能、人际功能和谋篇功能。概念功能由小句的及物性系统体现,表达人们的内心世界和客观世界的经验和经历。从心理认知的角度讲,这些经验和经历都要经过讲话人本人的认识程度和思维模式的"过滤"而形成一定的模式,与客观世界不一定完全吻合,但从社会文化的角度讲,它们是客观外界和内心世界的反映。人际功能由小句的语气系统、情态系统和语调体现。这些语法和语音系统主要体现交际者之间的关系,包括他们之间比较稳定的社会角色关系,如士兵与长官,及随时变化的第二级社会角色关系,即由交际物品和服务所决定的角色关系,可以称为"交流角色关系(interactional role relations,张德禄,1998)"。这些角色关系反映了交际者的微观交际目的,是宏观交际目的的组成部分。例如,菜谱是讲话者向听话者传授做菜的方法,是指导性的交际过程。它一般全部由祈使句组成。一个祈使句是讲话者向听话者发出的指令,指示、指导、请求等。菜谱中的这些指示或指令汇集在一起就形成了一个指令性语篇。这种指令与其内容结合在一起就实现了菜谱的交际功能。同时,它还表达讲话者的态度、判断和推测等。所以,这种功能是与讲话者的总体交际功能最接近的。谋篇功能由小句的主位系统和信息来体现。这种功能把人际功能和概念功能组织起来,组成一个语篇。其方式是分别从讲话者的角度和听话者的角度组成信息的流动。从讲话者的角度是组织讲话者所谈论的话题。每个小句都有一个话题,成为"主位"。语篇的一系列小句的主位联系起来组成主位序列,称为"主位推进程序"。它们共同构建语篇的主题,一般由主题句来表达。从听话者的角度是组织讲话者认为对于听话者来说是新的信息。一个语调单位组成一个信息单位。一个信息单位通常由两部分组成:已知信息和新信息。这些新信息组合在一起反映语篇的要点。

小句是一个语法单位，不是意义单位。而语篇是一个意义单位，所以小句不是语篇的组成成分，而是其体现单位。大于句子的单位都是意义单位，如段落和章节。它们没有自己的语法结构，但它们有自己的意义结构。这些意义结构表达语篇部分的交际功能。

8.7 解码过程：不同听话者对语篇连贯的不同解释

交流是讲话者和听话者之间意义交换的过程。讲话者发出的信息听话者要进行解码，尽力理解讲话者的意义。如果有不懂的地方，他就会询问或反问，进一步了解讲话者的意愿。如果一个阶段的交流成功了，就会进入下一个阶段，直到整个交际过程结束，达到交际目的。然而，在讲话者向听话者传递意义的过程中有许多"失真"现象。例如，虽然听话者可以大体上理解讲话者的意义，但不十分确切，出现模糊现象。

出现这种情况可能有两种原因。一是听话者的认知能力和知识结构与讲话者不同。从认知能力上讲，如果讲话者是一个认知能力特别强的人，他一般不需要把细节讲得十分具体，而只是把主要的说清楚，其他方面可以通过推断补上。这时，如果听话者的认知能力不如讲话者高，就会出现交际中断的现象。反之，如果讲话者的认知能力比较低，需要面面俱到，那么，他的讲话对于听话者来说就显得特别啰唆，提供一些不必要的信息，降低语篇的连贯性。

例12：

A：主任您好。我们班已经顺利完成了任务。为了答谢您的帮助，我们全班人都要求今天晚上请您的客。我们计划六点钟请您到会宾酒楼201菊花厅去，在上海路20号内的东楼二层。请您光临。

B：好吧。我一定去。

A：再见。

B：哎，在什么地方。

B由于在全神贯注地工作，所以没有认真听，只是知道大概的意思。但要赴宴则必须详细了解地点何时间。所以，在客人走后才发现问题。

这是直接的讲话者和听话者之间的交流容易出现的问题。除直接的听话者外，还有间接的听话者。在一个交际事件中要有必需的一个讲话者和听话者，不然交流事件就不能成立。但除了必需的听话者外，还可能有第二个听话者作为旁观者、随从者、参与者等。讲话者在讲话中通常只照顾直接的听话者，而不考虑间接听话者是否可以接受。这样，对直接听话者来说是连贯的信息对于间接的听话者来说可能就是不知所云。

例13：

A：明天再到那个地方集合吧。带好东西。

B：好吧，带上手电筒。

C：到哪儿去啊？

讲话者与听话者之间共有许多知识，所以，只把关键的信息提供即可。两人心照不宣。而对第三者来说则是不知所云。

交际语篇处于移位的状态，或讲话者和听话者在时空上相距很远，特别是在时间上，则会出现更加复杂的问题。在移位语篇中，原来的现实语境中存在的有助于理解交际现场事物和事件的前因后果现在大部分都不再存在。讲话者的交际意图也不能直接发现，只能从语篇中根据自己的认知能力和对客观世界的知识来推断，所以增加了难度。这样，对于在现场情景中比较容易理解的语言在移位的语篇中则不容易理解，即难以理解为连贯的语篇。

从心理认知角度讲，语篇连贯是一种心理现象。讲话者一般要把语篇组织为一个听话者能够理解的语篇。但听话者是否能够理解还需要决定于听话者的实际情况。

听话者把语篇理解为连贯的语篇可以从两个角度进行，一是看语篇的这一部分与那一部分之间是否有语义联系；这个句子与上个句子或下个句子是否有联系。这种联系称为线性连贯。二是看语篇的部分之间是否都对语篇整体具有建设性作用。我们把这种语义联系称为整体连贯。

线性连贯通常是由事件发生的顺序形成。但在以下情况可以改变句子之间的顺序：（1）由于语言结构形式上的限制而改变顺序；（2）通过改变情景来改变顺序；（3）状态描述没有时间顺序；（4）由一个特殊事件延伸为一个一般事件。（5）由有感觉发展到认知过程；（6）焦点事物前置。

从语篇整体的角度讲，语篇具有一定的模式，我们可以通过语篇模式来发现语篇连贯的机制。例如，一个语篇通常有一个总主题，这个主题可以扩展为一个语篇的因素，也可以看作由一个语篇缩减而成。

从编码的角度讲，讲话者总是把语篇编码成可以理解的语篇。从这个意义上讲，语篇总是连贯的。但由于听话者的不同，特别是在"移位"状态下，不同的听话者可以对同一语篇有不同的理解。

参考文献

[1] BARTLETT F C. Remembering [M]. Cambridge: Cambridge University Press, 1932.

[2] BERNSTEIN B. Class, Codes and control, Vol. Theoretical Studies towards A Sociology of Language [M]. London: Routledge & Kegan Paul, 1971.

[3] BROWN G, YULE G. Discourse Analysis [M]. Cambridge: Cambridge University Press, 1983.

[4] BOWER G H, BLACK J B, TURNER T J. (1979) Scripts in memory for text [J]. Cognitive Psychology, 1979 (2): 177-220.

[5] CHILTON P, SCHÄFFNER C. Discourse and polit [M]. London: Sage Publications, 1997

[6] COULTHARD M. An Introduction to Discourse Analysis [M]. London: Longman, 1977.

[7] DANES F. Functional sentence perspective and the organization of the text [M] // DANES F. Papers on Functional Sentence Perspective. The Hague: Mouton, 1974.

[8] DANES F. Papers on Functional sentence perspective [M]. The Hague: Mouton, 1974.

[9] FRIES P. On the status of theme in English [C] // JANOS S P, SOZER E. Macro—and Micro—Connexity of Discourse. Hamburg: Dusde, 1983.

[10] GARNHAM A. Where does coherence come from? A psycholinguistic perspective [J]. Occasional Papers in Systemic Linguistics, 1991, 5.

[11] HALLIDAY M A K. An introduction to Functional Grammar [M]. Beijing: Beijing Foreign Teaching Press, 2000.

[12] HALLIDAY M A K, MATTHIESSEN C M I M. Construing experience through meaning: a language – based approach to cognition [M]. London: Cassell, 1999.

[13] JEFFERSON G. Side sequences [C] //SUDNOW D. Studies in social interaction. New York: Free press, 1972.

[14] JEFFERSON G. A case of precision timing in ordinary conversation: overlapped tag – positioned address terms in closing sequencers [J]. Semiotica, 1973 (1): 47 – 96.

[15] JOHNSON – LARD P N. Mental models of meaning [C] // JOSHI A K, WEBBER B H, SAG I A. Elements of Discourse Umderstanding. Cambridge: Cambridge University Press, 1981.

[16] LABOV W. The study of language in its social context [J]. Stadium Generale, 1970 (23): 30 – 87.

[17] LEWIS D K. Convention: a philosophical study [M]. Cambridge, Mass: Harvard University Press, 1969.

[18] LEWIS D. General Semantics [M] //DAVIDSON D, HARMAN G H. Semantics of Natural Language. Dordrecht: Reidel, 1972.

[19] HALLIDAY M A K. An Introduction to Functional Grammar

[M]. Beijing: Foreign Language Teaching and Research Press, 2008.

[20] HALLIDAY M A K. Cohesion in English [M]. Beijing: Foreign Language Teaching and Research Press, 2001.

[21] HALLIDAY M A K, HASAN R. Language, Context, and Text: Aspects of Language in a Social Semiotic Perspective [M]. Oxford University Press, 1989.

[22] HALLIDAY M A K. An Introduction to Functional Grammar [M]. Beijing: Foreign Language Teaching and Research Press, 1976.

[23] MANN W C, THOMPSON S. 1988. Rhetorical Structure Theory: A theory of text organization [J]. Text, 1988, 8 (3): 243-281.

[24] MATHESIUS V. A functional analysis of present day English on a general linguistic basis [M]. Berlin: Walter de Gruyter, 1975.

[25] MINSKY M. A framework for representing knowledge [M] // WINSTON P H. The Psychology of Computer VisionNew York: McGraw-Hill, 1975.

[26] RIESBECK C K. Computational understanding [C] //SCHANK R C, NASH-WEBBER B L. Theoretical Issues in Natural Language Processing. New York: Association for Computing Machinery, 1975.

[27] RIESBECK C K, SCHANK R C. Comprehension by computer: expectation-based analysis of sentences in context [M] //LEVELT W J M, FLORES D´ARCAIS G B. Studies in the perception of language. Chichester: Wiley, 1978.

[28] RUMELHAR D E, ORTONY A. The representation of knowledge in memory [C] //ANDERSON R C, R. J. SPIRO R J, MONTAGUE W E. Schooling and the Acquisition of Knowledge. Hillsdale, New Jersey: Lawrence Erbaum Associates, 1977.

[29] SACKS H, SCHEGLOFF E A, JEFFERSON G. A simplest systematics for the organization of turn – taking for conversation [J]. Language, 1974 (4): 696 – 735.

[30] SANFORD A J, GARROD S C. Understanding written language [M]. Chichester: Wiley, 1981.

[31] SCHANK R C. Rules and topics in conversation [J]. Cognitive Science, 1977 (4): 421 – 441.

[32] SCHANK R C, ABELSON R. Scripts, Plans, Goals and Understanding [M]. Hillsdale, N. J.: Lawrence Erlbaum, 1977.

[33] SCHEGLOFF E A. Sequencing in conversational openings [J]. American Anthropologist, 1968 (6): 1075 – 1095.

[34] SCHEGLOFF E A, SACKS H. Opening up closings [J]. Semiotica, 1973, 8 (4): 289 – 327.

[35] SCHENKEIN J. Studies in the Organization of Conversational Interaction [M]. New York: Academic Press, 1978.

[36] SINCLAIR J MCH, COULTHARD R M. Towards an Analysis of Discourse [M]. Oxford: Oxford University Press, 1975.

[37] TANNEN D. What's in a frame? Surface evidence for underlying expectations [M] //FREEDLE R. New directions in discourse processsin. Norwood NJ: Ablex, 1979.

[38] THOMPSON G. Introducing functional grammar [M]. 2nd ed. London: Edward Arnold, 2008.

[39] THOMPSON G. Introducing Functional Grammar [M]. Beijing: Beijing Foreign Language Teaching and Research Press, 2000.

[40] VAN DIJK T A. Review of R. O. Freedle (ed.) [J]. Journal of Linguistics, 1981, 17: 140.

[41] WARDHAUGH R. An Introduction to Sociolinguistics [M]. Oxford: Bail Blackmore Ltd, 1986.

[42] WEIL H. De l'ordre des mots dans les langues anciennes comparées aux langues modernes: question de grammaire générale [M]. Amsterdam: Benjamins, 1978.

[43] WIDDOWSON H. G. Teaching Language as Communicaitgon [M]. Oxford: Oxford University Press, 1978. [44] 陈明芳. 从英语动词的体义看语言的投射意义 [J]. 外语与外语教学, 2005 (5): 56-60.

[45] 高生文, 何伟. 系统功能语言学语域思想流变 [J]. 外语与外语教学, 2015 (3): 48-54.

[46] 黄国文. 语篇分析概要 [M]. 长沙: 湖南教育出版社, 1988.

[47] 胡壮麟, 有关语篇衔接理论多层次模式的思考 [J]. 外国语, 1996 (1): 1-8.

[48] 胡壮麟, 朱永生, 张德禄. 系统功能语法概论 [M]. 长沙: 湖南教育出版社, 1989.

[49] 何兆熊, 蒋艳梅. 语境的动态研究 [J]. 外国语 1997 (6): 16-22.

[50] 林纪诚. 语义连贯的语用模式 [J]. 外语教学 1989 (2) 1-7.

[51] 路洁瑜. 英汉翻译教学中显性与隐性衔接手段与连贯问题的探讨 [J]. 北京科技大学学报, 2016 (3): 10-14.

[52] 刘世理. 指称、意义和语境——隐喻意义的语用分析 [J]. 外语与外语教学, 2006 (5): 8-10.

[53] 李岩松 陈卫平. 情景语境与话语意义解释 [J]. 江苏大学学报, 2003 (3) 104-106.

[54] 李战子. 功能语法中的人际意义框架的扩展 [J]. 外语研究, 2001 (1): 48-54.

[55] 李战子. 语气作为人际意义的"句法"的几个问题 [J]. 外语研究, 2002 (4): 33-39.

[56] 牛宝义. 隐性衔接论 [J]. 外语教学, 1998 (3): 1-5.

[57] 彭利元. 情景语境与文化语境异同考辨 [J]. 四川外国语大学学报, 2008 (1): 108-113.

[58] 汪徽, 张辉. van Dijk 的多学科语境理论述评 [J]. 外国语 (上海外国语大学学报), 2014 (2): 78-85.

[59] 吴利琴. 人际意义中的情态及其衔接 [J]. 山东外语教学, 2009 (2): 12-16.

[60] 王楠. 系统功能语言学视角下的情景语境探究 [J]. 沈阳工程学院学报, 2011 (2): 253-255.

[61] 魏善华, 李敦之. 从系统功能语法角度分析奥巴马获胜与就职演说 [J]. 科技信息, 2009 (28): 562-563.

[62] 项兰, 主位推进模式在阅读教学中的应用 [J]. 外语与外语教学, 2002 (3): 61-63.

[63] 薛小英, 语篇连贯性的建立与接受 [J]. 中南大学学报, 2011 (6): 243-246.

[64] 徐盛环, 再论主位语述位 [J]. 外语教学与研究, 1985 (4): 19-25.

[65] 杨才英. 论语篇人际意义的连贯 [J]. 中国海洋大学学报, 2005 (2): 69-73.

[66] 杨才英. 论英语语篇中的人际意义衔接 [J]. 西安外国语学院学报, 2006 (3): 1-5.

[67] 杨俊峰. 语境顺应语用翻译 [J]. 外语与外语教学, 2005

(11): 47-50.

[68] 杨曙. 英语公益广告语篇的情态分析 [J]. 西南民族大学学报, 2007: 128-133.

[69] 周大军. 英语的情态隐喻及其语篇解释力 [J]. 四川外国语大学学报, 2003 (6): 100-104.

[70] 张德禄. 语篇连贯与语篇的信息结构 [J]. 外语研究, 1992 (3): 7.

[71] 张德禄. 语篇连贯研究纵横谈 [J]. 外国语, 1999, (6) 24.

[72] 张德禄. 论语篇连贯 [J]. 外语教学与研究, 2000 (2).

[73] 张德禄, 刘汝山 语篇连贯与衔接理论的发展及应用 [M]. 上海: 上海外语教育出版社, 2003.

[74] 张德禄, 张爱杰. 情景语境与语篇的衔接与连贯 [J]. 中国海洋大学学报, 2006 (1): 44-47.

[75] 张喜荣. 语篇隐性衔接关系的扩展性研究 [J]. 四川外国语大学学报, 2009 (1): 83-86.

[76] 朱永生. 试论语篇连贯的内部条件 (上) [J]. 现代外语, 1996 (4): 17-19.

[77] 朱永生. 试论语篇连贯的内部条件 (下) [J]. 现代外语, 1997 (1)

[78] 朱永生, 严世清. 系统功能语言学多维思考 [M]. 上海: 上海外语教育出版社, 2001.